中國文字教學研究

賴 明 德 著

文 史 哲 學 集 成
文史哲出版社印行

國家圖書館出版品預行編目資料

中國文字教學研究 / 賴明德著. -- 初版. -- 臺北
　市 :文史哲, 民 92
　　面;　公分. -- (文史哲學集成 ; 474)
　參考書目：面
　ISBN 957-549-506-3 (平裝)

1. 中國語文 – 文字 – 教學法

820.2033　　　　　　　　　　　　92007035

文史哲學集成 ④⑦④

中國文字教學研究

著　　　者：賴　　　　明　　　　德
出 版 者：文　史　哲　出　版　社
　　　　　http://www.lapen.com.tw
登記證字號：行政院新聞局版臺業字五三三七號
發 行 人：彭　　　　正　　　　雄
發 行 所：文　史　哲　出　版　社
印 刷 者：文　史　哲　出　版　社
　　　　臺北市羅斯福路一段七十二巷四號
　　　　郵政劃撥帳號：一六一八○一七五
　　　　電話 886-2-23511028・傳真 886-2-23965656

實價新臺幣四四○元

中 華 民 國 九 十 二 年 (2003) 五 月 初 版

序

　　中國文字是中華民族歷史文化的主要載體。它的特質是以形表義，獨體單音，形象美觀，意涵豐富。足以充分表達深邃的思維、細緻的情感、多采多姿的景象和曲折繁複的論證。在全人類的文字發展史上，印度的梵文系統早已分化爲巴利文、坦米爾文、蒙文、藏文等而被束之高閣；希臘文和拉丁文系統也已分化爲西班牙文、德文、法文、英文等而成爲鳳毛麟角。唯獨中國的漢文系統，經歷了 4700 多年的漫長歷史，仍然保存了它的獨特構造和原有樣貌，至今繼續在發揮它的功能和不斷地成長。當前有多達 14 億的人口在使用它，未來也將在全球成爲數一數二的主流文字。

　　漢字的構造原理是建立在象形、指事、會意、形聲、轉注、假借的「六書」之上。在數千年漫長時期的發展中，雖然經歷了甲骨文、鐘鼎文、籀文、小篆、隸書、楷書等階段，其間字形或有少許變易，筆畫或有少許增減，但是構字的原理和呈現的樣貌，依舊未離初始的狀態。它爲中華民族的開展和成長發揮了承先啓後，繼往開來的鉅大功用；也爲全人類的增進溝通和互助合作促成了難以言喻的重要效能。透過對漢字的精確解讀，人們可以深刻地體認到中華文化內涵的哲理之眞、道德之善、藝文之美，以及民族生命力的高

明、博厚、悠久。所以歷來凡是以經世濟民，創造社會福祉爲職志的賢人才士，無不以通曉漢字爲先務；以研讀經典載籍，探討學問義理爲專業的通儒碩彥，也無不先以勤治漢字爲方針。

　　由於漢字性質的獨特和意涵的豐富，令人一進入其堂奧，便會產生無比的著迷而欲罷不能，故歷來研究漢字的學者可謂不計其數；而研究漢字的著作也自然是汗牛充棟了。

　　個人就讀於臺灣師大研究所期間，深受先師魯實先教授的啓迪和諄諄教誨，對漢字之學產生無比濃厚的興趣，朝夕鑽研，沈浸多年。其後執教於大學，也以研究漢字之學和講授漢字之學作爲重要目標之一。在數十年的教學生涯中，個人對漢字的教學，大抵以究字源、釋字形、明字音、辨字義、求字根、歸字類、析部件諸事作爲教學的要領。對每一漢字的表層形義和深層結構，逐一剖析，反覆辯證，務使學生得以好學深思，心知其義，經由對漢字的學習而深刻體認中華文化的博大精深，並對弘揚中華文化產生宏偉的使命感。

　　由於當今是一個講求實證的時代，治學精神注重有一分證據說一分話，有二分證據說二分話，無證據則所說純屬空話。因此，凡是論著，必須有理有證，而「拿證據來」更是學術研究的必備要件。從事中國文字的探討，是一種科研的工作，也是教研的工作。科研爲教研之體，教研爲科研之用，一爲基礎，一爲功能，二者互爲輔助，其成效纔能相得益彰。本書旨在對中國文字做科研的工作，同時也是將科研

的成果在學堂上及研討會中做教研的發揮，故命名爲《中國文字教學研究》。

　　本書在科研及教研的進行上，首先以許慎《說文解字》一書做爲主要基礎，因爲《說文》具有建立部首、界定六書、剖析形構、保存古音、彙集義詁、追溯字源、兼晐古籀、據形系聯、察究萬原、知化窮冥等特色，捨《說文》而奢談漢字研究，無異嚮壁虛造，無的放矢。其次則參酌近世出土且經專家嚴格鑑定的文物如卜辭、彝銘、陶器、竹簡、帛繒、兵戈、玉石等器物上的文字或圖像作爲輔助，兼採二重證據法進行探索。而對近人刊行的有價值之研究成果，也多方蒐羅，詳加鑽研，及時採擷，以匡不逮。教學之餘，偶有心得，則先條錄於筆記，再彙整而爲篇章，積之有年，草稿漸增。最近爲因應學生建議，乃不揣翦陋，謹將近數年所撰就的漢字研究篇章，擇其較主要者予以刊印發表，作爲補充教材之用。個人因才疏學淺，加以長期以來，兼任大學各級學術行政主管工作，雜務纏身，曠日耗時，學術研究，每下愈況，每一思及，愧疚良深。今倉促刊行，篇中掛一漏百，論述欠妥之處，在所難免，尚祈博雅君子，不吝賜教。

賴明德 2003.5.1

中國文字教學研究

目　次

中國文字的探究和教學

壹、緒　論

　　人類爲表情、達意、狀物及敘事，因而有語言。然而語言有其局限性，因而有文字。文字的功能在濟語言之窮——即超越語言的局限性。因爲語言本身受時、空所局限。如語言從人的口中說出，瞬間即消失，無法傳久，此爲語言受時間所局限。人類因生理結構關係，聲量有限，難以傳遠和突破阻隔，此爲語言受空間所局限。在此情況之下，文字自然應運而產生，以文字記錄語言，不但可以傳久，而且可以傳遠。在當今之錄音、錄影等科技器材未被發明和使用之前，人類歷史文化的發展與傳承，大多藉助於文字。簡言之，文字是用手寫的語言，語言是用口說的文字，二者爲一體之兩面。所以歷來研究語言的學者，無不兼治文字以互證互補；研究文字的學者，亦無不並習語言以相輔相成。

　　1989 年諾貝爾文學獎得主——西班牙籍作家塞勒(Jose Camino Cela)曾經公開預言：未來全世界所通行的四種主要語文將是英語文、漢語文、西班牙語文和阿拉伯語文。荷蘭的語言學家萊溫遜(Windson Lei)甚至大膽地預測，一百年後，人類現存語言的四分之三將可能大部份消失，國際間越

來越多的人將選擇大多數人所使用的「通用語」──英語、漢語或西班牙語。

　　儘管全球現存的語言或方言，據估計，大約多達 6000 種到 8000 種左右，但是其中的大部份將隨著時間的推移而消失。將來世界語言的發展趨勢將逐漸集中在幾種語言。因為在目前的數千種語言中，大多數語言屬於「族群語言」，尤其是土語、方言。而這些語言的使用，將愈來愈少，如北美洲和澳洲的年輕土著，講其「族群語言」的人已經大量地減少，英語逐漸取代了他們的家鄉土語。據推測，經過數代之後，這些地方 90 ％的土語將消失殆盡。又如在亞洲，日本的原住民語言愛奴語，大約在 20 年前已經消失。在臺灣，本來只剩下 200 人左右的原住民邵族，經歷 1999 年 9 月 21 日的大地震後，幾乎亡族滅種。如今會講邵族話的只有 10 人左右，且年齡都在 60、70 歲以上。如果未能繼續傳承的話，不出 20 年邵族語也將難逃滅絕的命運。居住在蘭陽平原的噶瑪蘭人，在 20 世紀初，仍會講自己的母語，日治時期甚至有不少日本學者在蘭陽平原蒐集一些活語言的材料。然而如今噶瑪蘭語已經成為死語。其他如居住在埔里的巴宰族，目前只有少數的老人會講巴宰語。原在大台北地區的平埔族巴賽（Basay）語言，在日治時代曾經留下一些記錄，如今都已成為死語。（見李壬癸〈死語能復活嗎？〉一文，載聯合報 2003 年 3 月 8 日）所以「聯合國教育科學暨文化組織」（UN-ESCO）將 2002 年 2 月 21 日定為「國際母語日」（International mother tongue day）其主旨便是要提醒世人注意世界語

言流失的問題，而台灣也被列為語言嚴重流失的地區。

　　目前全球有百萬以上人口在使用的語言大約有200到250種，其中英語、漢語、西班牙語名列前茅。講英語的人不斷增多是因為在國際交往中，英語的作用與日俱增；而漢語和西班牙語的強勢，是因為使用這兩種語言的人口眾多，能掌握這兩種語言，極有助於進行國際間科技、經濟、政治、文化、教育的交流。

　　中華文化的主要內涵有三：一是中華民族的代表文字——漢字也稱為中國文字；二是中華民族的歷史文物；三是中華民族的哲學思想。其中漢字是歷史文物和哲學思想的主要載體，功能巨大，價值無限，不但是中華民族的重要寶藏；也是人類有史以來的珍貴資產。

　　今日，正當全球各國皆在萬向現代化(modernization)和國際化(internationalization)的進程中，如何以科學性的原理和方法，從事漢字研究和教學，實為一項極為重要的工作。本論文主旨在根據理論、材料和證據，針對上述的課題做探討，希望透過與會專家學者的指正和充實，能有一個具體的結論，使漢字能夠廣受全球人們所理解、認同、學習，進而弘揚中華文化，使中華文化成為人類文明的主流，推動國際進步的力量，嘉惠人類，造福世界。

　　全篇就漢字的價值、漢字的產生和發展、漢字構造的科學性解析、漢字中所蘊含的文化、具象文字和拼音文字的比較、字形的剖析、字音的發展、字義的演化、電腦化和網路化的漢字教學等逐項提出探討，以就教於專家學者，期能有

具體、肯定的結論，共同提升漢字研究和教學的品質。

貳、具象文字和拼音文字

　　人類文字就其形態而言，大約可區分為具象文字與拼音文字兩大類。具象文字在通過字形的構造以表達事物的形象和意義，是一種接近圖畫的符號語言；拼音文字則純粹以拼音字母拼成文字，著它所代表的語言，以表達事物的形象和意義。

　　以下茲利用一部份材料以資說明，本材料取材自 The Gioeons International 所發行的 Holy Bible 的附錄。其大意是說：在《聖經》上有一節文，它已經被翻譯成超過1100種語言。它告知人類，宇宙間有一位主宰以永遠不變的愛在愛我們。此處，這一節經文以世界上極為重要的27種語文加以記錄呈現，它已經得到全世界四分之三的人口所了解。它就是《新約·約翰福音》第3章第16節。

　　此節經文被譯成的27種語文，分別是：阿非麗肯文(AF-RIKAANS)、阿拉伯文(ARABIC)、亞美尼亞文(ARME-NIAN)、漢文(CHINESE)、波蘭文(POLISH)、葡萄牙文(PORTUGUESE)、俄羅斯文(RUSSIAN)、斯里蘭卡的僧加羅文(SINHALESE)、日本文(JAPANESE)、韓文(KOREAN)、挪威文(NORWEGIAN)、希臘文(GREEK)、希伯來文(HE-BREW)、印度文(HINDI)、冰島文(ICELANDIC)、意大利文(ITALIAN)、丹麥文(DANISH)、荷蘭文(DUTCH)、英文(ENGLISH)、芬蘭文(FINNISH)、法文(FRENCH)、德文

There is a verse in the Bible which has been translated into more than 1100 languages. It tells of One who loved us with an everlasting love. The verse is here recorded in 27 of the important world languages which are understood by three-quarters of the earth's population. The verse is John 3:16.

AFRIKAANS

Want so lief het God die wêreld gehad, dat Hy sy eniggebore Seun gegee het, sodat elkeen wat in Hom glo, nie verlore mag gaan nie, maar die ewige lewe kan hê.

ARABIC

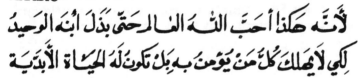

ARMENIAN

Քանի որ Աստուած այնպէս սիրեց աշխարհը որ միւչեւ իւկ իր միածին Որդին տուաւ, որպէսզի ով որ հաւատայ անոր չկորսուի, այլ ընդունի յաւիտենական կեանքը.

CHINESE

神愛世人、甚至將他的獨生子賜給他們，叫一切信他的，不至滅亡，反得永生

POLISH.

Ponieważ Bóg tak świat kochał, że dał swego syna jedynego, aby kto wierzy w Niego nie zginął, lecz żył wiecznie.

PORTUGUESE

Porque Deus amou o mundo de tal maneira, que deu o seu Filho unigênito, para que todo aquêle que nêle crê não pereça, mas tenha a vida eterna.

RUSSIAN

Ибо так возлюбил Бог мир, что отдал Сына Своего единородного, дабы всякий, верующий в Него, не погиб, но имел жизнь вечную.

SINHALESE

මක්තිසාද දෙවියන්වහන්සේ සව කීය ඒකජාතක පුත්‍රයාණත් දෙන තරම ලෝකයාට ප්‍රේම කළ සේක. එසේ කළේ උන්වහන්සේ කෙරෙහි අදහා ගන්න සැමදෙනම විනාශ තොල් සද කාල ජීවතය ලබත පිණිසය.

JAPANESE

神はそのひとり子を賜わったほ
どに、この世を愛して下さった。
それは御子を信じる者がひとり
も滅びないで、永遠の命を得る
ためである

KOREAN

하나님이 세상을
이처럼 사랑하사
독생자를 주셨으니
이는 저를 믿는 자
마다 멸망치 않고
영생을 얻게 하려
하심이니라

NORWEGIAN

For så har Gud elsket verden at han gav sin Sønn,
den enbårne, forat hver den som tror på ham, ikke skal
fortapes, men ha evig liv.

GREEK

Διότι τόσον ἠγάπησεν ὁ Θεὸς τὸν κόσμον, ὥστε
ἔδωκε τὸν Υἱὸν αὑτοῦ τὸν μονογενῆ, διὰ νὰ μὴ ἀπο-
λεσθῇ πᾶς ὁ πιστεύων εἰς αὑτόν, ἀλλὰ νὰ ἔχῃ ζωὴν
αἰώνιον.

HEBREW

כִּי־כָכָה אָהַב הָאֱלֹהִים אֶת־הָעוֹלָם עַד־אֲשֶׁר נָתַן
אֶת־בְּנוֹ אֶת־יְחִידוֹ לְמַעַן לֹא־יֹאבַד כָּל־הַמַּאֲמִין בּוֹ כִּי
אִם־יִחְיֶה חַיֵּי עוֹלָמִים:

HINDI

क्योंकि परमेश्वर ने संसार से ऐसा
प्रेम रखा कि अपना एकलौता पुत्र
दे दिया कि जो कोई उस पर विश्वास
करे, नष्ट न हो परन्तु शाश्वत
जीवन पाए ।

ICELANDIC

því að svo elskaði Guð heiminn, að hann gaf son
sinn eingetinn, til þess að hver, sem á hann trúir,
glatist ekki, heldur hafi eilíft líf.

ITALIAN

Poichè Iddio ha tanto amato il mondo, che ha dato
il suo unigenito Figliuolo, affinchè chiunque crede in
lui non perisca, ma abbia vita eterna.

DANISH

Thi således elskede Gud verden, at han gav sin Søn den enbårne, for at enhver, som tror på ham, ikke skal fortabes, men have evigt liv.

DUTCH

Want alzo lief heeft God de wereld gehad, dat Hij zijn eniggeboren Zoon gegeven heeft, opdat een ieder, die in Hem gelooft, niet verloren ga, maar eeuwig leven hebbe.

ENGLISH

For God so loved the world that He gave His only begotten Son, that whoever believes in Him should not perish but have everlasting life.

FINNISH

Sillä niin on Jumala maailmaa rakastanut, että hän antoi ainokaisen Poikansa, ettei yksikään, joka häneen uskoo, hukkuisi, vaan hänellä olisi iankaikkinen elämä.

FRENCH

Car Dieu a tant aimé le monde qu'il a donné son Fils unique, afin que quiconque croit en lui ne périsse point, mais qu'il ait la vie éternelle.

GERMAN

Denn also hat Gott die Welt geliebt, daß er seinen eingebornen Sohn gab, auf daß alle, die an ihn glauben, nicht verloren werden, sondern das ewige Leben haben.

SPANISH

Porque de tal manera amó Dios al mundo, que ha dado a su Hijo unigénito, para que todo aquel que en él cree, no se pierda, mas tenga vida eterna.

SWAHILI

Kwa maana jinsi hii Mungu aliupenda ulimwengu, hata akamtoa Mwanawe pekee, ili kila mtu amwaminiye asipotee; bali awe na uzima wa milele.

SWEDISH

Ty så älskade Gud världen, att han utgav sin enfödde Son, på det att var och en som tror på honom skall icke förgås, utan hava evigt liv.

TAMIL

தேவன், தம்முடைய ஒரேபேறன குமாரன விசுவாசிக் கிறவன் எவனே அவன கெட்டுப்போகாமல் நித்தியஜீவன அடையும்படிக்கு, அவரைத் தந்தருளி, இவ்வளவாய் உலகத்தில் அன்புகூர்ந் தார்.

VIETNAMESE

Vì Đức Chúa Trời thương-yêu thế-gian đến nỗi đã ban Con độc-sanh của Ngài, hầu cho hễ ai tin Con ấy không bị hư-mất, nhưng được sự sống đời đời.

(GERMAN)、西班牙文(SPANISH)、史瓦利文(SWAHILI)、瑞典文(SWEDISH)、塔密爾文(TAMIL)、越南文(VIETNA-MESE)。

　　以上這27種文字，除了漢文和日文之外，其餘的都是拼音文字。由於日文的平假名源自漢字的草書；片假名源自漢字的偏旁，基本上還是屬於漢字系統。因此也可以說，除了漢字以外，其餘的都是拼音文字。漢字的構造雖然有象形、

表 1　　　　　　　　　　　　　　表 2

甲骨文　　　　　　　　　　　　　東巴文

表 3

表 4

表 5

表 6

楷書	甲骨文	埃及文	東巴文
山			
水			
泉			
田			
行			
石			
朝			
暮			

表7

楷書	甲骨文	埃及文	東巴文
家			
監			
城			
禽			
爵			
樂			
衣			
葬			

表8

楷書	甲骨文	金文	楷書	甲骨文	金文
大			萬		
人			羌		
子			旅		
孫			東		
龜			歌		
掃			牛		
立			羊		
訊			虎		

表9

楷書	甲骨文	楷書	甲骨文
蝠		騎	
敇		乘	
宀			
幽		戔	
景		戕	
亞		叔	
冑		重	
猒			

表10

指事、會意、形聲、轉注、假借六種，究其源始，是從象形一類衍生出來的。象形是具象文字，即有象可稽，源自客觀存在的物象，而「畫成其物，隨體詰詘。」故與實物的形象最爲接近而易於辨識，比拼音文字易於認知和記憶。指事字雖是造字者以主觀臆構其易於認知的程度而產生，較爲抽象，然其特色爲「視而可識，察而見意」，易於認知的情況僅次於象形。由象形和指事結構而形成的會意、形聲等字，也可由其象而領會其構意所在。所以從學習心理的層面而言，具象文字在認知上總優於拼音文字。茲略舉甲骨文、古埃及文字、雲南境內納西族東巴文字以窺其一斑。

　　以上所採錄的 10 個表，除第 3 表全爲甲骨文、第 4 表全爲東巴文、第 9 表爲楷書和甲骨文、金文對照、第 10 表爲楷書和甲骨文對照之外，其餘的表，最左邊的一行是正體（繁體）字的楷書，向右依序是甲骨文、埃及文、東巴文的排列對照。

參、從心理語言學的理論探討具象文字和拼音文字

一、圖畫和閱讀之間的關係

　　美國「人類認知比較實驗室」曾經在 1979 年的報告說，小孩對閱讀的觀念是由「圖畫」到用圖表意，到表音節，最後到用「字」來表語意。吉布遜(Gibson 1977)在小孩知覺發展的過程上，也認爲小孩越來越注意到外界刺激與內在知覺

間一對一的對應性。個體認知行為的發生展現，似乎重現了人類文字演化上重要的過程。

這意味著讀者的認知力與文字特殊結構所要求的作業能力之間的重要性。文字對其讀者的認知能力一定有某些程度上的規範。因文字結構不同，其讀者在閱讀時抽取意義的方式也不同。一個讀者必須針對其閱讀的文字發展出一套認知上的策略，以達到「閱讀」的目的。

二、麻省理工學院(MIT)有關認「字與圖」的實驗

有關認字與認圖之間的關係，麻省理工學院(MIT)的心理學家們也作過一項試驗，結果發現，當一個名詞以英文出現讓學生念出時，比一個圖畫出現時反應快。但是令學生將該物體作分類時，出現該物圖畫的反應又比出現文字的反應快。例如：如果出示banana讓學生大聲念出時，比實際出示一張香蕉的圖畫，學生念得快。但是當主試者問：下面這個東西是不是屬於水果？此時學生對圖畫的反應卻比出示 banana 一字要快。在此試驗中所繪物體及資料都是清楚而熟習的，但是這個現象仍然存在。

普特(Poter 1975)認為以上的結果可以歸因於以下的事實，即「發音」不需要腦中的「記憶層」，就直接代換並掌握「語彙層」，當一個字已經達到語彙層面時，言語結構接受此一傳訊立刻發音。但是學生看到了一張圖畫，在他能說出香蕉的名字之前，必須先傳到記憶層，將儲存banana的意念喚出，因此反應的時間就慢了許多。同時，某個字念某個

音，是儲存在「字彙層」，因而一到這一層馬上念出來。

　　麻省理工學院所說的理論，仍然存有一個問題。因漢字是意符文字，同時具有具象與書寫文字的性質。認讀漢字是否跟英文這類拼音文字的反應時間相同？有關此點在其對漢字的試驗結果中顯示：漢字（象形字）的叫名比圖畫快，在分類方面兩種文字的情形一樣。也就是說，無論何種語文，不論它是拼音文字或表意文字，書寫文字與語言之間有直接的關係（對一般人而言，表音的概念，使空間有了語言的意義）。當某人一旦對他所識的文字已達熟知的階段，這些文字的形狀，就超脫形狀之外，不再受它特殊字形的束縛了。

三、從視覺與理解上的關連證明漢字在認知上的優勢

　　中、英文因文字系統不同而在閱讀歷程上也有差別；下圖是藉劉女士(Liu, 1978：154)實驗的結論，說明英文是以拼音字為基礎，而漢字是以表意為主，兩種文字在閱讀時，讀者經由兩種不同的管道獲知理解的歷程。

拼音意義關連圖

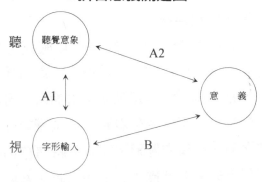

聽　聽覺意象　　　　A2

A1　　　　　意　義

視　字形輸入　　B

　　依上圖所見，不同語言，由不同的管道，利用不同的神經路線進行。A 線是英文讀者之路線，以相同之媒介音素輸入管道，確定該字在音波上反映。以音象爲理解字義的傳譯方式。B 線是中文閱讀者之路線，直接辨認字形，不經過傳譯方式。（ 參考葉德明教授著〈漢字認讀書寫之原理與教學〉）

肆、漢字的構造

　　漢字的傳承和使用，從甲骨文算起到現在，已經有 4000 多年的歷史。在這段漫長的時間裡，它不但溝通了無數人和人之間的情意和理念，也詳盡地記錄了我國每一個時代的歷史和文明。就人類文明史的地位而言，它是世界三大文字系統中流傳最久，使用的領域極廣，使用的人數最多的一種文字。就它在中國文化中的價值而言，它是中國文化中的三大寶貝之一。它不但是宣揚中華文化的主要工具，也是中西文化交流的一種重要媒介。在人類已經邁進廿一世紀的今天，中國人在世界舞台上所扮演的角色愈來愈重要；對世界和平和人類福祉所承擔的責任愈來愈重大。因此，凡是中華民族的後代子孫都有責任認眞研究中華文化，並且將它宣揚到世界各地，促進各族群、各國家之間的理解和溝通，以達成人類共同的一個願望——世界大同。這樣一件重大的事情，最基礎的工作就是從漢字的教學開始。但是漢字的傳承和使用經歷了 4000 多年，其間由於時代和地域的關係，在形、音、義等方面茌免會產生一些變化，但是研究漢字的學者都認爲

漢字的構造具有極強的邏輯性。

所謂「文字」，精確地說：「獨體」的叫做「文」，如：日、月、山、水、木、火、牛、羊、人、口等；「合體」的叫做「字」，如：明、汕、鮮、牢、祭、祝、鳴、众、品、塵等。後來爲了方便和習慣起見，無論獨體或合體，統稱爲「字」或「文字」。漢字的結構，甲骨文以前，因還沒有詳切的資料可供依據，還無法確知；從甲骨文以及其後的文字加以分析，其構造的法則不外象形、指事、會意、形聲、轉注、假借六種，即所謂「六書」。茲簡述如下，其中因「假借」一項，歷來說法較多，故論述較詳。

一、象形

「象形」是根據實物的形象而造字的一種法則，它類似圖畫，卻不是圖畫；它比圖畫簡單，卻能表現出實的共相。如：雨（甲骨文作 ⊞，小篆作 雨）象雨水從雲層降下：山（甲骨文作 ⋀⋀，小篆作 ⼭）象山峰山谷的形狀；田（甲骨文作 田，小篆作 田）象田界和田間小路；木（甲骨文作 朱，小篆作 朱）象樹的根、幹和枝條；竹（甲骨文作 竹，小篆作 竹）象竹竿和葉子分布的形狀；貝（甲骨文作 貝，貝）象貝殼的正面形狀；燕（甲骨文作 燕，小篆作 燕）象燕子的頭、喙、翅膀和尾巴；犬（甲骨文作 犬，小篆作 犬）象犬的頭、身、足、尾；鹿（甲骨文作 鹿，小篆作 鹿）象鹿的頭、角、四足、尾；角（甲骨文作 角，小篆作 角）象動物的角和角上的紋路。

二、指事

「指事」是造字者以個人主觀對事物所生的意象而造字。它的作用大多在表達抽象的事情或概念，它的性質類似符號，卻不是符號。如：生（甲骨文作↓，小篆作↓）指草木的生長；甘（甲骨文作↓，小篆作↓）指口中所含物的味覺甜美；之（甲骨文作↓，小篆作↓）指人所往；至（甲骨文作↓，小篆作↓）指矢下墜至地；朱（甲骨文作↓，小篆作↓），指木心紅色；亦（甲骨文作↓，小篆作↓），指人的兩腋部作；曰（甲骨文作↓，小篆作↓）指人說話口中出氣；尹（甲骨文作↓，小篆作↓）指治理事物；卒（甲骨文作↓，小篆作↓）指穿著色制服的受刑人；弘（甲骨文作↓，小篆作↓）指弓振動的聲音；才（甲骨文作↓，小篆作↓）指草木剛出生。

三、會意

「會意」是連結二個或二個以上的形符，會合它們的意思而造字。如：

聑　由口和耳二字而成，表示一人以口附在一人的耳邊輕聲小語。

牧　由牛和攴二字結合而成，表示將牛驅趕到青草地上吃草。

相　由目和木二字結合而成，表示用眼睛細看樹木。

雙　由又（右手）和雔（二隹）結合而作，表示用手捉住一

對鳥兒。

鳴　由鳥和口二字結合而成，表示鳥叫出聲。

盥　由臼、水、皿三個字結合而成，表示雙手就著器皿中的
　　水洗淨。

慶　由鹿、心、夊三個字結合而成，振示拿著鹿皮，懷著誠
　　意，親自走路去慶賀人家。

惢　由三個心字結合而成，表示對人對事多心而懷有疑慮。

焱　由三個火字結合而成，表示火光上昇，火花四飛。

猋　由三個犬字結合而成，表示群犬爭逐急奔。

四、形聲

　　「形聲」是由形符和聲符合併而造字。形符代表事物的
類別，聲符代表該字的讀音。這種文字的結構，由於看到形
符，便大略知道它的義之所指；看到聲符，便知道在語言
上，它當發出什麼音。如鯉字，它的形符是「魚」，便知道
它和魚類有關；聲符是「里」，便知道它的讀音和「里」字
一樣。又如「蓮」字，它的形符是艸（即草），便知道它和
花草有關；聲符是「連」，便知道它的讀音和「連」字一
樣。形聲字的本身因形、音、義三者都很明顯的呈現出來，
不像象形、指事、會意等文字，讀音必須另外標識，所以在
「六書」中，用形聲法則造的字居多。如《說文解字》一書
所收的小篆文字有 9353 字，其中形聲字佔有 7697 字，約為
82%左右，道理便在此。如：

惑　由形符「心」和聲符「或」結合而成。表示心裡的一種

感覺，音讀同「或」。

綜　由形符「糸」和聲符「宗」結合而成。表示和處理絲有關，音讀同「宗」。

驅　由形符「馬」和聲符「區」結合而成。表示和馬的動作有關，音讀同「區」。

露　由形符「雨」和聲符「路」結合而成。表示和水氣有關，音讀同「路」。

顱　由形符「頁」和聲符「盧」結合而成。表示和頸部有關，音讀同「盧」。

扉　由形符「戶」和聲符「非」結合而成。表示和門戶有關，音讀同「非」。

型　由形符「土」和聲符「刑」結合而成。表示和泥土有關，音讀同「刑」。

郊　由形符「邑」和聲符「交」結合而成。表示和城邑有關，音讀同「交」。

笳　由形符「竹」和聲符「加」結合而成。表示和竹子有關，音讀同「加」。

盒　由形符「皿」和聲符「合」結合而成。表示和器皿有關，音讀同「合」。

　　最簡單的形聲字其形符和聲符的排列組合，可以分為六式：

①左形右聲：曉、錫、揚、江。

②右形左聲：邯、雞、雌、翔。

③上形下聲：宵、霜、簫、庠。

④下形上聲：然、壁、忠、勇。

⑤外形內聲：閨、閭、圂、圃。

⑥內形外聲：聞、問、黴、黴。

　　以上象形、指事、會意、形聲四種，是漢字構造的基本法則；至於轉注和假借，則是造字的補充法則。

五、轉注

　　轉注字的產生，主要是一個字的意義因為假、引申或比擬的關係，被當成另外一個字使用，為了保存或還原這一個字的本來字義，因此又造了另外一個字。於是另造的字的和原來的字，除了字形不同以外，音‧義是一樣的。用這種原理造字，就叫做「轉注」。如：

　　「亦」和「掖」（腋）　「亦」字小篆寫作「」，本義象人的兩腋部位，後來被假借作副詞「又」、「也」，於是再造一個「掖」字來保存它的本義。「亦」和「掖」二字音和義都相同，只是形體不同而已。又如：

　　「西」和「棲」　「西」字小篆寫作，本義象鳥兒在巢上休息，後來被假借作方位名東西南北的「西」，於是再造一個「棲」字來保存它的本義。「西」和「棲」二字音和義都相同，只是形體不同而已。

　　「其」和「箕」　「其」字小篆寫作，本義象簸箕的形狀，後來被假借作指示詞「他」或「它」，於是再造一個「箕」字來保存它的本義。「其」和「箕」二字音和義都相同，只是形體不同而已。

　　「惕」和「愫」　　「惕」字本義是心情不定，後來被假借作心情平靜，於是再造一個「愫」子來保存它的本義。「惕」和「愫」二字的音、義都相同，只是形體不同而已。

　　「懾」和「偏」　　「懾」字的本義是「心服」，後來被假借作「失氣」。於是再造一個「偏」字來保存它的本義。「懾」和「偏」二字音和義都相同，只是形體不同而已。

　　由於可知「轉注」是一種「一義多字」的造字補充法則。

六、假借

　　「假借」的造字法則是指本來有一件事物，卻沒有為它造出文字來，但是在語言上已經有代表這一件事物的一個語音，於是就借用一個字音和這語音相同的文字來表示，這種文字的運用方式就叫做「假借」。如「令」字本來的意思是「發號施令」，「長」字本來的意思是「滋生長大」。而在漢代人口在一萬戶以上的大縣，縣裡的最高行政首長叫做「縣令」；人口在一萬戶以下的小縣，縣裡的最高行政首長叫做「縣長」。但是原來並沒有縣令的「令」和縣長的「長」造出文字來，於是就借用發號施令的「令」字和滋生長大的「長」字，來表示縣令的「令」和縣長的「長」。又如「來」字原來的意思是「麥子」，被借做動詞「往來」的「來」；「烏」字原來的意思是「烏鴉」，被借做歎詞「烏呼」的「烏」；「韋」原來的意思是「相背」，被借做名詞「皮韋」的「韋」；「西」字原來的意思是鳥在巢上休息，

被借做方向「東西南北」的「西」；「其」字原來的意思的
「畚箕」，被借做第三人稱代名詞「其人其事」的「其」。

原來某一個字，因爲假借的關係，又被借做另外一個字
來使用，如以上所述的例子，「發號施令」的「令」字又被
借做「縣令」的「令」字的使用；「滋生長大」的「長」字
又被借做「縣長」的「長」字來使用；「烏鴉」的「烏」字
又被借做「烏呼」的「烏」字來借用；「畚箕」的「其」字
又被借做「其人其事」的「其」字來使用。所以「假借」是
一種「一字多義」的造字補充法則。

《說文解字》詮釋假借爲「本無其字，依聲託事，令、
長是也。」這只是詮釋假借的一部份而已，其實假借當分
「用字假借」和「造字假借」兩大類，每大類又可區分爲
「無本字」和「有本字」兩項。茲列表如下，並作詳細說
明。

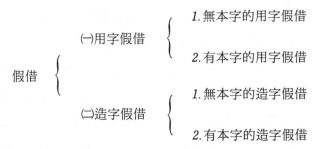

㈠用字假借

用字假借是屬於訓詁學上的假借，即四體二用之理論所
指的假借，亦即戴震所謂「用字之法」，段玉裁所謂「包訓
詁之全」的假借。又可以分爲二項：一是無本字的用字假

借，一是有本字的用字假借。前者是以音表義，後者又謂之
同音通假。茲分別敘述如下：

1. 無本字的用字假借

　　這一項即是許氏所謂「本無其字，依聲託事」的假借，
前人已經討論的極爲詳細。茲舉例印證如下：

　　⑴《說文》云：「𡴆（每）草盛上出也。从屮母聲。」
每字的本義是「草盛上出」，在經典和古籍中被假借爲二種
意義：一借爲「常」，二借爲「凡」。

　　①《詩經·小雅·皇皇者華》：「每懷靡及。」

　　②《左傳·昭公十三年》：「國每夜駭曰：王入矣。」

　　以上二例，每字假借爲「常」，即時常。

　　③《論語·八佾》：「子入太廟，每事問。」

　　④《孟子·離婁下》：「故爲政者，每人而悅之，日亦
不足矣。」

　　以上二例，每字假借爲「凡」，即一切。

　　⑵《說文》云：「𦬪（若）擇菜也。从艸右，右，手
也。」照說文所釋，若字的本義是「擇菜」，在經典古籍中
被借爲三種意義：一借爲稱人之詞，二借爲「如」，三借爲
「至於」。

　　①《國語·晉語四》：「若宿而至。」

　　②《史記·淮陰侯列傳》：「若雖長大，好帶刀劍，中
情怯耳。」

　　以上二例，若字假借爲稱人之詞，即第二人稱代名詞，
義同汝、爾、你等。

③《論語・泰伯》：「有若無，實若虛。」

④《尙書・盤庚上》：「若火之燎于原。」

以上二例，若字假借爲「如」，即好像。

⑤《左傳・隱公五年》：「若夫山林川澤之實，非君所及也。」

⑥《論語・述而》：「若聖與仁，則吾豈敢？」

以上二例，若字假借爲「至於」。

(3)《說文》云：「自（自）鼻也。象鼻形。」自的本義是指人的鼻子，在經典古籍上被假借爲二種義：一借爲「由」或「從」，二借爲自稱之詞。

①《詩經・大雅・文王有聲》：「自西自東，自南自北，無思不服。」

②《孟子・萬章上》：「《泰誓》曰：天視自我民視，天聽自我民聽。」

以上二例，自字假借爲「由」或「從」。

③《論語・憲問》：「夫子自道也。」

④《孟子・公孫丑上》：「自反而縮，雖千萬人吾往矣。」

以上二例，自字假借爲自稱之詞，即「自己」。

(4)《說文》云：「𦰩（昔）乾肉也。从殘肉，日以晞之。」昔字的本義是乾肉，在經典古籍上被假借爲二種意義：一借爲「古」，一借爲「昨日」或「數日之間」。

①《詩經・商頌・那》：「自古在昔，先民有作。」

②《周易・說卦傳》：「昔者聖王之作易也。」

以上二例，昔字假借爲「古」，即往古、古時。

③《孟子・公孫丑下》：「昔者辭以病，今日弔，或者不可乎？」

④《孟子・離婁上》：「樂正子見孟子，孟子曰：子來幾日矣？曰：昔者。」

以上二例，甲例趙岐注云：「昔者，昨日也。」乙例趙岐注云：「昔者，謂數日之間也。」

⑸《說文》云：「或（或）邦也。从囗，戈以守其一，一，地也。域，或或从土。」或字的本義是邦國，是國字和域字的切文，在經典古籍中被假借爲二種意義：一借爲有無的有，二借爲表示不確定的語詞。

①《詩經・小雅・北山》：「或燕燕居息，或盡瘁事國，或息偃在林，或不已於行。」

②《孟子・梁惠王上》：「或百步而後止，或五十步而後止。」

以上二例，或假借爲「有」，即「有的」或「有人」。

③《左傳・哀公十二年》：「墮黨崇讎，而懼諸侯，或者不可乎？」

④《周禮・攷工記》：「或通四方之珍異以資之。」

以上二例，或字假借爲表示不確定的語詞。

其他如苟字的本義是一種草名，假借爲苟且的苟，止字的本義是足趾，假借爲停止、禁止的止；舊字的本義是鴟鳥，假借爲陳舊的舊；焉字的本義是黃鳥，假借爲語助詞「盡心焉」、疑問詞「人焉廋哉」的焉；其字的本義是簸

箕，假借爲其人其事的的其，願字的本義是大頭，假借爲願望的願；麗字的本義是旅行，假借爲美麗的麗；之字的本義是草長出來，假借虛字「之乎者也」的之；它字的本義是蛇，假借爲指示詞「它日」的它；新字的本義是取木，假借爲新奇的新；又如甲、乙、丙、丁、戊、己、庚、辛、壬、癸十個字的假借爲天干的名稱，子、丑、寅、卯、辰、巳、午、未、申、酉、戌、亥十二個字的假借爲地支的名稱，也都是無本字的用字假借。

2.有本字的用字假借

這一項是指某一件事或物，原來已經有一個文字在表示它，但是古人在書寫運用時，或因倉卒之間想不起那一個字，或因書寫時的態度不夠嚴謹，於是借用另一個字音相同的文字來代替，也就是近代人習稱的「同音通假」。究其實際，也就是古人有意或無意之間的寫「別字」。同音通假的文字只是字音相同而已，字義是不同的。但是文字的應用含有約定俗成的因素在，時間久了，常因積非成是，到後來竟然變成假借字通行，本字反而不用或少用了。茲舉例說明如下：

(1)佚和逸

①《說文》云：「佚，佚民也。从人失聲。」

②《說文》云：「逸，（兔）失也。从辵兔。兔謾訑善逃也。」

案：佚和逸二字其反切都是夷質切，古聲屬喻紐，古韻屬十二部，國語注音ㄧ、。故隱佚之佚假逸爲之。

(2)溥和普

①《說文》云：「溥，大也。从水尃聲。」

②《說文》云：「普，日無色也。从日並聲。」

案：溥和普二字其反切都是滂古切，古聲屬滂紐，古韻屬五部，國語注音ㄆㄨˇ。故溥大（或溥遍）之溥，假普為之。

(3)攩和黨

①《說文》云：「攩，朋群也。从手黨聲。」

②《說文》云：「黨，不鮮也。从黑尚聲。」

案：攩和黨二字其反切都是多朗切，古聲屬端紐，古韻屬十部，國語注音ㄉㄤˇ。故朋群（或朋攩）之攩，假黨為之。

(4)挩和脫

①《說文》云：「挩，解挩也。从手兌聲。」

②《說文》云：「脫，消肉臞也。从肉兌聲。」

案：挩字反切為他括切，脫字為徒活切，就聲紐而言，他屬透紐，徒屬定紐，同為舌頭音；就韻部而言，二字同屬十五部，國語注意ㄊㄨㄛ。故解挩之挩，假脫為之。

(5)衛和帥

①《說文》云：「衛，將衛也。从行率聲。」

②《說文》云：「帥，佩巾也。从巾𠂤聲。」

案：衛和帥二字其反切都是所律切，古聲屬疏紐，古韻屬十五部，國語注意ㄕㄨㄞˋ。故將衛之衛，假帥為之。

㈡造字假借

造字假借是文字學上的假借，它纔是《漢書‧藝文志‧六藝略》所言「造字之本」的假借，亦即魯先生所言「四體六法」所指的假借。如同用字假借可以分爲無本字的假借和有本字的假借二項，造字假借也可以分爲無本字的造字假借和有本字的造字假借二項。

1.無本字的造字假借

⑴馭　《說文》云：「馭，馬八歲也。从馬八，八亦聲。」馭字从馬八以會出馬八歲的意思。但是八字的本義是「別」，其形構爲「象分別相背之形」，作「數目的八」解，是一種無本字的用字假借。故利用八字的假借義以造出馭字，即是一種無本字的造字假借。

⑵武　《說文》云：「武，楚莊王曰：夫武定功戡兵，故止戈爲武。」武字从止戈以會出戡兵的本義。但是止字的本義是「足趾」，其形構在甲文、金文中皆爲一獨體象形文，作「制止」解，是一種無本字的用字假借。故利用止字的假借義以造出武字，即是一種無本字的造字假借。

⑶韝　《說文》云：「韝，臂衣也，从韋冓聲。」臂衣是一種皮製的護臂之物。韝字从韋以表示臂衣由皮韋製成。但是韋字的本義是「相背」，其形構在甲文中象兩足趾相背之形，作「皮韋」解，是一種無本字的用字假借。故利用韋字的假借義以造出韝字，即是一種無本字的造字假借。

⑷皚　《說文》云：「皚，霜雪之白也。从白豈聲。」皚字从白以表示霜雪的潔白。但是白字的本義爲「將指」

（即拇指），其形構在甲文、金文中皆為一獨體象形文，
（《說文》解釋白字的形、義，完全錯誤）作「顏色之白」
解，是一種無本字的用字假借。故利用白字的假借義以造出
皚字，即是一種無本字的造字假借。

　　⑸稘　《說文》云：「稘，復其時也。从禾其聲。唐書
曰：稘三百有六旬。」復其時即周年而復始的意思。稘字从
其以表示時間周而復始。但是，其字的本義是簸箕，其形構
在甲文、金文中皆為一獨體象形，作「時間用而復始」解，
是一種無本字的用字假借。故利用其字的假借義以造出稘
字，即是一種無本字的造字假借。

2.有本字的造字假借

　　⑴鞅　《說文》云：「鞅，頸靼也。从革央聲。」頸靼
是古時一種護頸的皮製品。从「革」表示由皮革製成，但是
从「央」卻無頸的意思，說文云：「央，中也。」頸在人身
的上端，而非在人身的中部，鞅字从央無所取義，故央字當
為亢字的假借，說文云：「亢，人頸也。」央、亢二字同屬
段玉裁古韻分部第十部，屬疊韻通假。故利用有本字的用字
假借以造字，謂之有本字的造字假借。（以下詮釋各字時，
此句從略）

　　⑵諞　《說文》云：「諞，便巧言也。从言扁聲。」諞
是騙的本字，騙為後起俗體字，見集韻及正字通。諞字从
扁，扁字，《說文》云：「署也。从戶冊。戶冊者，署門戶
之文也。」可知扁字為匾字的初文，即匾額。諞字从扁無所
取義，故扁字當為便字的假借，《說文》云：「便，安

也。」扁、便二字同屬段玉裁古韻分部第十一部，屬疊韻通假。

(3)冕　《說文》云：「冕，大夫以上冠也。从冃免聲。」冕的本義是冠冕。从免，《說文》云：「免，兔逸也。」冕字从免無所取義，故免字當為面字的假借，《說文》云：「面，顏前也。」免、面二字在聲同屬明紐，在韻同屬段玉裁古韻分部第十四部，屬同音通假。

(4)醨　《說文》云：「醨，薄酒也。从酉离聲。讀若離。」醨的本義是薄酒。从离，《說文》云：「离，山神也。」醨字从离無所取義，故离字當為劣字的假借，《說文》云：「劣，弱也。」离，劣二字在聲同屬來紐，屬雙聲通假。

(5)焠　《說文》云：「焠，堅刀刃也。从火卒聲。」焠的本義是以火鍊刀，成形而後沒入水中，使其堅硬，如《漢書·王褒傳》云：「清水焠其鋒」，顏說古云：「焠謂燒而內水中以堅之也。」从卒，《說文》云：「卒，隸人給事者為卒。」焠字从卒無所取義，故卒字當為叀字的假借，說文云：「叀，入水有所取也。」卒、叀二字同屬段玉裁古韻分部第十三部。屬疊韻通假。

伍、漢字的演變

文字的使用和傳承，在長期發展中，其形、音、義都會發生變化。如古印度的梵文演化為巴利文、蒙文和藏文；希臘文、拉丁文演化為德文、法文、西班牙文和英文等。又如

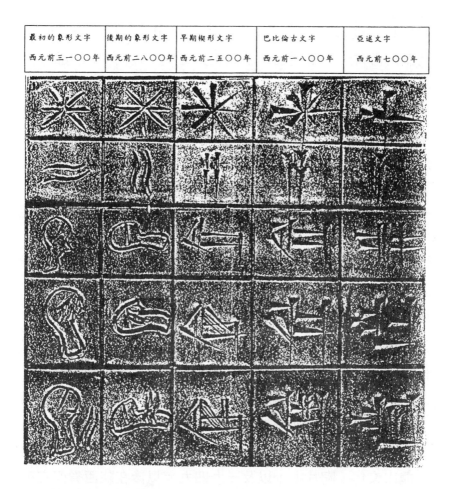

最初的象形文字	後期的象形文字	早期楔形文字	巴比倫古文字	亞述文字
西元前三一〇〇年	西元前二八〇〇年	西元前二五〇〇年	西元前一八〇〇年	西元前七〇〇年

楔形文字的演進(由左向右逐漸定型)

(1)「天」和「神」字的演進。

(2)「在」字的演進,最初為讀音符號,意為「水」。

(3)「頭」字的演進。

(4)「口」字的演進,由「頭」字多加兩條線而成。

(5)「飲」字的演進,由「口」字加「水」字組成。

古巴比倫楔形文字的演化也是有跡可循。茲採錄李鐵匠著
《長河落日——重返巴比倫文明》書中（頁 198）的部份材
料，以窺其一斑。

　　每一個漢字的構造都包括形、音、義三個要素。但是漢
字流傳的時間已經有四千多年的歷史，所流傳的地域又是那
麼地廣大，由於到上述時空的影響，它的形、音、義難免會
產生一些改變。從事漢字教學，對於這種情況必須有所了
解，纔能使教學的效果充分達成。以下茲分項略加敘述。

一、字形的演變

　　相傳漢字是由黃帝的史官所造，但是倉頡所造的文字，
因為目前還沒有考古學上的資料可資印證，其確切的形體構
造究竟如何，不得而知。現在學術界所公認，有考古實物可
供證明的我國最早文字，當推從河南省安陽縣殷墟所發掘出
來的甲骨文字。比殷墟甲骨文字年代更早，而且和文字起源
有關的考古資料，則是陶器上面的符號，俗稱「陶文」。如
本世紀三十年代初期在山東省章丘縣城子崖所發掘出來的
「龍山文化」陶片上，以及一九四九年以後在陝西省西安市
半坡村所發掘出來的「仰韶文化」彩陶缽上，都有一些很特
殊的符號。這些陶器上的符號，有的是刻劃的，有的是用像
毛筆一類的工具繪寫的，和文字的形體有極為密切的關聯。
所以有的文字學家便推斷彩陶上的那些刻劃記號就是我國原
始文字的雛型。

　　甲骨文字是繪刻在龜甲和獸骨（主要為牛的肩胛骨）上

的卜辭。它的時代是屬於殷王盤庚遷到殷都後的商代後期。
繼甲骨文字以後的文字便是盛行在周代的鐘鼎文，也稱爲
「金文」。金文是鐫刻在銅器上的銘識，它的特徵是字體肥
重，筆畫雄渾，和甲骨文的字體細小，筆畫勁削，形成強烈
的對比。金文以後的通行文字有所謂「大篆」，這是指西周
宣王時的太史籀所著《史籀篇》十五篇的字體。這種字體因
爲遺留下來的很少，比較難以知其概況。大篆以後，就是由
秦李斯根據大篆加以省改而成的小篆。這種文字可以說是秦
代所通行的標準文字，也是官方的字體，用於比較典重的場
合。繼小篆之後是「隸書」，隸書產生和通行於秦代後期，
是由秦人程邈所制訂的。它在書法上有所謂「蠶頭雁尾」的
特徵，在漢代大爲盛行。在所出土的漢代簡牘中，大多是用
隸書所書寫的。隸書以後是楷書，又稱「眞書」，也就是書
法上所稱「眞、草、隸、篆」的「眞」。它大概形成於東漢
晚期，通行於魏、晉之間，一直到今天我們還在沿用它。此
外，還有草書和行書。草書的起源說法不一，從秦人的隸書
中已經可以看到一些端倪，西漢時已經成型，有居延等地出
土的簡牘可以證明。但是草書到後來，在書法上逐漸成爲藝
術造詣的表現，在實用上沒有楷書和行書的普遍。至於行
書，不過是將楷書的某一部分筆畫連接起來，以達到簡捷快
速的目的而已，只能算是楷書的另一種形體。簡單地說，我
國文字在字形上的演變，主要可區分爲這幾個階段。就是，
甲骨文→鐘鼎文→小篆→隸書→楷書。茲舉例如下：

① 魚 (甲骨金文)

魚 (甲骨金文)

魚 (yu)(A fish)

② 龜 (guei)(A tortoise)

③ 貝 (bey)(A cowrie)

④ 朋 (perng)

朋 (perng)

鳳 (feng) (A peacock)

⑤ 馬 (maa)(A horse)

⑥ 虎 (huu)(A tiger)

說文虎山獸之君从虎虎足象人足象形。

按金文有　　字，見代之。且彝文有　　字。

⑦ 象 (shiang)(An elephant)

說文象南越大獸長鼻牙三年一乳象耳牙四足尾之形。

按代小篆有　　字。

⑧ 豕 (shyy)

豕 (jyh) (A boar)

⑨ 豹 (baw)(A leopard)

⑩ (luh)(A deer.)

⑪ (diing) (A round vessel of earth or bronze with two ears and three legs used as a kettle or a dish.)

⑫ (che) (A carriage)

⑬ (jou)(A boat.)

⑭ (tseh) (A bundle of bamboo slips, an ancient kind of book).

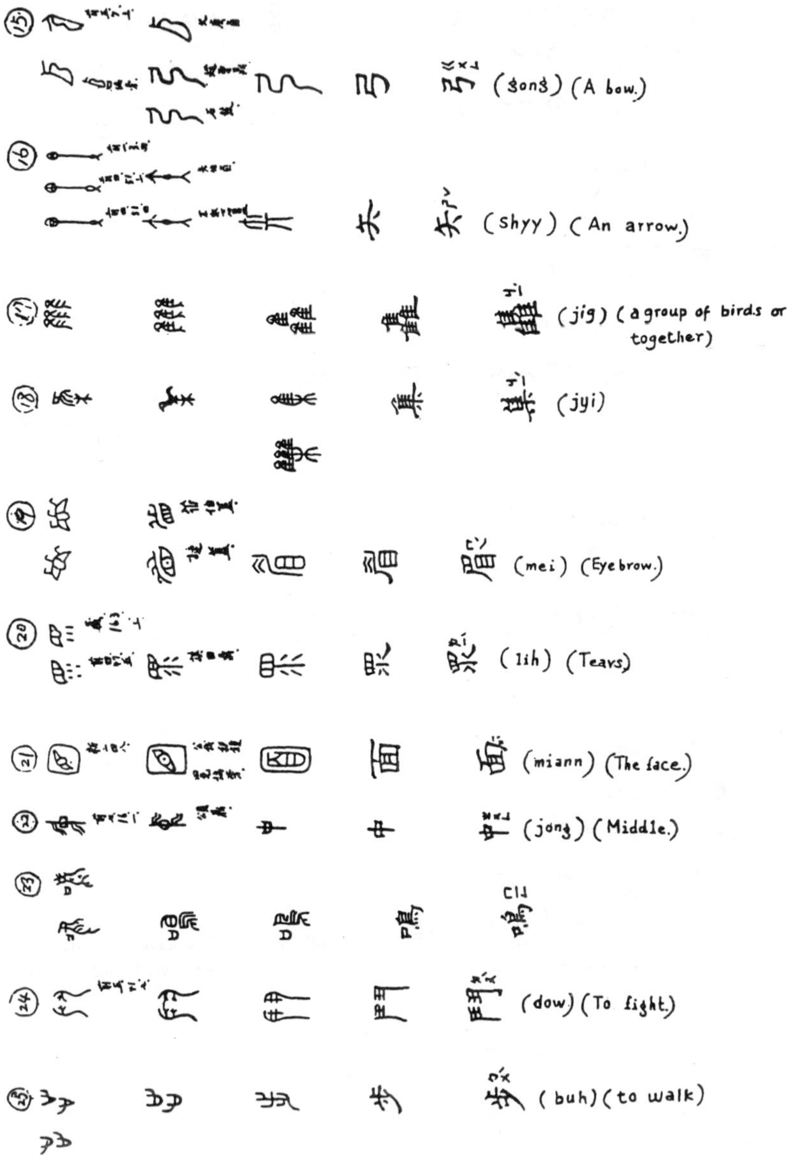

⑮ 𠃌 ... 𠃌 ...

𠃌 ... 𐊗 ... 𐊗 ... 弓 弓 (gong) (A bow.)

⑯ ... ...

... ... 夨 矢 (shyy) (An arrow.)

⑰ 雦 雦 雥 雧 雧 (jig) (a group of birds or together)

⑱ 集 集 集 集 集 (jyi)

雧

⑲ � ... 睂 睂 睂 眉 眉 (mei) (Eyebrow.)

⑳ 𣍞 ... 𣍞 ... 𣎴 𣎴 𣎴 (lih) (Tears)

㉑ 𠚤 ... 𠚤 ... 𠚤 面 面 (miann) (The face.)

㉒ 中 ... 中 ... 中 中 中 (jong) (Middle.)

㉓ 鳥 鳥 鳥 鳥 鳥 (niao)

㉔ 鬥 ... 鬥 ... 鬥 鬥 鬥 (dow) (To fight.)

㉕ 步 步 步 步 步 (buh) (to walk)

步

二、字音的演變

漢字初創時，原來每一個字只有一個音。後來因為時代的變遷，環境的轉移以及方言的關係，加上互相假借或轉聲，字音也發生了演變，於是一字多音的現象因而產生。

漢字字音的演變，有的是意義不同，因而音也不同，此即所謂的「破音字」，如「傳」字，當「傳播」、「傳統」時讀「ㄔㄨㄢˊ」；當「經傳」、「傳記」時讀「ㄓㄨㄢˋ」。又如「勞」字，當「勤勞」、「功勞」時讀「ㄌㄠˊ」；當「勞軍」、「慰勞」時讀「ㄌㄠˋ」。有的是意義相同，但是使用的時候不同，因此音也不同，此即所謂「讀音」與「語音」的差別，如「車」字，在讀古代的詩文時，音「ㄐㄩ」，在一般口語裡則說成「ㄔㄜ」。又如「塞」字，在讀詩文時，音「ㄙㄜˋ」，在一般口語裡則說成「ㄙㄞ」。還有一種是各地區的人對於字音的訛讀，以訛傳訛，造成積非成是的結果，於是在制定國音時只好將它列出，即所謂的「又讀」；如「臂」字原讀「ㄅㄧˋ」，又讀「ㄅㄟˋ」。又如「尾」字原讀「ㄨㄟˇ」，又讀「ㄧˇ」。

以破音字、讀音及語音、又讀等三種情況對學國語的人常會造成一些困擾，它們也是漢字教學不可缺少的一環，因此略舉一些例子，以供參考。

1.破音字

(1)中　①ㄓㄨㄥ　－中午、適中。
　　　　②ㄓㄨㄥˋ－中獎、猜中。

(2)乘　①ㄔㄥˊ　—乘車、乘勢。
　　　　②ㄕㄥˋ　—乘（古時一輛兵車）、史乘（史書）。

(3)仔　①ㄗˇ　　—仔細、仔肩。
　　　　②ㄗㄞˇ　—歌仔戲、牛仔褲。

(4)供　①ㄍㄨㄥ　—供應、口供。
　　　　②ㄍㄨㄥˋ—供奉、供養。

(5)分　①ㄈㄣ　　—分布、分手。
　　　　②ㄈㄣˋ　—名分、部分。

(6)創　①ㄔㄨㄤˋ—創造、創見。
　　　　②ㄔㄨㄤ　—創傷、創痛。

(7)奇　①ㄑㄧˊ　—奇特、奇聞。
　　　　②ㄐㄧ　　—奇數、奇偶。

(8)露　①ㄌㄨˋ　—雨露、甘露。
　　　　②ㄌㄡˋ　—透露、顯露。

2.又讀

(1)檜　①字音—ㄎㄨㄞˋ
　　　　②又讀—ㄍㄨㄟˋ

(2)徊　①字音—ㄏㄨㄞˊ
　　　　②又讀—ㄏㄨㄟˊ

(3)覺　①字音—ㄐㄩㄝˊ
　　　　②又讀—ㄐㄧㄠˇ

(4)挾　①字音—ㄒㄧㄚˊ
　　　　②又讀—ㄒㄧㄝˊ

(5)鶩　①字音一ㄨˋ
　　　②又讀一ㄇㄨˋ

(6)庸　①字音一ㄩㄥ
　　　②又讀一ㄩㄥˊ

(7)犛　①字音一ㄌㄧˊ
　　　②又讀一ㄇㄠˊ

(8)訥　①字音一ㄋㄜˋ
　　　②又讀一ㄋㄚˋ

(9)恪　①字音一ㄎㄜˋ
　　　②又讀一ㄑㄩㄝˋ

(10)榮　①字音一ㄧㄥˊ
　　　②又讀一ㄒㄧㄥˊ

　　關於字音因時空及人文因素而產生演變，以致造成一字多音的現象，中華民國教育部國語推行委員會費時 10 年所編訂的《國語一字多音審訂表》一書於 1999 年 3 月出版，共收集 4253 字，進行頗爲縝密的科學性處理，對當前漢字的字音教學助益頗大，可供參考。

三、字義的演變

　　我國文字創造的原始，每一個字只有一個意義，稱爲本義。後來由於時代社會的變遷和生活中的實際需要，一個字常由原來的一個意義演化出好多個意義來。如「口」這一個字，原來的意義是專指人的嘴，但是當我們翻查字典時，卻

發現它至少有以下幾個意義：①動物用以飲食和鳴叫的器官，如虎口、牛口。②進出的關卡，如關口、港口。③計算人的單位，如一家有四口人。④計算刀劍的單位，如一口寶劍。⑤計算牲畜或器物的單位，如很多牲口、一口醬缸。⑥刀劍的鋒刃，如刀口。⑦身體破裂的地方，如傷口。⑧器物張開的地方，如袖口、瓶口。⑨當形容詞用，指說話的能力或飲食的享受，如口才、口福。⑩當動詞用，指爭吵，如口角。這是什麼原因呢？原來文字都是因實際的需要而產生，它的功能在標物敘事，表情達意，最初每一個字的制定，都有它的特定含義。後來由於社會的發展快速，人們生活的內容不斷地擴增，原有的文字不夠用，於是有人便將某一個字的特定意義加以擴大，使其所代表的內涵更爲廣闊，這樣便由本義而衍生出引申義來。還有一種狀況是有的事物在語詞上雖然有一個音，但是用來以表它的文字卻不容易造出來或尚未造出來，於是有人便借用一個和它的音相同的字來表示，這便是假借義產生的由來。另有一種狀況是有的字原來是表示芋一事物，但是這種事物的內涵和另一種事物的特徵相類似，於是便利用表示甲事物的這個字去比擬那一個乙事物，透過這樣的方式來運用文字，便產生了比擬義。由於我國的文字在字義上由本義而衍生出引申義、假借義、比擬義等現象，後人在編寫字典時，自然會將一個字所代表的各種意義都編輯起來，所以一個字的意義纏會有那麼多。以下茲將本義、引申義、假借義、比擬義再加詮釋。

1.本　　義

　　本義是指一個字原來所代表的意義。《說文解字》云：
「目，人眼也。」「角，獸角也。」「毛，眉髮之屬及獸毛
也。」「雨，水從雲下也。」「眉，目上毛也。」「凶，惡
也。」「吉，善也。」「叟，老也。」「鳴，鳥聲也。」
「肥，多肉也。」「盥，澡手也。」「伐，擊也。」根據上
述這些《說文解字》的解釋，我們檢查如下的詞句，如「目
光如炬」、「羚羊掛角」、「毛骨悚然」、「櫛風沐雨」、
「車聲轔轔」、「揚眉吐氣」、「趨吉避凶」、「童叟無
欺」、「鳥鳴嚶嚶」、「食言而肥」、「盥洗手足」、「撻
伐叛逆」等都是使用文字的本義。

2.引申義

　　引申義是將本義的內涵加以擴大，使文字的功能更加能
夠充分地發揮。如目字的引申義可泛指動物的眼睛，如「魚
目混珠」、「獐頭鼠目」。鳴字的引申義可泛指其他動物的
叫聲，如「呦呦鹿鳴」、「馬鳴蕭蕭」。又如苗字，《說
文》云：「苗，草生於田者」。本義指稻麥的秧苗，如「彼
黍離離，彼稷之苗。」引申義則指初生的花草或蔬菜，如花
苗、豆苗；再引申又指動物或人類幼小的階段，如魚苗、鰻
苗、民族幼苗。又如躍字，《說文》云：「躍，迅也。從足
翟聲。」而足字，《說文》云：「人足也。」可知躍字的本
義是指人急速的跳起，其引申義則泛指一切動物的跳動，如
「魚躍于淵」、「躍馬中原」。又如猛字，《說文》云：
「猛，健犬也。」本義是指強健的犬，引申義則泛指強健的
獸類或人物，如「猛龍過江」、「為人勇猛」。又如群字，

本義是指很多的羊聚集在一起,引申義則泛指一切的物類聚集在一起,如「鶴立雞群」、「狐群狗黨」、「群蟻附羶」、「群雄崛起」、「群醜跳梁」等。

3.假借義

假借義顧名思義便知道是指某一個字被借去代表另一件事物或當作另一個字使用。前者稱為無本字的假借;後者稱為有本字的假借。無本字的假借在「以音表義」;有本字的假借即所謂「同音通假」。茲分項舉例說明如下:

(1)無本字的假借——以音表義

這一項是指某一個字原來就有一個本義,卻又被借去代表某一事物,因為該事物在語詞上有一個音,卻無文字,於是便假借這一個和該語詞的音相同的字來使用。換言之,即某字原來就有一個本義甲,卻又被借去代表另一事物,因而便多出了一個假借義乙。無本字的假借便是在這一種情況下產生的。如:

《說文》云:「來,周所受瑞麥來麰也……以為行來之來。」這是說來字的本義是麥子,但是往來的來在語詞上只有音ㄌㄞ/,卻無文字,於是便假借麥子的來字去使用,因為麥子的來,音也讀為ㄌㄞ/。像這樣本義為麥子的來便多出了一個假借義往來的來。又如:

《說文》云:「公,平分也。从八厶(私)。」這是說公字的本義是將私人的東西平均分配給大家。但是封建時代的王朝將爵位分為五等,第一等稱為ㄍㄨㄥ爵,不過只有語詞的音,卻無文字,於是便假借平分的公字去使用,成為

「公、侯、伯、子、男」的公，因此公字便多出了一個假借義公爵的公來。其他如南方人稱祖父為「阿公」，尊稱老人家為「老公公」，媳婦俗稱丈夫的父親為「公公」，太監也俗稱「公公」，今人暱稱丈夫為「老公」以及雄性的動物也稱公，如公雞、公牛、公猴、公狗等，這些也都是公字的假借義。又如：

　　《說文》云：「能，熊屬，足似鹿。能獸堅中，故稱賢能；而彊壯稱能傑也。」這是說能字的本義是指熊類的野獸，但是辦事幹練和身體健壯，在語詞上音ㄋㄥˊ，卻無文字，於是假借字音也是ㄋㄥˊ的能字來用，如賢能、能傑。因此本義為熊獸的能字便多出了一個假借義表示才能、能力的能來。

　　其他如朋字的本義是鳳鳥，假借為朋友的朋；子的本義是幼兒，假借為子丑寅卯的子；牢字的本義是養牛馬的地方，假借為牢固的牢；止字的本義是足趾，借假為停止、禁止的止；自字的本義是鼻子，假借為自從、自由的自；舊字的本義是鴟鳥，假借為新舊的舊；焉字的本義是黃鳥，假借為語助詞「盡心焉耳矣」、疑問詞「人焉廋哉」的焉；其字的本義是簸箕，假借為其人其事的其；頃字的本義是頭歪，假借為表示短時間──少頃，計算田地的面積──頃畝的頃；願字的本義是大頭，假借為志願的願；所字的本義是伐木聲，假借為場所所等。以上這些都是屬於無本字的假借。

(2)有本字的假借──同音通假

　　這一項是指某一事物原來已經有一個文字來表示它，但

是古人在書寫時，或因倉卒之間一時想不起來；或因書寫時
的態度欠嚴謹，便用一個字音相同（或相近）的字代替原來
的字，也就是文字學上所稱的「同音通假」。究其實際，也
就是古人有意或無意之間的寫「別字」。同音通假的字，其
實只是字音相同而已，字義是不同。但是文字的應用含有約
定俗成的因素存在，時間一久，常因積非成是，到後來竟變
成假借字通行，本字反而不用了。如：

　　《說文》云：「捝，解也。从手兑聲。」「脫，消肉臒
也。从肉兑聲。」可知捝字的本義是解開；脫字的本義是消
瘦。由於二字同音，原本當寫作「攬裙捝履」，古人卻寫作
「攬裙脫履」，這樣，脫字便多出一個假借義來。又如：

　　《說文》云：「溥，大也。从水尃聲。」「普，日無色
也。从日並聲。」可知溥字的本義是廣大；普字的本義是日
無色。由於二字同音，原本當寫作「溥天之下」，古人卻寫
作「普天之下」，這樣普字便多出一個假借義來。又如：

　　《說文》云：「佚，佚民也。从人失聲。」逸，失也。
从辵兔。兔謾訑善逃也。」可知佚字的本義是指隱士；逸字
的本義是指兔子逃走。由於二字同音，原本當寫作「隱佚之
士」，古人卻寫作「隱逸之士」，這樣逸字便多出一個假借
義來。又如：

　　《說文》云：「攩，朋群也。从手黨聲。」「黨，不鮮
也。从黑尚聲。」可知攩字的本義是朋群或朋攩；黨字的本
義是不鮮。由於二字同音，原本當寫作「攩同伐異」，古人
卻寫作「黨同伐異」，這樣黨字便多出一個假借義來。又

如：

　　《說文》云：「騷，摩馬也。从馬蚤聲。」「慅，動也。从心蚤聲。」可知騷字的本義是刷梳馬毛；慅字的本義是心動不安。由於二字同音，原本當寫作「外內慅擾」，古人卻寫作「外內騷擾」，這樣騷字便多出一個假借義來。

　　其他如渾字的本義是溷流聲，被假借為惲厚的惲；敦字的本義是怒責，被假借為惇厚的惇；詭字的本義是罵人，被假借為恑詐的恑；美字的本義是指羊味甘，被假借為媄色的媄；私字的本義是禾名，被假借為自厶的厶；鮮字的本義是古代貉國出產的魚名，被假借新鱻的鱻；省字的本義是察視，被假借為減婿的婿；淑字的本義是指水清湛，被假借為賢俶的俶；稱字的本義是秤穀物的輕重，被假借為偁揚的偁；讓字的本義是責備，被假借為推攘的攘；奪字的本義是失去，被假借為搶敓的敓；愛字的本義是行走貌，被借為慈悉的悉等。以上這些都是屬於有本字的假借。

4.比擬義

　　所謂比擬義是指一個字來在表示某種特定之物，但是此物和另一物在某種特徵上有相似之處，於是便用原是表示此物之字去表示另一物。換言之，比擬義的產生是由以物擬物而來，因為這樣可使文字的應用範圍更為廣闊。如：

　　《說文》云：「心，人心也。」心字原指人的心臟，引申為動物的心臟，其特徵是存在人和動物體內最重要的部位，因此用以比擬物體內部最重要的部位，如菜心、核心、軸心等。這便是心字的比擬義。又如：

　　《說文》云：「口，人所以言、食也。」口字原指人的嘴，引伸爲動物的嘴，其特徵是可將食物吞進或吐出，因此用以比擬可供進出的地方，如門口、洞口、港口等。這便是口字的比擬義。又如：

　　《說文》云：「角，獸角也。」獸角的形狀，其特徵是下寬上細而呈尖形，因此用以比擬物體尖形的部位，如房角、桌角、被角等。這是角字的比擬義。

　　其他如人首的頭字用以比擬爲「山頭」；人之聽覺器官的耳字用以比擬爲「鼎耳」；人牙的齒字用以比擬爲「齒輪」、「鋸齒」；表示人體中供血液流通之管道的筋脈二字，筋字用以比擬爲「鋼筋」，脈字用以比擬爲「山脈」、「地脈」；人身的身字用以比擬爲「車身」、「船身」；人之肢體的腳字用以比擬爲「床腳」、「椅腳」；牲畜的牛字比擬爲蝸牛」、「鐵牛」；馬字比擬爲「河馬」、「木馬」（又稱鞍馬，一種體操器具）；用以打人或驅趕牲口用的一種器具──鞭字比擬爲「鹿鞭」、「虎鞭」；表示草木族群的種字比擬爲「人種」、「馬種」；表示樹木主體的幹字比擬爲「軀幹」、「骨幹」；表示植物部位的莖字比擬爲「陰莖」；竹筍的筍字比擬爲「石筍」；稻米的米字比擬爲「蝦米」等。

陸、漢字結構教學舉隅

　　漢字無論是獨體的「文」或是合體的「字」，都包括形、音、義三個要素，而形、音、義三者又常常隨著時代和

地域而改變，因此對漢字的教學固然必須三者兼顧，但是在教導一個「文」或一個「字」時，應當先從其初形、本讀、本義開始，然後再分析說明其演變的現象和原委。字形和字義部分，在第三章已經敘述不少。字音的部分，這裡再略作補充說明。由象形、指事、會意三種法則造出的字，因為字形的本身沒有用以標音的聲符，稱為「無聲字」，由形聲法則所產生的文字，其聲符用以標識該字的音。漢代產生了一種標音的方法，稱為「直音」，即以一個較常見普遍的字去標識另一個較少見生疏的字，二者的音完全相同。這種情況在說文解字一書裡極多，如以「私」標「厶」的音，以「津」標「璡」的音，以「誓」標「逝」的音等。魏晉南北朝時又產生了一種「反切」的方法來標音，如以「德紅切」標識「東」字的音，反切的原理，在上字取其聲母，下字取其韻母，切出來的音即是被標識之字的音。民國以來又設計出ㄅ、ㄆ、ㄇ、ㄈ等五十一個注音符號來標音，更為方便而準確，近年來所設計出來的注音符號第二式，原理也是一樣，只不過是以羅馬字母的型態呈現而已。由於採用第二式注音的教材和刊物太少，因而未能普遍推廣，殊為可惜。目前全世界大多採用中國大陸政府所制訂的漢語羅馬拼音，簡稱「漢語拼音」。其沿用的歷史已經有40多年，且向聯合國教科文組織註冊，世界各國的圖書館、博物館、學術機構、政府機關均加採用，是全球學習漢語、漢字必須採用的拼音方式。至於2002年底行政院為了配合推動台灣本土化政策，所制訂且通令全國採用的所謂「通用拼音」，其中85％的符號

和「漢音拼音」完全相同，而部份內容尚有爭議性，未來的發展會如何，只有假以時日纔能評斷了。

　　漢字的基本結構以獨體的「文」爲主，合體的「字」是由若干的「文」結合而成；在分析說明一個「字」的時候，除了說明其形、音、義之外，還須將構成該「字」的各個「文」加以解釋，這樣纔能達到使學生「知其然」，且「知其所以然」的效果。以下茲舉數列以供參考。

慶　ㄑㄧㄥˋ（罄）　器映切。

義：祝賀喜事。

形：小篆慶，从心，从夊，从鹿。

解：

㈠《說文》：「慶，行賀人也。从心夊，从鹿省。」

㈡从鹿省，是將鹿字省寫作严。

㈢人們參加喜事或慶典，必將心中喜悅的誠意表現出來。這是慶字「从心」的意義。

㈣向人祝賀時，應態度莊重，行走的步伐文雅自然。這是慶字「从夊」的的意義。

㈤古人習俗送人禮物，以送鹿皮爲誠敬。這是慶字「从鹿」的意義。

心　ㄒㄧㄣ（新）　西音切。

義：人或動物體內司血液循環的器官。

形：小篆心，象人心臟的形狀。

解：

㈠《說文》：「心，人心、土臟也。在身之中。象形。」

㈡我國古代將心、肝、脾、肺、腎稱五臟，並與火、木、土、金、水五行相配；心屬火、肝屬木、脾屬土、肺屬金、腎屬水。現在的中醫師還是重視這種說法。這裡說文的「心，土臟也。」是屬於一學派的說法。

㈢古人造字的時候，認為腦部和心臟是主管思慮的。故「思」字是从囟，从心。這是古人高度智慧的傑作。思字本从囟从心。囟是腦的象形字，隸變作田，失去了造字的本義。

夊　ㄙㄨㄟ（綏）　蘇威切。

せ丨る

義：走路從容不迫的樣子。

形：小篆夊，象人臂、人足之形。

解：

㈠《說文》：「夊，行遲曳夊夊也。象人兩脛有所躧也。段注：行遲者，如有所拖曳然，故象之。」

㈡躧，今讀ㄒㄧˇ（洗），鞋不著跟叫躧─躧履起迎。

㈢古人在朝廷，或慶典祭禮時，足不舉高，而似拖地緩行，是應有的儀容動態。

㈣詩衛風有狐：「有狐夊夊，在彼淇梁。」齊風南山：「南山崔崔，雄狐夊夊。」夊夊，安步緩行的樣子。今作綏綏。

㈤凡从夂的字，多有行的意思。

鹿　ㄌㄨˋ（祿）　盧戶切。

義：一種溫馴的獸。

形：小篆慶，上象角，中象頭，下象足之形。

解：

㈠《說文》：「鹿，獸也。象頭角四足之形。鳥鹿足相比，从比。」

㈡鹿善跑，速度快。

㈢且鹿皮軟，可製衣帽；鹿肉鮮美，可供佳餚；鹿角滋補，可以強身，故與人類共同生活歷史久遠，距今五十萬年前北京人時期的洞穴中，發現有大量的鹿骨。新石器時代仰韶彩陶花紋中有鹿的圖繪。

窵　ㄋㄧㄥˊ（寧）　泥形切。

義：安定。

形：小篆窵，从宀心在皿上。

解：

㈠《說文》：「窵，安也，从宀心在皿上。皿，人之食飲器，所以安人也。段注：此安寧正字，今則寧行而窵廢矣。」

㈡窵，从宀，从心，从皿。宀是房屋。皿是飲食器具以代食物。人民有屋住，有飯食，生活無問題而心理上就感到安定。所以窵字既从宀又从心在皿上，表示生活富足，心情

安定。

　㈢《孟子》曰：「民之爲道也，有恆產者有恆心。無恆產者無恆心。苟無恆心，放辟邪侈，無不爲己。」這是說如果人民的生活少食沒住，窮困不安，就容易出犯法的事情。

　㈣《管子》曰：「凡有地牧民者，務在四時，守在倉廩。」「倉廩實，則知禮義；衣食足，則知榮辱。」這是說政府官員辦理政事，首在增產糧食物資，讓人民食飽穿暖，不受飢寒；然後實施教育，教導禮義。所以政府官員的責任是人民謀幸福；並且隨著時代的進步，而不斷的進步。總之，就是爲了人民、社會得到一個「窟」。

宀　ㄇㄧㄢˊ（棉）　迷延切。

　ㆀ　ㄇ　介

　義：四面下覆的深屋叫宀。

　形：小篆宀，象四面有墻的屋形。

　解：

　㈠《說文》：「宀，交覆深屋也。象形。段注：古者屋四注，東西與南北皆交覆也。有堂有室是爲深屋。」

　㈡交覆深屋是指四面有墻，而上有覆蓋下垂的房屋。

　㈢宀，現在僅用作字的偏旁，俗稱「寶蓋頭」。

皿　ㄇㄧㄣˇ（敏）　米引切。

　ㅛ　ㅂ　ㅂ　ㅂ　ㅂ

　義：飲食用具。

　形：小篆皿，象有高腳的容器。

　解：

　　㈠《說文》：「皿，飯食之用器也。象形。與豆用意。段注：上象其能容，中象其體，下象其底也。與豆略同而少異。」

　　㈡豆，初爲飲食的用具，後來專用於祭祀。《說文》：「豆，古食肉器也。」《公羊傳・桓四年》：「一曰乾豆。」注：「豆，祭器也。」

　　㈢皿，本來是飲食用具，如同現在的碗盤之類。祭祀的時候，就用作供獻菜果的用具，所以皿也是祭祀的禮器。

　　㈣後來將皿字用作造字的偏旁，不但是代表飲食的意義，而且代表其他的生活意義。

盥　《ㄨㄢˋ（慣）　古玩切。

盥 ｜ 𦥑　𡉢　盥

　　義：洗手。

　　形：小篆盥，从臼，从水，从皿。

　　解：

　　㈠《說文》：「盥，澡手也。从臼水臨皿也。春秋傳曰奉匜沃盥。段注：水部曰澡，洒手也。凡洒手曰澡、曰盥。洒面曰靧。渥髮曰沐。洒身曰浴。洒足曰洗。皿者禮經之所謂洗，內則之所謂槃也。匜者，柄中有道可以注水，沃者自上澆之，盥者手受之而下流于槃故曰臼水臨皿。」

　　㈡古人洗手叫「盥」。方式有二：一種是將手伸著，由另一人把水從上澆著洗，這叫「受水沃盥」。一種是將手沈浸在水裡洗，這叫「入水滌盥」。

　　㈢古代的祭祀，現在的祭孔子誕辰典禮，都有獻官行盥

的禮節程序。

臼　ㄐㄩˊ（掬）　居盍切。

臼 ᛁᚸᛁ 臼

義：兩手相向叫臼。

形：小篆臼，象左右兩手向下相向的形。

解：

㈠《說文》：「臼，叉手也。从E、ㅋ。段注：又部曰：叉，手指相錯也。此云叉手者謂手指正相向也。」

㈡臼，从E；E音ㄓㄨㄛˇ（左），就是左手。从ㅋ；ㅋ音一ㄡˋ（右），就是右手。

㈢臼，古文匊（掬）字。

水　ㄕㄨㄟˇ（稅上）　署委切。

水 ᛁ ᛌ ᛝ ᛯ ᛝ

義：氫二氧一化合的無色無臭液體。

形：水篆水，象流水的形。

解：

㈠《說文》：「水，準也。北方之行。象眾水並流中有微陽之氣也。段注：火外陽內陰，水外陰內陽，中畫象其陽。云微陽者，陽在內也，微猶隱也。」

㈡古代有五方五行的說法；水北方之行。金西方之行。火南方之行。水東方之行。土中央之行。

㈢《易經》八卦取象：

　　☲離中虛，離為火。外陽(─)，內陰(--)

　　☵坎中滿，坎為水。外陰(--)，內陽(─)

㈣《管子‧水地篇》：「水者萬物之準也。」《釋名》：「水，準也。準，平物也。天下莫平於水。」

㈤水平－是以水面爲高低的標準。

水平面－是跟靜水表面平行的平面。

水平線－是在水平面上的直線。

水準器－是測驗平面是否水平的器具。

㈥水字作偏旁，變形較多。如益、谷上从水。泰，膝下从水。池、流左从水。

人　ㅁㄅ'（仁）　日寅切。

義：有最高靈性的動物。

形：小篆人，象臂和脛的形。

解：

㈠《說文》：「人，天地之性最貴者也。象臂脛之形。段注：人以縱生貴於橫生，故象其上臂下脛。」

㈡金文人，象人側立的形；有頭、有手、有足。篆文簡化不如金文明顯。

㈢人是動物中最靈貴的。手是作工的工具，足是站立的期礎。能夠縱立起來頭頂著天的是人，不能縱立只能橫立背著天的是獸。所以人字是象人縱立的臂和脛的形。

㈣人字用作偏變形較多：

用在左偏旁作亻（仁依等）。

用在左偏旁作ㄅ（即卿等）。

用在左偏旁作儿（危色等）。

用在左偏旁作儿（兄兒等）。

還有勹匑象人曲屈形。尸象人躺臥形。匕象人反面形。象人跪形。勹象人躬身形……。

德　ㄉㄜˊ（得）　多黑切。

義：善良的行為叫德。

形：小篆德，从悳，从彳。

解：

㈠《說文》：「德，升也。从彳悳聲。段注：升當作登，登德雙聲。」

㈡《說文》德，升也。升有外見於行之意。

㈢德从悳，悳為道德之德的本字。悳之意，須內得於心，而外見於行。悳加彳為「德」，以重行意。

悳　ㄉㄜˊ（得）　多黑切。

義：善良的行為叫悳。

形：小篆悳，从直，从心。

解：

㈠《說文》：「悳，外得於人，內得於己，从直心。段注：內得於己，謂身心所自得也。外得於人，謂悳澤使人得之也。俗假德為之。」

㈡悳與惪同。上者从直目；下者从橫目。

㈢悳，現已罕用，惟人名尚有見用者。

道 ㄉㄠˋ（到） 惰傲切。

義：通行的路。

形：小篆道，从辵，从道。

解：

㈠《說文》：「道，所行道也。从辵首。一達謂之道。段注：道者，人所行，故亦謂之行。道之引伸爲道理。」

㈡古文道从道，从行。或从道，从寸。

㈢道是人人通行的路，從此處到彼處，是行的意，所以道从辵（行）。行進時面向彼處，，所以道从首（面）。

㈣道是從此到彼通行的路。引伸作大眾所塵遵循的法則，以及合於理法的行爲。

辵 ㄔㄨㄛˋ（輟） 赤臥切。

義：在路上行走。

形：小篆辵，从彳，从止。

解：

㈠《說文》：「辵，乍行乍止也。从彳止。段注：彳者乍行，止者乍止。」

㈡甲文辵，从行，从止。止在行的中間。古文从彳者，亦从行。

㈢辵从止，止是腳趾，是行的意思，不是乍止的止。

㈣《說文》「乍行乍止」，誤止爲停止的止。

㈤凡从辵（辶）的字，都有「行」的意思。

目　ㄇㄨˋ（木）　莫祿切。

義：眼睛。

形：小篆目，象眼的直形。

解：

㈠《說文》：「目，人眼也。象形。重童子也。」

㈡《說文》的重童（瞳）子，是指眼珠中的瞳子和瞳孔。這與歷史上說舜和項羽是「重童」不同。他們的重童是說有兩個瞳孔。

㈢甲文目，象眼的橫形。如以象形的原則而說，目字應橫作「㲳」形。這樣看起，來才「柳葉兒眉，杏殼兒眼」的美感。

㈣直寫的目，為今通行。但是看起來，似有「橫眉豎目，怒氣沖沖」的不順眼。

㈤甲文、金文的目，雖然也有直寫的，如監、臨二字的左偏旁臣（直目），這是強調要多用眼睛觀察的重要性。古時的監察御史，今日的監察委員，為盡職責，執行任務，不得不睜大眼睛，或者橫眉豎目，以察秋毫。所以監、臨是从直目。

囟　ㄒㄧㄣˋ（信）　細印切。

義：腦蓋。俗稱腦門子。

形：小篆囟，外象腦門輪廓，內象連綴的筋膜。

解：

㈠《說文》：「⊗，頭會，匘蓋也。象形。段注：首之會合處，頭髓之覆蓋。」

㈡囟本作⊗形，宋刻作⊠形，楷又作囟形。

㈢嬰兒初生，腦蓋骨未合，可以看到脈博的跳動。

㈣嬰兒腦蓋骨不合的說法有二：有的說胎兒在母親懷孕時期各竅不通，以臍帶吸氣，囟門出氣。出生後各竅通，而囟門朋漸次接合。有的說胎兒離母體時，須用頭部頂開產門而生。為了使頭部能夠縮小而便於出生，所以腦蓋骨在出生前不接合；待出生後才漸次接合。

㈤囟上加髮形（巛）作𡿺，為腦字所从者。

柒、漢字教學法和電腦化

各種學問的教學都有多種方法可以進行，漢字的教學也不例外。尤其，當今一切學術都在國際化和現代化的進展中發展時，漢字的教學自當運用多元的方式進行。前述的教學法舉隅是屬於傳統的教學方式，或稱為**「究字源」**的教學法，主要在通過漢字的字形結構，以明白該字的原始意義以及構字的道理。這種教學法多半用於圖畫性或符號性較強的象形、指事或會意等文字，它的功能除能準確地達成文字形、義的教學之外，其附加價值在於有助於對中國古代文化、社會的理解。

另一種或稱為**「明字根」**的教學法，這種教法主要奠基在前述的教學法上面。它可以通過明字根的戶法而學習到更

多的文字。因為在漢字的結構中，有許多不同偏旁（或部首）的字都含有相同的「字根」（或稱爲諧聲偏旁），在教學時，運用掌握字根的原理，可以讓學習者舉一反三，透過字根的系統，習得一系列的文字。如：

㈠「戔」字有剪裁分裂的意思，東西經過剪裁分裂之後，其中的部份一定比原來的整體小，「戔」字引申而有小的意思。因此，凡是以「戔」爲字根的字，大多含有小、少、輕、薄的意思。如：戔和水構成「淺」字，表示水少；戔和系構成「綫」字，表示搓成細小的絲縷；戔和木構成「棧」字，表示以木材搭建的小棚；戔和竹構成「箋」字，表示書寫文字，夾在簡册之間用以注解正文的小木片；戔和金構成「錢」字，表示可用以交易貨物，形體又輕又薄的小銅板；戔和貝構成「賤」字，表示價值低微的事物。在上述淺、綫、棧、箋、錢、賤諸字之中，「戔」字是字根，不但代表諸字的音，也表示了「小」或「少」等意思。

㈡「句」字是彎曲的意思，故凡用「句」作字根的字，如：拘、笱、鉤、跔、痀、軥等字都含有條理的意思。

㈢「侖」字的條理的意，故凡用「侖」作字根的字，如：淪、綸、崙、倫、論、掄等字都含有條理的意思。

㈣「辟」字有開的意思，故凡用「辟」作字根的字，如：闢、避、僻、譬、癖、擘等字都含有開的意思。

這種「明字根」的教學法，是針對漢字結構中，聲符兼義的情況而言，其特色不但能標出字音，且能兼明字義。

又一種或稱爲**「析部件」**的教學法。部件是書寫的最小

單位，它介於「筆畫」和「偏旁」之間，它可以小到筆畫，如「一」、「｜」、「、」、「丿」、「乀」（其實這些所謂筆畫，在《說文解字》一書裡，都是最簡的文字）也可以大到偏旁，如「人」、「木」、「火」、「隹」等。這些單位，都 是 構 成 漢 字 的 成 分，如「觸」字 是 由「角」、「吅」、「勹」、「虫」所組成；「犛」字 是 由「未」、「夂」、「厂」、「里」所組成；「尋」字是「ヨ」（即又字）、「工」、「口」、「又」所 組 成；「繃」字 是 由「糸」、「山」、「朋」所組成；「愁」字是由「禾」、「火」、「心」所組成。分析「部件」，主要是將「部件」視爲漢字結構的零組件，也就是將漢字化整爲零。它不但可以比較漢字形體的結構，也可以使學習者組合出許多不同的字。「析部件」的教學法，除對於字形的分析具有重要的輔助作用之外，且可統計出部件的常用程度，訂出字級的標準，由簡到繁，由易到難，作爲編纂教材的依據；也可以區別筆畫的同異，以做爲教學上的參考（本節部份材料參考黃沛榮撰〈漢字教學的新趨勢〉一文）。但是「析部件」教學法的局限性在只對字形組合的分析有助益，對字義和字音的探討卻無作用。而且部件的分析，常因將一字析成數個最小的單位與該字的原始結構有所差異，以致令人徒增困惑。如「招」字《說文》解其形構爲「從手，召聲」，而就部件的方式，則析爲從手、刀、口；「壓」字《說文》解其形構爲「從女，厭聲」；而就部件的方式，則析爲從厂、日、犬、女，不但和原始構形不侔，也無法探究其構字的原意所在。

　　當然如果純就漢字形體構造的邏輯性而言，從其組合的規則和部首的位置，筆順的規則而分析，對漢字教學仍然有一些幫助。

　　就漢字結構組合的規則上而言，在 1983 年，台灣師範大學與工技學院的國字整理小組對漢字的形體結構作了一次徹底的分析，出版了《中文形體組合修例初稿》。在這份資料中，不但考慮到漢字構造的特性，也爲了方便資訊作業的處理與改進發展，而以「中文資源交換碼」的 22,349 個字爲對象，其中有 21,493 字屬於由兩組符號構成之類，也就是說有 96%的漢字是由兩組符號併合而成。其中尤其是以一個形符和一個聲符的組合者共有 20,380 字，占全部漢字的 91%，由兩組符號組合的文字，就其成分和組合方式的配合，約有五種型態：

　　㈠形符＋形符：忐、企、焚、拿、息、妾。

　　㈡形符＋聲符：窄、峰、寄、字、置、星。

　　㈢形符＋體符（表意，但本身不成文字的稱體符）：倉、亢、享、石、畢。

　　㈣聲符＋體符：量、齒、鷹、氏、函、主。

　　㈤聲符＋聲符：襦、甯、甬、勠、與、處。

　　這五種組合的型態中，其成分只有形、聲、體三種符號，體符不能獨立成字，因此組合漢字的主要成分以形、聲二符爲重要成分，也是研究漢字結構主要的對象。

　　就部首在漢字的位置上而言，葉德明教授曾將漢字 214 個部首最常見的位置做了一個初步的統計，其結果如下：

㈠在字下端的有 104 個，如：儿、八、刀、土、女、止……等。

㈡在字左邊的有 94 個，如：才、亻、土、言、彳、麥……等。

㈢在字上頭的有 59 個，如：宀、癶、彡、竹、雨、麻……等。

㈣在字右邊的約有 54 個，彡、攴、戈、毛、欠、羽……等。

214 個部首中有 43 個部首的位置不定，或上或下，或左或右，這些不定位的部首，是造成學生寫錯字的原因之一，例如：「夕」在外、多、夙、夜、夤等字中的情形。

中文合法字與假字兩者與非字的不同，在於前者的組合字根與字根之間完全合乎漢字的組字規則，而後者的則相反。漢字大部分的部首在組成漢字時，有它習慣上的空間位置。因學生在書寫漢字時，對於規律性的部首位置較易記住，但是對於不規則的部首，就靠教師說明此類字形中的字根與部首的意義，還有組合關係，以及它們通常在哪一個空間位置出現，組合的原則如何？這些都是不可忽視的重點。

就漢字筆順規則化而言，英文書寫文字的傳統習慣是橫寫，從左到右。就中文楷書的筆順書寫習慣，發筆先後而言，也有一定的順序。究竟先寫哪一筆，一般人有兩種寫法。例如「馬」字，教科書上的寫法是先寫一豎「｜」再寫三橫一豎「丯」。可是書法家認為，應該先寫三橫一豎「丯」求其平均美觀後，再寫旁邊的豎「丯」才能達到均衡

的效果。又如「興」字筆順，書法家也認為先寫中間的「同」部；再寫左右兩側。而一般人皆由左而右依序而書。以下是八個基本的筆順法則：

甲、從左到右：一　　戊、由中而旁：樂

乙、自上至下：三　　己、由外而內：月

丙、橫在豎先：十　　庚、直而後鉤：水

丁、先撇後捺：人　　辛、先框後封：回

漢字教學指導順暢、連貫、自然、合理的優良筆順，可以奠定學生日後寫字的基礎，培養出正確、迅速、整齊、美觀的書寫能力。合乎書寫動線的「連續性」和「慣性」，也合於寫體淵源的「傳統性」是其要點。因此漢字除了筆畫的順序之外尚有方向的四個原則：

甲、橫畫必須從左到右。一

乙、豎畫必須從上往下。｜

丙、捺筆必須由左上到右下。㇏

丁、撇筆必須由右上到左下。丿

全部漢字，依《中華大字典》40,000 餘字統計，筆畫最少者為一畫，最多為「䨺䨺」字，52 畫。常用字中，數目可以從 1 至 30 畫，如豔、鬱。但一般最常使用的字的平均筆畫是 11 或 12 畫。（梁 1973）

就加強學生認識字素「部件」空間的規律而言，如果一個漢字本來不是部首（單體），首先可以將其豎著分隔為左、右兩部件，例如：你、好、嗎、形、叫、說、到、頭、後；或是橫分為上下兩部分。例如：要、思、姿、另、是、

買、些、息。有些字是從不同方向包圍另一部分的，例如：
右、道、同、底、關、回、看、原等字。

　　爲了解決上述複雜的問題，讀者可將方塊漢字從下列 12
種基本構造原則加以分析。此種功用可以加強學習者在視覺
空間上記憶。

▢：人、山、日、月、木、中	▤：香、背、要
◳：氣、司、可	▥：好、他、村
◰：床、房、病	◳：起、道、匙
▣：回、因、固	▤：蓋、查、等
▥：謝、淋、街	▥：閂、周、鬧
◺：匹、匠、匣	◳：函、凶、幽

其他構造複雜的字，也是以上這些基本的形狀的重疊，
例如：

▥：椅	▤：部	▤：幫	▥：隨
◰：想	▤：菇	◳：彎	▣：圓

　　漢字經過如此的部件規律排列，在視覺的空間上有很明
顯的特徵，清晰可見，有助長記憶的功效。並對了解意符之
間的關係，甚至文化內涵，都有幫助。（參考葉德明教授
〈漢字認讀書寫之原理與教學〉）

　　今日，人類文明的發展，不但邁向國際化和現代化，同
時也深具全球化和資訊化的特色，通過電腦及網路進行漢字
的教學，將如利用電腦及網路輔助各種語文教學一般，愈來

愈普遍，愈來愈進步。在台灣，像隸屬行政院部會的僑務委
員會電腦網站，其中便有不少漢字科研和教研的材料。其他
如中研院、國科會、資策會、教育部國家語言委員會、國立
編譯館、國家圖書館、故宮博物院等學術及文化機構也發行
了不少有關漢字教學的影帶、光碟以及設置網站。這些資訊
和網路，對漢字的教學自然也發揮了不少輔助的效果。

　　然而，對漢字教學最有幫助的措施，今後所當發展的，
一是漢字教學電腦軟體的研發，這一方面，必須結合文字
學、書法、語言學、心理學、資訊科技等領域的專家，發揮
其素養和智慧，共同合作，先由語文學家提供漢字的各種標
準屬性，再由資訊界加以開發。一是建立漢字資料庫，這一
方面主要在提供一個教學的字集，以及每一漢字的基本屬
性，包括：*1.*正體字形；*2.*簡化字形；*3.*正體部首；*4.*簡化
部首；*5.*正體筆畫數；*6.*簡體筆畫數；*7.*注意符號；*8.*漢語
拼音；*9.*正體部件；*10.*簡體部件；*11.*正體筆順；*12.*簡體筆
順；*13.*字級；*14.*字頻；*15.*常用詞（詞首）；*16.*常用詞（詞
尾）；*17.*成語；*18.*BIG-5 碼；*19.*CNS 碼；*20.*GB 碼；*21.*UNI-
CODE 碼（參見黃沛榮教授〈漢字教學的新趨勢〉一文）。

　　如果能夠將各種漢字的教學法互相參考，靈活運用，並
結合中文軟體的開發，漢字資料庫的建立，對漢字的教學必
能產生更大的效果，同時對各種辭書的編纂、對外漢語教學
等工作，在品質上必將獲得更大的提升。

捌、結　語

　　綜上所述，可知文字的功能是在彌補語言的不足，使語言能夠超越時空而存在。就其互補性而言，文字和語言可以說是一體的兩面。

　　漢字的原始是具象文字，藉字形以表義，從學習心理的層面而言，它比純粹憑語音以辨義的拼音文字易於學習和記憶。象形、指事固然如此，即使會意字，也可就其結構以推知大意，形聲字更可由其意符推知該字所蘊含的事物。依照現代學習理論而言，認知能力──內在的自我組合，是人類學習一切知識的基本能力。奧素伯(Ausubel)強調有意義的學習(meaningful Learning)是教學生已經知道的東西，因為教學生知道的東西對他才有意義。如學生知道月亮的形狀，看到☽字自然容易明白它的意義，知道魚兒的形狀，看到魚字，自然也了解它所指何物。因此他便能將新的材料組合起來建立知識的結構。杭土基(N. Chomsky)認為人的內在含有一些潛類化的能力(Subcategorization)如果學習者看到一個「字」，與這些潛類化的特點相吻合時，自然會深刻地認同它。因此教導學習者建立對漢字的內在潛類的特點，是漢字教學的重要心理基礎。由於漢字在結構上的規則具有深層的邏輯性與文化性，因此在認知的心理過程中與其他拼音文字自然有所區別而較易於認知。

　　理想的漢字教學理當剖析其演變線索，纔能使學習者不但認知一字的形音義，且能知其構字的原理。從而領會漢字

實具有形音義合一，深寓區別性；內涵深刻，可反映文化；音義獨立，字形方整等特色。否則，若只就楷書的部件、筆順等教學而言，將使學習者感到有異體字多，容易混淆；形構複雜，難以學習；正確音讀，無法掌握；同音字多，語文分離等缺點而難以認知學習。

近半世紀以來，海峽兩岸由於政治因素而分離爲兩個政治實體，在漢字方面也有所謂「繁體字」與「簡體字」之分，台灣方面所使用的是沿襲千年以上的傳統楷體文字，與其稱爲繁體字，不如稱爲「正體字」；大陸所使用的是半世紀前將部份正體字加以簡化的文字，故可稱爲「簡化字」。當初簡化字的制訂乃是考量到將漢字的繁複筆畫簡化後，比較容易認知和書寫，可達到普及教育的目的。

但是其缺陷則是簡化字雖可減少傳統漢字的平均筆畫數，如果從部件教學的角度而言，文字簡化以後，漢字的部件卻變得更爲複雜，反而增加學習上的負擔。而且有若干會意字原本可據其形構以推求意涵，且方便記憶和書寫，但是在以行草楷化處理而成爲簡化字後，字形變得無法解說，學習者除死記之外別無他途，反而不利於書寫。其他如以同一符號取代不同的偏旁，致使字形無法類推，也增加學習的困擾；還有「同音兼代」的方式，有時也會令學習者難以掌握正確的語意。更爲嚴重的是，只認識簡化字，則無法閱讀古籍，不能深入地繼承傳統文化。雖然近二十多年來有很多重要的經典古籍如十三經、二十五史、諸子百家、名家專集都有簡化字重排本，以及一些註解析評可讓社會大衆通過簡化

字去研讀，達到繼承統文化的目的，但是三千多年來歷代流
傳的典籍決不可能全部重新排印，學者若想閱讀和參考更多
的古籍，以便對某一問題作更深入的探討時，必定因此而受
到局限，遭遇重重困難。

其實傳統漢字的結構，有些雖然筆畫較爲繁複，在書寫
時固然造成若干不便，但在認讀時，其獨特的形體反而可以
獲得迅速辨認的效果。可以說，傳統漢字的形體其實是「筆
畫較多而不見得困難」，簡化字是「筆畫較簡卻不見得容
易」。「繁而不難」的字形，在當今電腦使用日漸普及的情
況下，未來所謂書寫不便的情況將不成問題。

當然我們也不能否認簡化字已經通用了半個世紀，而且
目前已經有十數億人口正在使用的這一個事實。而繁體字的
使用，也是大陸的政府法令所容許，如 1986 年 2 月國家語文
字工作委員會曾經建議國務院：「對社會用字作如下規定：
翻印和整理出版古籍，可以使用繁體字；姓氏用字可以使用
被淘汰的異體字。」且獲得同意。1992 年 12 月 14 日，江澤
民先生在和國家教育委員會副主任、國家語言文字工作委員
會主任柳斌談到語言文字工作時，所下達的三點指示，其中
第三點說：「書法是一種藝術創作，寫繁體字，還是簡化
字，應尊重作者的風格和習慣。」更保障了繁體字的使用空
間。（參見黃沛榮教授〈論兩岸文字之異〉）因此，就海峽
兩岸的歷史傳承和社會背景而考量，學習漢字的人士，最好
是「繁簡兼識」；從學習漢語漢字的「可發展性」而言，也
是以傳統漢字和簡化漢字對照學習最爲理想。而有一些學者

倡議「識繁寫簡」，從現階段而言，也頗有道理和具可行性。因為識繁可以減少辨認上的難度；寫簡則可以節省書寫的時間和精力。這是不失為一種普及因素和文化因素兼顧的變通辦法。當然，在漢字的教學上我們還需要作更深入的探討，研究出更好的方法出來。現今是一個講求科學的時代，教研工作必須奠基在科研工作之上，從科研中獲得的真實發現，遠比意識型態的無限上綱來得重要。有此體認，未來的漢字教學或許還可開展出一條更便捷、更光輝的坦途。那麼中華文化中所蘊涵「為往聖繼絕學，為萬世開太平」的宏觀思維和遠大理想，將為人類文明的永續發展發揮巨大的推動力量。

參考資料

(1)《說文解字注》　段玉裁著　藝文印書館

(2)《說文解字詁林》　丁福保著　商務印書館

(3)《中國文字學》　唐　蘭著　樂天出版社

(4)《中國文字學史》　胡樸安著　商務印書館

(5)《文字學纂要》　蔣伯潛著　正中書局

(6)《文字學概說》　林　尹著　正中書局

(7)《中國字例》　高鴻縉著　三民書局

(8)《文字析義》　魯實先著　黎明文化公司

(9)《轉注釋義》　魯實先著　洪氏出版社

(10)《假借溯原》　魯實先著　洪氏出版社

(11)《中國文字學通論》　謝雲飛著　學生書局

⑿《說解字敘講疏》　向　夏著　木鐸出版社

⒀《古文字學初階》　李學勤著　萬卷樓出版社

⒁《文字學概要》　裘錫圭著　商務印書館

⒂《古文字學》　姜亮夫著　雲南人民出版社

⒃《說文解字與中國古代文化》　王寧軍著　遼寮人民出版社

⒄《甲骨文與商代文化》　趙　誠著　遼寧人民出版社

⒅《平廬文存》　董作賓著　藝文印書館

⒆《字裡乾坤》　王宏源著　北京華語教學出版社

⒇《中國古文字學導論》　高　明著　文物出版社

(21)《中國甲骨學史》　吳浩坤著　上海人民出版社

(22)《古文字形發微》　康　殷著　北京出版社

(23)《周原與甲骨文》　陳金方著　上海人民出版社

(24)《周原甲骨文綜述》　徐錫台著　三秦出版社

(25)《積微居小學述林》　楊樹達著　台灣大通書局

(26)《訓詁學概要》　林　尹著　正中書局

(27)《訓詁學初稿》　周大璞著　武漢大學出版社

(28)《中國訓詁學史》　胡樸安著　商務印書館

(29)《中國語言學史》　濮之珍著　台北書林出版社

(30)《中國語言哲學史》　吳禮權著　商務印書館

(31)《商周青銅文化》　徐鴻修著　山東教育出版社

(32)《說文稽古篇》　程樹德著　商務印書館

(33)《說文解字通論》　陸宗達著　北京出版社

(34)《說文解字導論》　蘇寶榮著　陝西人民出版社

㉟《說文解字研究法》　馬敍倫著　中國書店

㊱《說文解字的文化說解》　臧克和著　湖北人民出版社

㊲《說文解字與中國古代文化》　謝棟元著　河南人民出版社

㊳《中國古文字通論》　高　明著　文物出版社

㊴《中國禮俗縱橫談》　李萬鵬著　山東教育出版社

㊵《語言與文化》　羅常培著　語文出版社

㊶〈文句脈絡對於詞義學習的影響〉　劉英茂著　中華心理學刊，20 期，29 － 37 頁

㊷ Ausubel, David A. 1963. Cognitive structure and the facilitation of meaningful verbal learning. Journal of Teacher Education 14.217-221.

㊸ Comsky, N. 1965 Aspects of the theory of syntax. Cambridge. Mass. M.I.T. Press.

㊹ Gibson, E. J. 1977. How perception really develops: A view from outside the network. Basic process in reading: perception and comprehension, ed. By David LaBorge and S. J. Samuel. Hellsdale, New Jersey: Erlbaum.

㊺ Leong, Che. Kan(梁) 1973. Hong Kong. Comparative reading crossnational studies of behavior and processes in reading and writing, ed. by J. Downing, 383-395. New York: Macmillan.

㊻ Piaget J. 195 9. The language and thought of the child. 3rd. ed. London: Routledge.

㊼ Poter M. C. and B. A. Faulconer. 1975. Time to understand pictures and words. Nature 253.437-438.

⒁〈漢字教學的新趨勢〉　黃沛榮著　世界華語文教育學會講稿

⒂〈論兩岸文字之異〉　黃沛榮著　世界華語文教育學會講稿

⒃〈漢字認讀書寫之原理與教學〉　葉德明著　華文世界 94 期

⒄〈從漢字以探討古代的思想和制度〉　賴明德著　華文世界 32 期

⒅〈從漢字以探討古代的祭祀（上）〉　賴明德著　華文世界 41 期

⒆〈從漢字以探討古代的祭祀（下）〉　賴明德著　華文世界 45 期

⒇〈研究漢字構造的必要性〉　賴明德著　華文世界 50 期

㉕〈漢字的產生與結構〉　賴明德著　華文世界 57 期

㉖〈漢字字義的演化現象〉　賴明德著　華文世界 62 期

㉗〈文字形義與國文教學〉　賴明德著　教育月刊 42 卷 5 期

㉘〈假借綜論〉　賴明德著　華文世界 63 期

中國文字構造研究

壹、中國文字在中國文化中所具有的地位

　　文化是人類改善生活的產物。它的含意是人類社會從野蠻到文明，大家共同努力所獲得的成績。表現在歷史和社會的層面是科學、藝術、宗教、道德、法律、風俗、制度等等，上述這些事物的綜合體便被稱為文化。據此含意而言，中華文化便是中華民族在長期的社會演進過程中，其科學、藝術、宗教、道德、法律、教育、制度、風俗等內容從原始變成文明；從簡單變成豐富；從淳樸變成絢麗的綜合表現。簡單地說：凡是中華民族的文學、史學、哲學、政治、經濟、科技以及典章、制度、文物、民風、土俗等都是中華文化的主要成份。凡是中華民族的經學、史學、子學、各種總集等典籍中所記載的思想、理念、事物以及各種意識型態等都是中華文化的內涵。

一、中國文字是中華文化的三大瑰寶之一

　　中華文化的內容博大精深、包羅萬象，但是主要的基礎有三項，這三項可以稱為中華文化的三大柱石，也可以說是中華文化的三大瑰寶。一是中國的文字，二是中國的史學，

三是中國的儒家學說。

　　就中國的史學而言，中國是一個歷史悠久的國家，是當今世界上少數文明古國中唯一在繼續更新壯大，繁榮進步的國家。因此她的史料也是最爲豐富的。她的史料除了包括中華民族幾千年來的開拓史和奮鬥史以外，還兼容並蓄地包含其他民族和其他國家的歷史事蹟，如《廿五史》中的〈四夷傳〉、〈外國傳〉等便詳細地記載了東夷、西戎、南蠻、北狄、匈奴、鮮卑、東胡、羯、氐、羌、百越、百閩等民族的生活狀況，以及日本、韓國、越南、泰國、印度、菲律賓、爪哇、阿拉伯、伊朗、土耳其等國的重要事蹟。

　　由於史料豐富，因此處理史料的體裁也相當多，如《廿五史》一類的紀傳體，《左氏春秋》、《資治通鑑》一類的編年體，《尙書》、《十通》一類的政書體，《通鑑紀事本末》、《明紀事本末》一類的紀事本末體等是比較主要的體裁。其他如正史、古史、雜史、霸史、起居注、職官、儀注、雜傳、譜系、簿錄等更是名目繁多，洋洋大觀。

　　中國的歷史記載有一個共同的特色，就是「究天人之際，通古今之變，成一家之言。」因此，中國的史學不但可以使人明白中華民族奮鬥進步的過程、立國的基本精神、以及歷朝政治社會盛衰興亡的原因，和外來民族接觸融和的狀況；更可以使人增長智慧，開拓心胸，吸取先人的經驗，記取歷史的教訓，以培養觀微知著，鑑往知來的遠大眼光和恢宏氣度。這是中國史學的可貴之處，也是中華文化的偉大瑰寶之一。

　　就儒家學說而言，中國不但是一個史學的國家，也是一個哲學的國家。其哲學文化的內涵雖然有儒、道、墨、法、農、名、陰陽、縱橫等諸子百家、佛等各種學派的區別；其思想發展的過程雖然也有先秦諸子、兩漢經學、魏晉玄學、隋唐佛學、宋明理學、清代樸學、近代西學等階段的劃分；但是中國的立國思想，二千年來仍然以儒家學說為主流。

　　儒家學說純粹是從長期的實際生活中所體驗出來的哲學思想和倫理原則。它的實踐性質重於理念性質，它的道德意義重於功利意義，它雖然呈現著對統治階層的尊重甚於對被統治者的尊重，但是究其根本，還是以人民的整體利益為主要的考量。它以唐堯、虞舜、夏禹、商湯、文王、武王、周公等人為理想中的人格典型，以孔子、曾子、子思、孟子、荀子等人的思想為理論依據，架構成一套完整的倫理體系、道德哲學和政治理念，二千年來深深地主導著中華民族的成長和開展。由於時代的因素，它雖然沒有明顯地強調個人的自由、平等、人權等概念，卻也提示了人性的尊嚴和人的自我覺醒。它的思想菁華可簡略地歸納為下述三項：即天人合一、內聖外王、仁民愛物。所謂天人合一是指人類必須效法大自然所顯示的高貴精神：例如大自然的本質是光明正大的，所以人類也必須效法大自然所顯示的高貴精神：例如大自然的本質是光明正大的，所以人類也必須具有光明正大的心胸；大自然對萬物的原則是公平無私的，所以人類也必須培養大公無私的品德；大自然的運轉是行健不息的所以人類也必須發揮自強不息的精神；這便是天人合一的主要意義。

所謂內聖外王是指人類必須陶養內在的心靈以健立完美的人格；同時在外表的行為上必須培養卓越的領導能力，將品德和才能結合起來，以帶動人類社會和文化的繁榮增長。所謂仁民愛物是指人類應該以仁慈的心地互相對待，以博愛的精神對待萬物；如人與人之間的守望相助，尊重對方的權益，解決眾人的困難，正視群己之間的關係；以及對動植物的愛護、水土的保植、生態環境的保育、各種礦產的妥善開發和有效利用等。這些形而上的道理和形而下的事物都包含在儒家的哲學思想裏面。儒家學說的終極目標可用下述兩段話加以概括，即《禮記·大學篇》所說的「在明明德，在新民，在止於至善」以及宋代學者張載所說的「為天地立心，為生民立命，為往聖繼絕學，為萬世開太平。」這是中華文化的另一個瑰寶。

二、中國文字的特質

中國的文字是世界上形體最美觀、結構最合理、運用最方便的文字。它的特點是獨體、單音、詞性靈活，不但能夠用以表達深奧的思想，委婉的情感，複雜的辯論；而且可以表現出美麗而整齊的文學形式。就其所表現的形式而言，對聯、律詩駢體文便是基於中國文字所特有的產品。例如明代顧憲成所撰寫的對聯云：「風聲、雨聲、讀書聲，聲聲入耳；家事、國事、天下事、事事關心」，孫中山先生所撰寫的對聯云：「安危他日終須杖，甘苦來時要共嘗」，唐景松題鄭成功的廟聯云：「由秀才封王，挂掙半壁舊山河，為天

下讀書人，頓生顏色；驅外夷出境，開闢千秋新世界，願中國有志者，再鼓雄風」等，這些聯語不但含意深刻優美，其對仗的工整尤其令人激賞。惟有中國文字的特殊結構纔能產生這樣的文體。其次在律詩八句中的第三、四和第五、六的對句方面，如杜甫的「無邊落木蕭蕭下，不盡長江滾滾來；萬里悲秋常作客，百年多病獨登臺」（〈登高〉）。李白的「吳宮花草埋幽徑，晉代衣冠成古邱；三山半落青天外，二水中分白鷺洲」（〈登金陵鳳凰臺〉）。孟浩然的「綠樹村邊合，青山郭外斜；開軒面場圃，把酒話桑麻」（〈過故人莊〉）。在駢體文的對句方面，如王勃的「落霞與孤鶩齊飛，秋水共長天一色」（〈勝王閣序〉）。駱賓王的「一坏之土未乾，六尺之孤何託」（〈討武曌檄〉）江淹的「風蕭蕭而異響，雲曼曼而無色」（〈別賦〉）等也沒有不是意象逾麗，對仗工穩整齊的，這仍然只有中國文字所具有的獨體單音的特質纔能產生出來。

就詞性靈活方面來說，同樣一個字，有時可以當名詞用，有時可以當動詞用。如「在明明德」（《禮記・大學篇》）上面一個明字當動詞用，下面一個明字則當名詞用。「賢賢易色」（《論語・學而篇》）上一賢字當動詞用，下一個賢字當名詞用。「老吾老以及及人之老，幼吾幼以及人之幼」（《孟子・梁惠王篇》）第一個老字當動詞用，二、三個老字當名詞用，幼字的道理也是一樣。又如「柴也愚，參也魯，師也辟，由也喭」（《論語・先進篇》）愚、魯、辟、喭，單單四個形容性質的文字就把孔門四個學生的不同

性格和不同修養活生生地勾劃出來，這也只有具備了詞性靈活的中國文字纔辦得到。其他如「春風又綠江南岸」（王安石〈過瓜州渡口詩〉）一個「綠」字充分輝映出一片春天的江南景象。「紅杏枝頭春意鬧」（宋祁詩）一個「鬧」字便呈現出一幅滿園春色，蜂蝶交飛的圖畫，這更是中國文字特質的具體表現。

三、中國文字的價值

至於中國文字的價值，更是鉅大而無法估計的。就其在歷史上的傳承而言，在世界三大文字系統中，印度的梵文早已割裂成巴利文、蒙文和藏文。希臘文、拉丁拉也已經割裂而演變爲德文、法文、西班牙文和英文。惟獨漢文歷經了四千年卻始終維持原來的面目而沒有什麼改變。在運用領域方面，除了中國本土以外，日本、朝鮮、越南等十八世紀以前都是使用漢文的。如日本在明治以前，凡是日本歷史、朝廷文告和佛教文獻都是用漢文書寫的，像原光圀所寫的《大日本史》，飯田忠彥所寫的《日本野史》，以及日本學者所編印的《大藏經》和《續藏經》等沒有不是用漢文書寫的。在朝鮮，凡是明朝以前的文獻也沒有不是用漢文書寫的，像〈漢平山君祠碑〉、〈高句麗好大王碑〉、以及著名的《三國遺事》、《東國通鑑》、鄭麟趾的《高麗史》，清代所修撰的《朝鮮李朝實錄》等都是最具典型的例子。在越南，像元黎崱所撰寫的《安南志略》、無名氏所撰寫的《越史略》、吳士連所撰寫的《大越史記全書》等也都是用漢文書

寫的。可見中國文字所拓展的領域已包含了朝鮮半島，日本四島以及中南半島等地。就使用中國文字的人數言，目前全世界至少有不下14億的人口在使用它，單就以上三項而言，中國文字的價值已經是舉世難以匹敵的了。至於中國文字在學習的容易，運用的方便等方面上，尤不在此限。

貳、爲何必須探討文字的構造

文字是紀錄語言的符號，它的功能在使語言突破時空的局限，使語言能夠廣泛地被傳播和長久地被保留下來。

文字的構造，就其形和義而言，在一般人的使用上雖然常常取決於「約定俗成」的因素，甚至也有「積非成是」的現象，但是這和造字的初旨總是有相當的距離，有違造字的原始用義。使用文字的人如果對每一個文字的構造——即文字原始的形和義有了比較深入的探討和理解，不但可以超越常人「行之而不著焉，習矣而不察焉，終身由之而不知其道」的局限，而且在知其然且知其所以然的情況下，可以將文字應用得更爲精確和傳神，在表達意念和感情上顯得綽然而有餘裕，而且還有助於瞭解中國古代社會、文化等狀況。探討中國文字構造的必要性，其道理便在此。茲從正、反兩方面的道理來加以說明。

一、瞭解中國文字構造的益處

就正面的作用而言，能夠深究我國文字的形和義，有助於瞭解我國古代社會、文化的狀況，諸如制度、思想、風俗

習慣等。有關古代的社會制度、思想型態以及風俗習慣等雖然古代的典籍上有不少的記載，但是專從文字的形和義本身，同樣可以印證這些事物的概況。

㈠有助於瞭解古代的制度

《說文解字》釋「耕」字的形和義云：「耕，犁也。从耒井。古者井田，故从井。」由此可知耕字的本義是將田地犁鬆，以便秧苗的播種；耕字从井構形，是因爲古代推行過井田制度。有關井田制度的概況，古代的文獻固然有不少的記載，但是若撇開一切的文獻不談，單從耕字的構造言，也可以知道古代確曾有過這一種田地制度。這便是研究文字構造對我們的助益之一斑。

《說文》釋「劓」字云：「劓，刖鼻也。从刀鼻。」釋「刵」字云：「刵，斷耳也。从刀耳。」從這兩字的形和義，我們不難推知古代的刑罰制度是多麼地嚴厲殘酷！執法者對受刑人的懲罰，動不動就是手執利刃，施以肉刑。其他如《說文》云：「黥，墨刑在面也。从黑京聲。」道理也如上述一般。

㈡有助於瞭解古人的思想狀況

《說文》釋「大」字云：「大，天大，地大，人亦大焉。象人形。」「大」字的形體，從甲骨文、鐘鼎文字一直到小篆，都是象人正面抬頭、伸臂、張腿站立的形狀。其意義所以由名詞轉化作形容詞大小的大來使用，便是因爲在古人的思想中，認爲人是萬物之靈，其地位可以和天、地並立而成爲「三才」，在天地間是極偉大的。

又如「德」字，《說文》又寫作「悳」，釋云：「悳，得也。外得於人，內得於己。从直心。」可知古人的思想中，心地正直纔有「德」可言，心地正直的人，對自己一切能感到心安理得，在自己之外，能獲得別人的肯定和接納。

又如安寧的「寧」字，《說文》本作「寍」，釋云：「寍，安也。从宀，心在皿上。皿，人之食飲器，所以安人也。」宀是房子，皿是盛飲食的器具，代表食物。人有了房子住，又有食物可果腹，物質物活得到滿足，心理上自然感到安定。這正是《孟子》所說的「民之爲道也，有恆產者有恆心，無恆產者無恆心。」也是《管子》所說的「倉廩實則知禮節，衣食足則知榮辱。」從文字的形和義以探知古人的思想狀況，由此可見一斑。

㈢有助於瞭解古代的社會習俗

《說文》釋「婚」字云：「婚，婦嫁也。禮娶婦以昏時，婦人陰也，故曰婚，从女昏，昏亦聲。」婚字的構造所以「从女昏」，道理有三：其一是上古搶婚習俗的遺留，因爲搶婚總是在夜間進行的。其二是農業社會「日出而作，日入而息」的生活習慣使然，因爲人們在繁忙的工作中，只有在晚間纔有空閒去參加結婚的盛會。其三是受陰陽五行思想的影響，以爲結婚的主角之一──新娘子屬陰，而昏晚也屬陰，故婚禮宜在昏晚之際舉行。所以由婚字的構造，可以探知古代社會的某種習俗。

《說文》釋「慶」字云：「慶，行賀人也。从心夊，从鹿省。」慶字的本義是指祝賀人家的喜事。「从心」表示內

心的誠摯；「从夊」，表示行動的緩和週到；「从鹿省」，表示慶字的上體「严」是由鹿字省寫而成。古人將鹿皮視為名貴的禮物，別人有喜事時，常致贈鹿皮以示道賀。由慶字「从鹿省」，也可以探知古代社會的習俗。

《說文》釋「賀」字云：「賀，以禮物相奉慶也。从貝，加聲。」古時貝代代表財物，加是增加；向人祝賀喜事時，致贈禮物錢財，不但表示敬意，也增加了對方的財物。這也是從古至今，社會上的禮俗之一。

《說文》釋「家」字云：「家，居也。从宀豭省聲。」「从宀豭省聲」一語當作「从宀豕」即可。家是親人卷屬共同聚居生活的處所，从宀，表示房屋；从豕，表示牲畜。古時人們由遊牧群族的生活演進到農居社會的生活時，家中必豢養雞、犬、豕等牲畜，一則以供食用，一則以供祭祀，一則以示財富，這也是古今農村社會中相沿成習的俗尚之一。

二、不瞭解文字構造的缺失

就反面的作用而言，不瞭解文字的形和義，不但對古代的制度、思想、習俗等無法作深入的探討，更大的缺點是對文字的使用常會發生錯誤。

(一)因昧於文字的形和義，發生使用上的錯誤

《說文》釋「壽」字云：「壽，久也，从老省㿝聲。」壽字的形體「从老省」，其本義是指長久的時間，就人的年齡言，當指老年，所以《莊子・盜跖篇》云：「人上壽百歲，中壽八十，下壽六十。」《淮南子・原道篇》云：「凡

人中壽七十歲。」《漢書·韋玄成傳》云：「賞年八十餘以壽終。」《後漢書·周磐傳》云：「母年九十以壽終。」後人不明白此義，胡亂使用，便發生錯誤。如唐代獨孤伋撰〈殤子韋八墓誌〉一文云：「大歷六年，夭於舒州，壽止五歲。」僅活了五年即告夭折的小孩，卻以壽稱之，揆之壽字的形義，不是太離譜了嗎？

　　《說文》釋「旬」字云「旬，遍也，十日爲旬。从勹日。」古人將一個月等分爲三個階段，即上、中、下三旬，每旬爲十日，以甲、乙、丙、丁、戊、己、庚、辛、壬、癸十個天干來紀名，故旬字「从勹日」會意。从日，表示和時日有關；从勹，表示從甲日到癸日，周而復始。後人不明此義，隨便使用，錯誤因而發生。如唐代李宗閔〈贈毛仙翁〉一詩云：「不知仙客占青春，肌膚纔教稱兩旬。」白居易〈憐兒〉一詩云：「掌珠一顆兒三歲，鬢雪千莖父六旬。」都將旬字當作十年或十歲使用，這便是極大的錯誤。

　　《說文》釋「眇」字云：「眇，一目小（此作少字解）也。从目从少，少亦聲。」眇字的本義是少一目，故「从目少」。李延壽《南史·后妃傳》云：「梁元帝徐妃，以帝眇一目，每知帝將至，必爲半面妝，帝見則大怒而出。」又歐陽修《新五代史·莊宗本紀》云：「克用一目眇，及其貴也，號獨眼龍。」這兩處使用眇字，都是根據本義，非常正確。可是蘇軾〈日喻〉云：「生而眇者不識日。」此處蘇氏顯然將眇字當作表示雙目皆失明的盲、瞽、瞎諸字來使用，這就錯了。

　　《說文》釋「華」字云：「華，艸木華也。華，榮也。」可知「華」是「花」的本字，花是後起的俗字。花字最早出現於魏代張揖的《廣雅》一書，《廣雅・釋草》云：「花，華也。」將華、花區分為音義不同的兩個字，大約在魏、晉之間，最早見於《藝文類聚》卷二十八所引晉人棗據的詩。前此，二字本是一字。王安石未去探討這一個原由，便率爾在其《臨川集》卷八十三〈遊褒禪山記〉一文中云：「褒禪山亦謂之華山，有碑仆道，其文猶可識，曰花山，今言華如華實華者，蓋音謬也。」可見他不知華、花本是一字，纔有這種錯誤的論調。（本節大致取材於先師魯實先著〈昧於字義〉一文，載《大陸雜誌》三十八卷一期）

　　㈡因昧於文字的形和義，發生說解上的錯誤

　　古人因疏於對文字的形和義作較深一層的研究，於是解錯字形，說錯字義的情形屢見不鮮。據《邵氏聞見錄》所載，王安石晚年喜歡憑臆測以解字，某次，有人問曰：「霸字為何上體从西？」王氏答曰：「西在方域主殺伐。」或曰：「霸字从雨，不从西。」王氏曰：「如時雨化之耳。」這種模稜兩可的解字方式，看似左右逢源，其實根本昧於文字的形和義。又有一次學生問王氏「滑」字是何義？王氏答曰：「滑者水之骨也。」王氏又解釋「飛」字的形體曰：「飛於字形，乃反爪升也。」後來自覺說法過於離譜，便改口曰：「此吾嫂之說也。」讓他的嫂嫂背黑鍋。蘇軾也常鬧這一類的笑話。如他針對王安石的「滑者水之骨也。」便說：「波者水之皮也。」這或許還有故作調侃的意味在。可

是當學生誦讀《詩經・曹風・鳲鳩篇》云：「鳲鳩在桑，其子七兮。」問鳲鳩為何物時，蘇氏遽答曰：「即召南鵲巢篇『維雀有巢，維鳩居之』之鳩。」學生再問鳩為何物時？竟答曰：「九鳥也。」學生駁之曰：「詩明言其子七兮而已。」蘇氏竟強詞奪理曰：「子鳥七，益以其父母，豈非九鳥乎？」這那裡是在解字，簡直是在玩數字遊戲了。

三、探討文字構造是研究文化的基礎

　　由上所述，可知能夠研究我國文字構造，有助於瞭解我國古代的制度、思想、習俗等事；否則不但無法獲知上述等事，而且在使用和說解上還會產生很多的錯誤和笑話。所以韓愈說：「其微者至於習法律，知字書，皆有以贊教化。」在研究我國高深的學術上，尤其不可不研究文字的構造，張之洞在《書目答問》中說：「由小學（即文字學）入經學者，其經學可信；由經學入史學者，其史學可信；由經學、史學入理學者，其理學可信。以經學、史學兼詞章者，其詞章有用；以經學、史學兼經濟者，甚經濟成就遠大。」可見一切的學術都以文字作基礎，研究文字構造的必要性，其道理就在此啊！

參、中國文字構造的內涵

　　中國文字構造的內涵包括文字的起源、創造、演變和六書等，除六書部份當專項討論外，其餘各項茲討論如下：

一、中國文字的起源

中國文字的起源，根據文獻的記載最早是由結繩記事發展出來的。《周易‧繫辭傳》說：「上古結繩而治，後世聖人易之以書契。」結繩是一種極原始的記事方法，有大事就在繩子上結大結，有小事就在繩子上結小結。這種情形，近代在我國邊區的一些少數民族中還可以找到例證。如廣西的瑤族，遇到雙方為某一件事情而發生爭執時，各自用一條繩子，說出一個道理，就在繩子上打一結，誰的結多便算誰贏。西藏的璒人邀集親友宴會，要先向親友送繩子，以繩子上打結的數目表示宴會要在幾天之後舉行。古人的結繩記事和這種少數民族所用的方法應該是相類似的。這種記事的方法經過一段漫長的時間，後來纔被「書契」（即文字）所取代。

二、中國文字的創造

中國文字，一般的說法都認為是黃帝的史官倉頡所造的。古書上說：「黃帝之史倉頡見鳥獸遞远之跡，知分理之可相別異也，初造書契，百官以治，萬品以察。」這一段話是說倉頡觀察鳥獸的腳印，細加分別，創造了文字來表示各種事物，使各種事物的狀況分辨得更為清楚。黃帝的時代，大約在西元前二千五、六百年。所以我國文字的創造距離現在，已經四千五、六百年的歷史了。

三、中國文字的演變

　　倉頡所造的文字，因為目前還沒有考古學上的資料可資印證，其確切的形體構造究竟如何，不得而知。現在學術界所公認，有考古實物可供證明的我國最早文字，當推從河南省安陽縣殷墟所發掘出來的甲骨文字。比殷墟甲骨文字年代更早，而且和文字起源有關的考古資料，則是陶器上面的符號，俗稱，「陶文」。如本世紀三十年代初期在山東省章丘縣城子崖所發掘出來的「龍山文化」陶片上，以及一九四九年以後在陝西省西安市半坡村所發掘出來的「仰韶文化」彩陶缽上，都有一些很特殊的符號。這些陶器上的符號，有的是刻劃的，有的是用像毛筆一類的工具繪寫的，和文字的形體有極為密切的關聯。所以有的文字學家便推斷彩陶上的那些刻劃記號就是我國原始文字的雛型。

　　甲骨文字是繪刻在龜甲和獸骨（主要為牛的肩胛骨）上的卜辭。它的時代是屬於殷王盤庚遷到殷都後的商代後期。繼甲骨文字以後的文字便是盛行在周代的鐘鼎文，也稱為「金文」。金文是鑄刻在銅器上的銘識，它的特徵是字體肥重，筆畫雄渾，和甲骨文的字體細小，筆畫勁削，形成強烈的對比。金文以後的通行文字有所謂「大篆」，這是指西周宣王時的太史籀所著「史籀篇」十五篇的字體。這種字體因為遺留下來的很少，比較難以知其概況。大篆以後，就是由秦李斯根據大篆加以省改而成的小篆。這種文字可以說是秦代所通行的標準文字，也是官方的字體，用於比較典重的場

合。繼小篆之後是「隸書」，隸書產生和通行於秦代後期，是由秦人程邈所制訂的。它在書法上有所謂「蠶頭雁尾」的特徵，在漢代大爲盛行。在所出土的漢代簡牘中，大多是用隸書所書寫的。隸書以後是楷書，又稱「眞書」，也就是書法上所稱「眞、草、隸、篆」的「眞」。它大概形成於東漢晚期，通行於魏、晉之間，一直到今天我們還在沿用它。此外，還有草書和行書。草書的起源說法不一，從秦人的隸書中已經可以看到一些端倪，西漢時已經成型，有居延等地出土的簡牘可以證明。但是草書到後來，在書法上逐漸成爲藝術造詣的表現，在實用上沒有楷書和行書的普遍。至於行書，不過是將楷書的某一部分筆畫連接起來，以達到簡捷快速的目的而已，只能算是楷書的另一種形體。簡單地說，我國文字在字形上的演變，主要可區分爲這幾個階段。就是，契文(甲骨文)→金文(鐘鼎文)→古文(籀文)→篆文(小篆)。

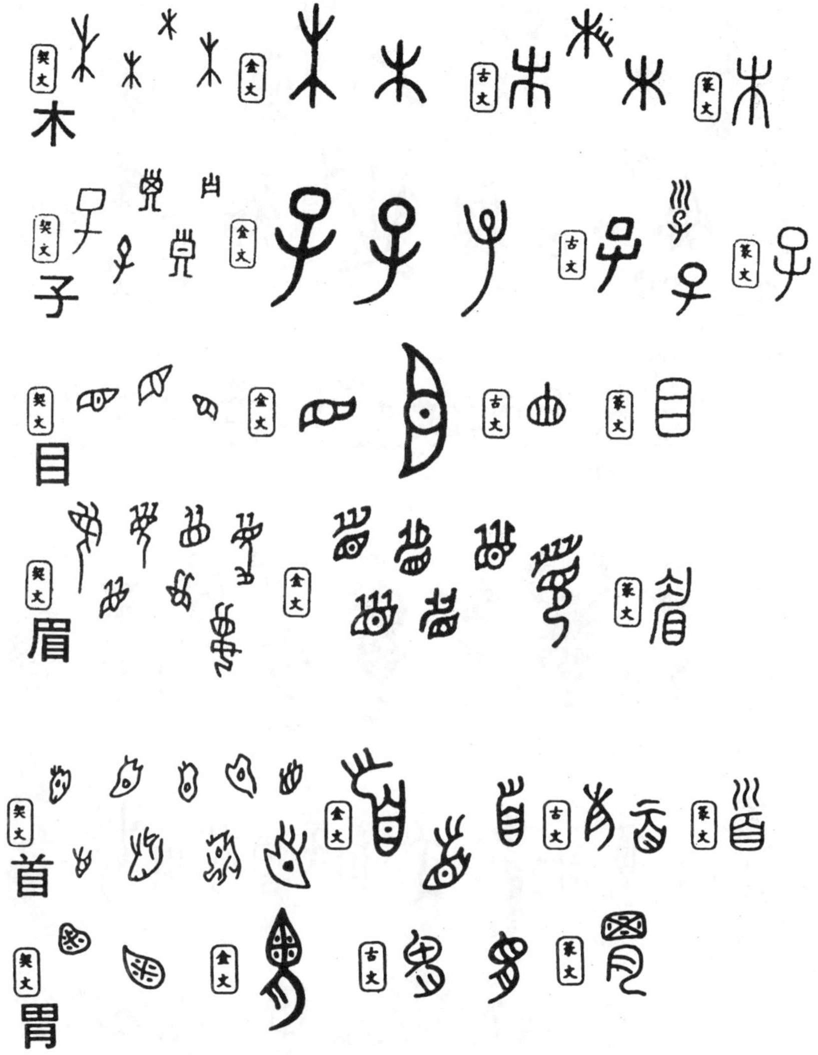
契文 金文 古文 篆文
木
契文 金文 古文 篆文
子
契文 金文 古文 篆文
目
契文 金文 篆文
眉
契文 金文 古文 篆文
首
契文 金文 古文 篆文
胃

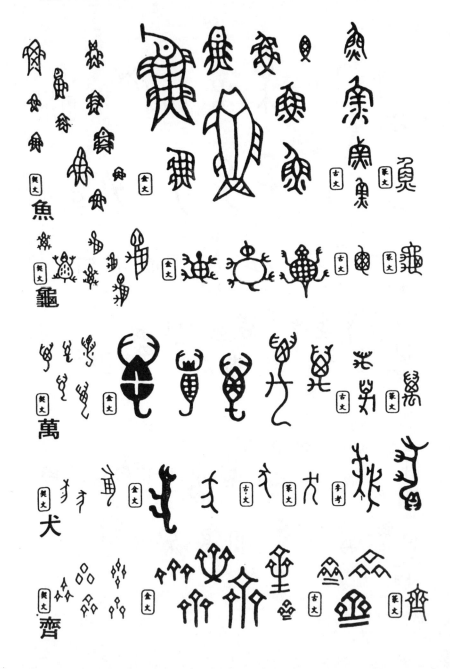

契文
金文
古文
篆文
壺
契文
金文
篆文
爵
契文
金文
古文
篆文
豆
契文
金文
古文
篆文
中
契文
金文
篆文
刀
契文
金文
古文
篆文
酉

得

貝

冊

冑

寶

四、文和字的區別

　　中國文字的構造，每一個文字都包含形、音、義三要素。形是指文字形體的結構；音是指文字的讀音；義是指文字所表示的內涵。這三者之間雖然各有它們的屬性，但是要認識一個文字，形、音、義之者之間是不能截然分開的。

　　原來，「文」和「字」是有區別的。獨體的稱為「文」，如日、月、山、水、鳥、魚等；合體的稱為「字」，如明、汕、鳴、論、祭、祝等。《說文解字》一書的命名便已經包含著文和字的區別在。《說文解字·序》云：「倉頡之初作書，蓋依類象形，故謂之文。其後形聲相益，即謂之字。字者，言孳乳而浸多也。」這裡所說的

「文」，除了指原始的文字外，並意謂這類文字的產生，乃是對事的形象或意象的描繪。換言之，文是指那些起初造出的結構完整而不可拆析的象形文、指事文；字是指用象形文、指事文所拼合起來的其他字，如形聲字、會意字等。後來就沒有這麼嚴格的區分，無論是獨體的或合體的，統稱爲文字，簡稱爲字。

肆、中國文字構造的法則——六書

一、六書的名稱

「六書」這一個名稱最出現在《周禮·地官·保氏篇》，原文云：「保氏掌養國子，教之六藝：一曰五禮，二曰六樂，三曰五射，四曰五御，五曰六書，六曰九數。」《說文解字序》云：「《周禮》八歲入小學，保氏教國子，先以六書。」六書的項目據漢人的文獻所載有三種說法：

一是《漢書·藝文志》，原文云：「《周官》保氏掌養國子，教之六書，謂象形、象事、象意、象聲、轉注、假借，造字之本也。」

二是《周禮·保氏》鄭司農注，原文云：「六書：象形、會意、轉注、處事、假借、諧聲也。」

三是許慎的《說文解字序》，原文云：「一曰指事……二曰象形……三曰形聲……四曰會意……五曰轉注……六曰假借。」

這三種說法，就其時代先後的順序而言，《漢書·藝文

志》的說法源自劉向，劉向是西漢成帝和哀帝之間的人，時代最早；鄭司農名衆，他是東漢章市時候的人，時代較晚；許慎的《說文解字》一書是由他的兒子許沖在東漢安帝建光元年呈獻給朝延的，許慎的說法應該在東漢的和帝和安帝之間，時代最後。這三種說法，在六書的名稱和順序上互有不同。就文字發展的順序而言，劉向的說法較爲合理；就名稱的含義而言，許慎的說法較爲明確；至於鄭衆的說法一則因順序凌亂，一則因名稱不妥，不值得採納。故六書的名稱和順序經過整合之後，應該是一曰象形，二曰指事，三曰會意，四曰形聲，五曰轉注，六曰假借。

二、六書的內容

㈠象形

所謂「象形」，根據《說文解字・敘》云：「象形者，畫成其物，隨體詰詘，日、月是也。」「詰詘」一詞，就是「屈曲」的意思。整句話的意思是說最初造字的人，以客觀的態度，根據物體彎彎曲曲的形狀，用一些簡單的筆畫造出文字來表示它。如簡册的「册」，實物形狀爲 ![]，甲骨文寫作，表示用兩根「韋」（經過處理後的柔軟皮條）將每 ![] 一片簡札的上下端貫穿起來。鐘鼎文寫作 ![]，小篆寫作 ![]，隸書變成 ![]，楷書寫作册。

又如犬字甲骨文寫作 ![]，鐘鼎文寫作 ![]，小篆寫作 ![]，隸書寫作犬，楷書寫作犬。弓矢的矢字，實物爲 ![]，表示鏑、括、羽三部分，甲骨文寫作 ![]，鐘鼎文寫作 ![]，小篆寫作

☖，隸書寫作矢，楷書寫作矢。

　　兵車的車的，甲骨文寫作☖☖，鐘鼎文寫作☖☖，正表示出一輛兵車的各個主要部分，小篆省作車，隸書寫作車，楷書寫作車。像以上這些例子，便是根據物體彎彎曲曲的形狀，用一些簡單的筆畫造出文字來的「象形」。其他如屬於人體方面的子☖、女☖、眉☖、面☖、口☖、齒☖、心☖、手☖等字，屬於動植物方面的牛☖、羊☖、虎☖、龜☖、木☖、艸☖、竹☖、瓜☖等字，屬於天文地理方面的星（甲骨文作☖、☖）、雲（甲骨文作☖）、雨☖、气（甲骨文作☖，後來用氣字來表示）、丘☖、田田、泉☖、川☖等字，屬於器物方面的如門☖、戶☖、豆豆、皿☖、舟☖、弓☖、刀☖、戈☖等字，究其原始，都是象形字。

　　象形又可以區分爲四類如下：

1.獨體象形

　　⑴定義：根據客觀實象所作的文，自身具有獨立的音和義，不附從其他的筆畫而造出來的。

　　⑵舉隅：

　　甲、☖　符命也諸侯進受於王者也。象其札一長一短，中有二編之形。

　　乙、豆　古食肉器也。从口，象形。☖古文豆。

　　丙、☖　弓弩矢也。象鏑栝羽之形。古者夷牟初作矢。

　　丁、車　輿輪之總名也。夏后時奚仲所造，象形。

2.合體象形

　　⑴在一個獨立的文以外，又加上無獨立的音和義卻取象

于實象的形體而造出來的。

(2)舉隅：

甲、眉　目上毛也，从目象眉之形，上象額理也。

乙、胃　穀府也。从肉⊗象形。

丙、昔　乾肉也。从殘肉，日以晞之。

丁、母　牧也。从女象裹子形，一曰象乳子也。

3.省體象形

(1)定義：由獨體象形省掉一部份筆畫而變成另一個文字。

(2)舉隅：

甲、凵　張口也，象形。

乙、鳥　孝鳥也，象形。

丙、丫　羊角也，象形。

丁、片　判木也，从半木。

4.變體象形

(1)定義：由獨體象形的反寫、倒寫，或改變一部份筆畫，而變成另一個字。

(2)舉隅：

甲、縣　倒首也。賈侍中說：此斷首倒縣𥄉字。

乙、交　交脛也，从大象交形。

丙、尢　跛也。曲脛人也。从大象偏曲之形。

丁、𠫓　不順忽出也。从倒子。

(二)指事

所謂「指事」，《說文解字‧敘》云：「指事者，視而

可識，察而見意，二二（即上下）是也。」二二是上下二字
的古文。整句話的意思是說：看了這一個字體的結構，就知
道它是一種什麼樣的記號；再仔細觀察，便知道這一個字體
所表示的意義。由於指事字所表示的對象是抽象的「事」，
不像象形字所表示的是具體的「物」。所以它只能利用近似
記號的文字來表示事情。如二二這兩個字，先用一長畫表示
位置，再用一短畫表示物體；物體在位置上方的就是二
（上），物體在位置下方的就是二（下）。

　　指示字的結構主要可以分為兩類：一類是用近似記號以
表示事情的文字，如在十進位數目中，一是數目的開始，十
是數目的結束，一和十所表示的是事情，所以是指事字。又
如「凶」字，外圍像凵字的筆畫，表示從地面向下挖個陷
阱，×字表示在陷阱中安置危險的器物，人一掉進去，尚然
就凶多吉少了。又如生字，甲骨文寫作山，鐘鼎文字作业，
小篆寫作生，表示草木在地上的部分不斷地往上長。其他
如囗字是「圍」字原始的寫法，表示包圍起來的意思。
「八」字小篆寫作八，原來是表示「分別相背」的事情。
（後來當作數目字的八，是屬於假借的用法。）以上的二、
二、一、十、凶、生、囗、八這幾個字都是屬於用近似記號
以表示事情的指事字。

　　指事字的另一類是在象形字上添加一部分符號以表示某
種事情。如根本的「本」字，小篆寫作本，是在木（小篆寫
作木）字的下面加一畫，以表示樹木的根。末端的「末」
字，小篆寫作末，在木字上面加一畫，以表示樹的末梢。元

旦的「旦」字，小篆寫作◌，在日字的下面加一畫，表示太陽從地平線升上來。鋒刃的「刃」字，小篆寫作𠃌，在刀字的左側加上一點，以表示刀口。臂亦的「亦」字，小篆寫作夾，在大（小篆寫作大）字下加上兩點，表示人的腋下部位。甘甜的「甘」字，小篆寫作甘，在口字裡面添上一畫，以表示嘴裡含著好吃的東西，捨不得吞下。伊尹的「尹」字，小篆寫作⺻，表示右手執持著某器具在指揮工作。爭奪的「爭」字，小篆寫作爭，以表示兩隻手正在搶奪某種東西。以上的本、末、旦、刃、亦、甘、尹、爭這八個字，都是屬於在象形字上添加一部分符號以表示事情的指事字。

指事又可以區分為三類如下：

1. 獨體指事

⑴定義：用主觀臆構虛象所造出來的字，本身具有獨立的音和義，沒有附帶其筆畫的。

⑵舉隅：

甲、一　惟初大極道立於一，造分天地，化成萬物。弌古文一。

乙、二　高也。此古文上，指事也。

丙、八　別也。象分別相背之形。

丁、凶　惡也。象地穿，交陷其中也。

2. 合體指事

⑴定義：在一個獨立的文以外，又加上無獨立的音和義卻取象于虛象的事情而造出來的。

⑵舉隅：

甲、牛　牛鳴也。从牛，𠃌象其聲气從口出。

乙、夾　人之臂亦也。从大象兩亦之形。

丙、卒　隸人給事者爲卒。古以染衣題識，故从衣一。

丁、刃　鋻也。象刀有刃之形。

3.變體指事

⑴定義：由獨體指事的反寫、倒寫、或改變一部份筆畫，而變成另一個字。

⑵舉隅：

甲、二　底也。从反二爲二。丅篆文下。

乙、幻　相詐惑也。从反予。周書曰無或譸張爲幻。

丙、𠂤　厚也。从反从。

丁、旡　飲食逆气不得息曰旡。从反欠。

㈢會意

所謂「會意」，《說文解字・敘》云：「會意者，比類合誼，以見指撝，武、信是也。」「比」是「合併」的意思，「類」是指象形、指事等字類，「誼」是指字義。合併兩個或兩個以上的字類，將它們的字形結合成另一個字形，將它們的字義會聚成一個新的字義，這就叫做「比類合誼」。「見」字要讀作「現」，就是「表現」的意思。「指撝」就是「指揮」，是文字造成以後所表示的意義。一個會意字造成以後，讓人知道它所表現的意義所在，叫做「以見指撝」。如「武」（武）字是由「止」、「戈」二字合併而成的，會聚止、戈二字的意思，表示「停止干戈而不使用」，這便是「武」字的字義所在。換一句話說，武的原意

是指止干戈，維護和平。

　　「信」字是由「人」、「言」二字合併而成的，會聚這
兩個字的意思，表示「人所說的話一字要誠實可靠」，便是
「信」的字義所在。又如「社」字是合併「示」、「土」二
字，以表示「土地神」的意思。「伐」字是合併「人」、
「戈」二字，以表示「拿兵器攻擊」的意思。「男」字是合
併「田」、「力」二字，以表示在田裡努力耕作的是男人。
「牧」（小篆寫作牧）字是合併「牛」、「攴」二字，以表
示放牛的人拿著棒子在趕牛。「解」字是合併「刀」、
「牛」、「角」三字，以表示用刀將牛角取下，含有「解
剖」的 意 思。「祭」字 是 合 併「又」（手）、「冈」
（肉）、「示」三字，以表示拿著肉類向神獻祭。

　　會意字又可以區分為六類如下：

1. 異文會意

　　⑴定義：連合二個或二個以上六書中各類不同形體的文
字，根據它們的字義結合而成為一個新造的字。

　　⑵舉隅：

　　甲、𥙊　祭祀也。从示，以手持肉。

　　乙、章　樂竟為一章。从音十。十，數之終也。

　　丙、益　饒也。从水皿。

　　丁、寍　安也。从宀，心在皿上。皿，人之食飲器，所
以安人也。

　　戊、灋　刑也。平之如水，从水。廌，所以觸不直者去
之，以廌去法今文省。

2.同文會意

(1)定義：連合二個或二個以上六書中各類相同形體的文字，根據它們的字義結合而成為一個新造的字。

(2)舉隅：

甲、屮　艸木初生也。象丨出形有枝莖也。古文或以為艸字。

乙、屮　百卉也。从二屮。

丙、艸　艸之總名也。从三屮。

丁、茻　眾艸也。从四屮。

甲、口　人所以言食也。象形。

乙、吅　驚呼也。从二口。讀若讙。

丙、品　眾庶也。从三口。

丁、㗊　眾口也。从四口。

甲、犬　狗之有懸蹄者也。象形。孔子曰視犬之字如畫狗也。

乙、㹜　兩犬相齧也。从二犬。

丙、猋　犬走兒。从三犬。

甲、它　一名蝮。博三寸，首大如擘指。象形。

乙、䖵　蟲之總名也。从二虫。讀若昆。

丙、蟲　有足謂之蟲，無足謂之豸。从三虫。

3.變體會意

(1)定義：一個會意字的反寫、倒寫或改變它的形體而造成的文字。

(2)舉隅：

甲、𧘇　引也。从反𠂤。

乙、𦣞　从反邑。𨙨字从此。

丙、司　司臣司事於外者。从反后。

丁、𡱂　按也。从反印。

4.會意兼象形

⑴定義：會意字中加上一部份表示具體之物的筆畫而造成的字。

⑵舉隅：

甲、爨　齊謂炊爨。𦥑象持甑，冂為灶口𢩫推林內火。

乙、𢅏　飾也。从又持巾，在尸下。

丙、𤘈　礙不行也。从𤘈引而止之也。𤘈者如𤘈馬之鼻，从口此與牽同意。

丁、𩰊　以𩰊釀鬱艸芬芳攸服从降神也。从凵。凵器也。中象米，匕所以扱之也。

5.會意兼指事

⑴定義：會意字加上一部份表示抽象之事的筆畫而造成的字。

⑵舉隅：

甲、𤕦　亂也。从爻工交叫。

乙、畫　介也。从聿，象田四介，聿所以畫之。

丙、胤　子孫相承續也。从肉从八，象其長也。𣎆亦象重累也。

丁、𠕤　再也。从冂从𠦒，从丨。易曰參天𠕤地。

6.會意兼諧聲

⑴定義：會意字的構造成分中，有一部份兼表整個字的音。

⑵舉隅：

甲、**禮**　履也，所以事神致福也。从示从豊，豊亦聲。

乙、**祏**　宗廟主也。从示石，石亦聲。

丙、**拘**　止也。从手句，句亦聲。

丁、**鉤**　曲鉤也。从金句，句亦聲。

㈣形聲

所謂「形聲」，《說文解字・敘》云：「形聲者，以事為名，取譬相成，江、河是也。」「以事為名」的意思是依照事物的類別而決定這一個字的形符；「取譬相成」的意思是用字音相同或相近的字作為這一個字的聲符。所以形聲字的構造是由「形符」和「聲符」兩部分結合而成的，如江、河二字用水作形符，表示它們都和水有關；用工、可二字做聲符，表示江、河二字的字音，因為古代江、河二字的字音讀作工、可。又如「咆」、「哮」二字，用口字作形符，表示它們的字義和口有關；用包、孝二字作聲符，表示咆、哮二字的字音。又如「蓮」字，用「艸」字作形符，表示「蓮」這一種東西是屬於植物中的艸本類，用「連」字作聲符，則是表示「蓮」字的字音。「鯉」字用「魚」字作形符，表示鯉這一類東西是屬於動物中的魚類；用「里」字作聲符，則是表示「鯉」字的字音。

形聲字依照其構造的成分可以區分為下列五類：

1.一形一聲

⑴定義：由一個形符和一個聲符結合而造成的字。

⑵舉隅：

甲、晞　乾也。从日希聲。

乙、牘　書版也。从片賣聲。

丙、芥　菜也。从艸介聲。

丁、獺　水狗也。食魚。从犬賴聲。

2.多形

⑴定義：由二個以上的形符和一個聲符結合而造成的字。

⑵舉隅：

甲、碧　石之青美者。从王石，白聲。

乙、藕　扶渠根。从艸水，禺聲。

丙、寶　珍也。从宀玉貝，缶聲。

丁、彟　繹理也。从工口，从又寸。工口亂也，又寸分理之也，彡聲。

3.多聲

⑴定義：聲符不止一個的字。

⑵舉隅：

甲、竊　盜自中出曰竊。从穴米，禼廿皆聲。

乙、韤　鞾也。从韋，次束皆聲。

丙、棋　槺梀。从禾从支，只聲。一曰木也。

4.省聲

⑴定義：聲符省去一部份筆畫的字。

⑵舉隅：

甲、𥜽　戒絜也。从示，从省聲。

乙、𧗲　披田艸也。从蓐，好省聲。

丙、𥱼　蕭筑也。从艸筑，省聲。

丁、珊　珊瑚。色赤，生於海，或生於山，从王刪省聲。

5.省形

　　(1)定義：形符省去一部份筆畫的字。

　　(2)舉隅：

甲、𤓭　血祭也。象祭灶也从爨省，从酉酉所以祭也。从分，分亦聲。

　　乙、弒　臣殺君也。易曰臣弒其君。从殺省，式聲。

　　形聲字依照其形符和聲符排列的方式，又可以區分為下列六類：

　　第一類是形符在右邊，聲符在左邊，稱為「右形左聲」。如：雞、鴨、鵝、鴉、到、削、刺、剽。

　　第二類是形符在左邊，聲符在右邊，稱為「左形右聲」。如：鯖、鰱、鰻、鯽、指、按、扶、持。

　　第三類是形符在上邊，聲符在下邊，稱為「上形下聲」。如：草、芥、菁、茇、竽、筥、笙、笠。

　　第四類是形符在下邊，聲符在上邊，稱為「下形上聲」。如：駕、鳶、鷺、鶯、驚、駕、駑、罵。

　　第五類是形符在外邊，聲符在內邊，稱為「外形內聲」。如：園、圃、圍、圓、街、衢、衕、衒。

　　第六類是形符在內邊，聲符在外邊，稱為「內形外聲」。如：聞、問、悶、閩、辨、辦、辯、瓣。

　　由於形聲字是由形符和聲符結合而成的。看了形符，便知道這一個字和那一種事物有關；看了聲符，便知道這一個字的音怎麼讀。因為具有這樣的功能，所以它在我國文字中所佔的數量也最多，如《說文解字》一書所收的小篆共有九千三百五十三個，其中形聲字就有七千六百九十七個，佔總數的百分之八十二。其後因應需要而造的文字也以形聲字居多。如近代為了表示化學原素的名稱而造的，像氫、氯、氧、氦；酮、酚、醣、醛；鉀、鈉、鈣、鋅；矽、砷、磷、碘等都是屬於形聲字。

　　以上，象形、指事、會意、形聲四種是造字的基本法則。以下再來說明轉注和假借這兩種造字的補充法則。

㈤轉注

　　所謂「轉注」，《說文解字・敍》云：「轉注者，建類一首，同意相受，考、老是也。」在這一段話中，建類的「類」是指「音類」，也就是文字的字音。「建類一首」是指兩個字的字音相同，包括三種情況：⑴同音：就是聲母、韻母都相同，如「孝」和「肖」都讀作「ㄒㄧㄠˋ」，這便是同音。⑵雙聲：就是聲母相同，韻母不同。如追（ㄓㄨㄟ）和逐（ㄓㄨˊ），兩個字的聲母都是「ㄓ」。⑶疊韻：就是聲母不同，韻母相同。如「考」（ㄎㄠˇ）和「老」（ㄌㄠˇ），兩個字的韻母都是「ㄠ」。在這三種情況中，只要具備其中的某一種，便是「建類一首」。所謂「同意相受」，是指兩個字的意義相同。所以「轉注」的含義是指同一件事物，卻用兩個字音相同，字義相同，字形卻不相同的文字來表示。

這種特殊的現象主要是因為時代的變遷或地域的不同形成的。由於這兩個不同的字形所指的卻是同一件事物,所以彼此之間便可以互相注釋。如「考」、「老」二字,在字音上有疊韻的關係,(韻母都是ㄠ),在字義上都有「年紀大」的意思,因此就可以用「考,老也」、「老,考也」來互相注釋。又如「追」和「逐」二字,在字音上有雙聲的關係,(聲母都是ㄓ),在字義上都有「趕上去」的意思,因此就可以用「追,逐也」、「逐,追也」來互相注釋。其他如「連」和「聯」、「遁」和「遯」、「更」和「改」、「惆」和「悵」等這些例子都是屬於轉注的關係。

從以上的例子,可以看出轉注字是由於時間的變遷或地域的不同,而分別造出來的;兩個字之間的字形雖然不同,但是字音和字義卻相同,所以「轉注」是「一義多字」的造字補充法則。

㈥假借

所謂「假借」,《說文解字·敘》云:「假借者,本無其字,依聲託事,命、長是也。」這一句話的意思是說:本來有一件事物,卻沒有為它造出文字來,但是在語言上已經有代表這一件事物的一個語音,於是就借用一個字音和這語音相同的文字來表示,這種文字的運用方式就叫做「假借」。如「令」字本來的意思是「發號施令」,「長」字本來的意思是「滋生長大」。而在漢代人口在一萬戶以上的大縣,縣裡的最高行政首長叫做「縣令」;人口在一萬戶以下的小縣,縣裡的最高行政首長叫做「縣長」。但是原來並沒

有為縣令的「令」和縣長的「長」造出文字來，於是就借用發號施令的「令」字和滋生長大的「長」字，來表示縣令的「令」和縣長的「長」。又如「來」字原來的意思是「麥子」，被借做動詞「往來」的「來」；「烏」字原來的意思是「烏鴉」，被借做歎詞「烏呼」的「烏」；「韋」字原來的意思是「相背」，被借做名詞「皮韋」的「韋」；「西」字原來的意思是鳥在巢上休息，被借做方向「東西南北」的「西」；「其」字原來的意思是「畚箕」，被借做第三人稱代名詞「其人其事」的「其」。

　　原來某一個字，因為假借的關係，又被借做另外一個字來使用，如以上所述的例子，「發號施令」的「令」字又被借做「縣令」的「令」字來使用；「滋生長大」的「長」字又被借做「縣長」的「長」字來使用；「烏鴉」的「烏」字又被借做「烏呼」的「烏」字來使用；「畚箕」的「其」字又被借做「其人其事」的「其」字來使用。所以「假借」是一種「一字多義」的造字補充法則。

　　假借也可以區分為二類：

1.無本字的假借——以音表義

　　這一種假借即是說文解字敘所說的假借。除了以上的例子以外，其他如本義是鳳鳥的朋字，被假借作朋友的朋；本義是幼兒的子字，被假借作干支的子；本義是大頭的頁字，被假借作願望的願；本義是指熊類野獸的能字，被假借作賢能的能；本義是公私的公字，被假借作公婆的公等都是屬於這一類的假借。

2.有本字的假借——同音通假

　　這一假借是指某一件事物原來已經有一個表示它的文字，但是古人在書寫時，因一時想不起來，或因一時的疏忽，於是用一個同音的字去代替原來的這個字，即所謂「同音通假」，簡單地說，即是用一個同音的字去代替另一個字。例如「挩」字的本義是以手解物；「脫」字的本義是消瘦，因二字同，音故古人將「解挩」寫作「解脫」。「佚」字的本義是佚民，即隱士；「逸」字的本義是兔逃走，因二字同音，故古人將「隱佚」寫作「隱逸」。「勢」字的本義是傑出，「豪」字本義是長毛豕，因二字同音，故古人將「勢傑」寫作「豪傑」。「尟」字的本義是寡少；「鮮」字的本義是魚名，因二字同意，故古人「尟少」寫作「鮮少」。其他如「交傷」寫作「交易」、「罪訧」寫作「罪尤」、「誂誘」寫作「挑誘」、「嬗讓」寫作「禪讓」、「詘伸」寫作「屈伸」、「庸娽」寫作「庸碌」、「將衛」寫作「將帥」、「配耦」寫作「配偶」等這些都是有本字的假借。

伍、結　語

　　綜上所述，可知中國文字構造的法則是匯聚無數先民心血的結晶而產生的，它不但是中華民族的智慧的卓越表現，也是中華文化的偉大遺產和珍貴瑰寶。瑞典中國語文學家高本漢曾說：「中國之大，以能結合團結者，是由於其文字作為維繫的工具。」近人方東美先生也說：「不知中國文字，

則不能瞭解中國文化。因爲每一個中國的文字都代表著一種文化因素。」中國文字的構造必須以六書爲法則。依據六書法則所造的文字，即使筆畫稍多，字形似繁，只要能掌握其原理原則，必然易認、易學、易用。反之，不依據六書的法則而造字，其文字必然凌亂冗雜且易於混淆，令人在認知和使用上茫然而無所適從。中國歷朝文獻中所出現的簡體字大多違背六書的法則，不但不值得提倡和書寫，政府機關和有識之士更應當以合乎六書法則的正體字去一一地加以訂正，以恢復其原來面目。至於近代有計劃地推行簡體字和大規模地制訂簡化字，即所謂漢字簡化政策，其理由雖說是要使漢字易認、易學、易用，但因大多違離六書的法則，結果造成了欲易反難，卻簡反繁，易速則不達的反效果，然而事實已經造成，希望兩岸的文字學者，摒棄成見，運用智慧，依據造字的原理還中國文字以原貌，則深信中國文字必將伴同中華民族永遠光輝燦爛，歷久猶新。

參考資料

⑴《說文解字注》　段玉裁注　藝文印書館

⑵《說文解字詁林》　丁福保編　商務印書館

⑶《中國文字學》　唐　蘭著　樂天出版社

⑷《文字學入門》　胡樸安著　商務印書館

⑸《中國文字學史》　胡樸安著　商務印書館

⑹《文字學纂要》　蔣伯潛著　正中書局

⑺《文字學概說》　林　尹著　正中書局

⑻《中國文字學》　潘重規著　東大圖書公司

⑼《中國字例》　高鴻縉著　東大圖書公司

⑽《中國文字學》　龍宇純著　崇基書店

⑾《轉注釋義》　魯實先著　洙泗出版社

⑿《假借溯源》　魯實先著　文史哲出版社

⒀《中國文字學通論》　謝雲飛著　學生書局

⒁《說文解字敍講疏》　向　夏著　木鐸出版社

⒂《說文部首研究》　向　夏著　木鐸出版社

⒃《中國古文字學導論》　高　明著　文物出版社

⒄《古文字學初階》　李學勤著　國文天地雜誌社

⒅《怎樣學習說文解字》　章季濤著　群玉堂公司

⒆《中國甲骨學史》　吳浩坤著　上海人民出版社

⒇《古文字形發微》　康　殷著　北京出版社

(21)《世界字母簡史》　周有光著　上海教育出版社

(22)《漢語文字學史》　黃寬德著　安徽教育出版社

(23)《甲骨文文字學》　李芳圃著　上海教育出版社

(24)《漢字文化引論》　蘇新春著　廣東教育出版社

(25)《漢字與華夏文化》　劉志誠著　巴蜀出版社

(26)《殷墟文字集釋》　李孝定著　中央研究院

(27)《甲骨文商史論叢》　胡厚宣著　社會科學院

(28)《殷墟卜辭綜述》　島邦南著　大通書局

(29)《三代吉金文存》　羅振玉編　黎明文化公司

(30)《金文編》　容　庚著　科學出版社

(31)《漢字三論》　殷煥先著　齊魯書社

⑶《漢文化論綱》　陳玉龍著　北京大學出版社

⑶《漢字簡釋與文化傳統》　常　森著　中國科技大學出版社

⑶《漢字散論》　王　平著　天津古籍出版社

⑶《說文與中國古代科技》　王　平著　廣西教育出版社

⑶〈從中國文字以探討古代的思想和制度〉　賴明德　華文
世界 32 期

⑶〈中國文字的趣味㈠〉　賴明德　華文世界 36 期

⑶〈中國文字的趣味㈡〉　賴明德　華文世界 37 期

⑶〈中國文字的趣味㈢〉　賴明德　華文世界 38 期

⑷〈從中國文字以探討古代的祭祀（上）〉　賴明德　華文
世界 41 期

⑷〈從中國文字以探討古代的祭祀（下）〉　賴明德　華文
世界 45 期

⑷〈研究中國文字構造的必要性〉　賴明德　華文世界 50 期

⑷〈中國文字的產生與結構㈠〉　賴明德　華文世界 57 期

⑷〈中國文字的產生與結構㈡〉　賴明德　華文世界 59 期

⑷〈對「一種誤解」一文的幾點意見〉　賴明德　華文世界
61 期

⑷〈我國文字字義演化的現象〉　賴明德　華文世界 62 期

⑷〈從中國文字以探討古代的器物〉　賴明德　中國文字學
會論文集

⑷〈分析文字形義有助於國文教學〉　賴明德　中等教育月
刊 42 卷 5 期

⑷〈假借綜論〉　賴明德　華文世界 63 期

中國文字一字多義現象的分析

壹、諸　　言

　　中國文字創造的原始，每一個字只有一個意義，稱爲本義。後來由於時代社會的變遷和生活中的實際需要，一個字常由原來的一個意義演化出好多個意義來。如「口」這一個字，原來的意義是專指人的嘴，但是當我們翻查字典時，卻發現它至少有以下幾個意義：(1)動物用以飲食和鳴叫的器官，如虎口、牛口。(2)進出的關卡，如關口、港口。(3)計算人的單位，如一家有四口人。(4)計算刀劍的單位，如一口寶劍。(5)計算牲畜或器物的單位，如很多牲口、一口醬缸。(6)刀劍的鋒刃，如刀口。(7)身體破裂的地方，如傷口。(8)器物張開的地方，如袖口、瓶口。(9)當形容詞用，指說話的能力或飲食的享受，如口才、口福。(10)當動詞用，指爭吵，如口角。這是什麼原因呢？原來文字都是因實際的需要而產生，它的功能在標物敘事，表情達意，最初每一個字的制定，都有它的特定含義。後來由於社會的發展快速，人們生活的內容不斷地擴增，原有的文字不夠使用，於是有人便將來一個字的特定意義加以擴大，使其所代表的內涵更爲廣闊，這樣便由本義而衍生出引申義來。還有一種狀況是有的事物在語

詞上雖然有一個音，但是用來表示它的文字卻不容易造出來
或尚未造出來，於是有人便借用一個和它的音相同的字來表
示，這便是假借義產生的由來。另有一種狀況是有的字原來
是表示某一種事物，但是這種事物的內涵，和另一種事物的
特徵相似，於是便利用表示甲事物的這個字去比擬那一個乙
事物，透過這樣的方式來運用文字，便產生了比擬義。由於
我國的文字在字義上有由本義而衍生出引申義、假借義、比
擬義等現象，後人在編寫字典時，自然會將一個字所代表的
各種意義都編輯起來，所以一個字的意義纔會有那麼多。以
下茲將本義、引申義、假借義、比擬義加以詮釋。

貳、本　　義

　　本義是指一個字原來所代表的意義。《說文解字》云：
「口，人所以言、食也。」「革，獸皮治去其毛曰革。」
「目，人眼也。」「寡，少也。」「角，獸角也。」「慶，
行賀人也。」「毛，眉髮之屬及獸毛也。」「舟，船也。」
「雨，水從雲下也。」「車，輿輪之總名也。」「眉，目上
毛也。」「凶，惡也。」「吉，善也。」「叟，老也。」
「相，省視也。」「鳴，鳥聲也。」「肥，多肉也。」
「喜，樂也。」「盥，澡手也。」「伐，擊也。」根據上述
這些《說文解字》的解釋，我們檢查如下的詞句，如「禍從
口出」、「犀革象牙」、「目光如炬」、「輕諾寡信」、
「羚羊掛角」、「舉杯互慶」、「毛骨悚然」、「同舟共
濟」、「櫛風沐雨」、「車聲轔轔」、「揚眉吐氣」、「趨

吉避凶」、「童叟無欺」、「相鼠有皮」、「鳥鳴嚶嚶」、
「食言而肥」、「喜氣洋洋」、「盥洗手足」、「撻伐叛
逆」等都是使用文字的本義。

參、引申義

　　引申義是將本義的內涵加以擴大，使文字的功能更加能
夠充分地發揮。如口字的本義爲人的口，引申義可泛指動物
的口，如「寧爲雞口」、「虎口餘生」。目字的引申義本義
爲人的目，可泛指動物的眼睛，如「魚目混珠」、「獐頭鼠
目」。鳴字的本義爲鳴，引申義可泛指其他動物的叫聲，如
「呦呦鹿鳴」、「馬鳴蕭蕭」。又如心字的本義爲人心，引
伸義則泛指動物的心臟，如「狼心狗肺」、「熊心豹膽」。
又如苗字，《說文》云：「苗，草生於田者」。本義指稻麥
的秧苗，如「彼黍離離，彼稷之苗。」引申義則指初生的花
草或蔬菜，如花苗、豆苗；再引申又指動物或人類幼小的階
段，如魚苗、鰻苗、民幼苗。又如本字，《說文》云：
「本，木下曰本。」本義是樹根，引申義則泛指一切事物的
原始，如「本性難易」、「本立道生」。又如躍字，《說
文》云：「躍，迅也。從足翟聲。」而足字，《說文》云：
「人足也。」可知躍字的本義是指人急速的跳起，其引申義
則泛指一切動物的跳動，如「魚躍于淵」、「躍馬中原」。
又如猛字，《說文》云：「猛，健犬也。」本義是指強健的
犬，引申義則泛指強健的獸類或人物，如「猛龍過江」、
「爲人勇猛」。又如牢字，《說文》云：「牢，養牛（馬）

圈也。」本義是指用欄杆圍起來以豢養牛隻的場所，引申義則泛指豢養牲畜或監禁人類的場所，如「亡羊補牢」、「身陷牢獄」。又如群字，本義是指很多的羊聚集在一起，引申義則泛指一切的物類聚集在一起，如「鶴立雞群」、「狐群狗黨」、「群蟻附羶」、「群雄崛起」、「群醜跳梁」、「群魔亂舞」、「群芳競艷」、「群山萬壑」、「遍讀群經」等。

肆、假借義

假借義顧名思義便知道是指某一個字被借去代表另一件事物或當作另一個字使用。前者稱為無本字的假借；後者稱為有本字的假借。無本字的假借，其作用在「以音表義」；有本字的假借即所謂「同音通假」。茲分項舉例說明如下：

一、無本字的假借──以音表義

這一項是指某一個字原來就有一個本義，卻又被借去代表某一事物，因為該事物在語詞上有一個音，卻無文字，於是便假借這一個和該語詞的音相同的字來使用。換言之，即某字原來就有一個本義甲，卻又被借去代表另一事物，因而便多出了一個假借義乙。無本字的假借便是在這一種情況下產生的。如：

《說文》云：「來，周所受瑞麥來麰也……以爲行來之來。」這是說來字的本義是麥子，但是往來的來在語詞上只有音ㄌㄞˊ，卻無文字，於是便假借麥子的來字去使用，因為

麥子的來，音也讀爲ㄌㄞˊ。像這樣本義爲麥子的來便多出了一個假借義往來的來。又如：

說文云：「公，平分也。从八ㄙ（私）。」這是說公字的本義是將私人的東西平均分配給大家。但是封建時代的王朝將爵位分爲五等，第一等稱爲ㄍㄨㄥ爵，不過只有語詞的音，卻無文字，於是便假借平分的公字去使用，成爲「公、侯、伯、子、男」的公，因此公字便多出了一個假借義公爵的公來。其他如南方人稱祖父爲「阿公」，尊稱老人家爲「老公公」，媳婦俗稱丈夫的父親爲「公公」，太監也俗稱「公公」，今人暱稱丈夫爲「老公」以及雄性的動物也稱公，如公雞、公牛、公猴、公狗等，這些也都是公字的假借義。又如：

《說文》云：「西，鳥在巢上……以爲東西之西。」這是說西字的本義是鳥在巢中休息，但是太陽下去的方位，在語詞上音ㄒㄧ，卻無文字，於是假借字音也是ㄒㄧ的西字來使用，因此本義爲鳥在巢中休息的西字便多出了一個假借義表示方位東西的西來。又如：

《說文》云：「校，木囚也。从木交聲。」校字的本義是指拘禁犯人的囚器。但是傳播知識和技藝的教育機構，在語詞上音ㄒㄧㄠˋ，卻無文字，於是假借字音也是ㄒㄧㄠˋ的校字來用，因此本義爲囚器的校字便多出了一個假借義表示學校的校來。又如：

《說文》云：「能，熊屬，足似鹿。能獸堅中，故稱賢能；而彊壯稱能傑也。」這是說能字的本義是指熊類的野

獸，但是辦事幹練和身體健壯，在語詞上音ㄋㄥˊ，卻無文字，於是假借字音也是ㄋㄥˊ的能字來用，如賢能、能傑。因此本義為熊獸的能字便多出了一個假借義表示才能、能力的能來。

其他如朋字的本義是鳳鳥，假借為朋友的朋；烏字的本義是烏鴉，假借為感歎詞「烏乎」的烏；韋字的本義是兩足相背，假借為皮韋的韋；子的本義是幼兒，假借為子丑寅卯的子；每字的本義是草盛上出，假借為每天、每事的每；若字的本義是擇菜，假借為倘若的若；苟字的本義是一種草名，假借為苟且的苟；兆字的本義是分裂，假借為億兆的兆；牢字的本義是養牛馬的地方，假借為牢固的牢；止字的本義是足趾，借假為停止、禁止的止；自字的本義是鼻子，假借為自從、自由的自；舊字的本義是鵂鳥，假借為新舊的舊；焉字的本義是黃鳥，假借為語助詞「盡心焉耳矣」、疑問詞「人焉瘦哉」的焉；其字的本義是簸箕，假借為其人其事的其；昔字的本義是乾肉，假借為今昔、往昔的昔；頃字的本義是頭歪，假借為表示短時間──少頃，計算田地的面積──頃畝的頃；北字的本義是兩人相背，假借為方位南北的北；願字的本義是大頭，假借為志願的願；麗字的本義是旅行，假借為美麗的麗；所字的本義是伐木聲，假借為場所所等。以上這些都是屬於無本字的假借。

二、有本字的假借──同音通假

這一項是指某一事物原來已經有一個文字來表示它，但

是古人在書寫時，或因倉卒之間一時想不起來；或因書寫時的態度欠嚴謹，便用一個字音相同（或相近）的字代替原來的字，也就是文字學上所稱的「同音通假」。究其實際，也就是古人有意或無意之間的寫「別字」。同音通假的字，其實只是字音相同而已，字義是不同的。但是文字的應用含有約定俗成的因素存在，時間一久，常因積非成是，到後來竟變成假借字通行，本字反而不用了。如：

《說文》云：「挩，解也。从手兌聲。」「脫，消肉臞也。从肉兌聲。」可知挩字的本義是解開；脫字的本義是消瘦。由於二字同音，原本當寫作「攬裙挩履」，古人卻寫作「攬裙脫履」，這樣，脫字便多出一個假借義來。又如：

《說文》云：「溥，大也。从水專聲。」「普，日無色也。从日並聲。」可知溥字的本義是廣大；普字的本義是日無色。由於二字同音，原本當寫作「溥天之下」，古人卻寫作「普天之下」，這樣普字便多出一個假借義來。又如：

《說文》云：「佚，佚民也。从人失聲。」「逸，失也。从辵兔。兔謾訑善逃也。」可知佚字的本義是指隱士；逸字的本義是指兔子逃走。由於二字同音，原本當寫作「隱佚之士」，古人卻寫作「隱逸之士」，這樣逸字便多出一個假借義來。又如：

《說文》云：「攩，朋群也。从手黨聲。」「黨，不鮮也。从黑尚聲。」可知攩字的本義是朋群或朋攩；黨字的本義是不鮮。由於二字同音，原本當寫作「攩同伐異」，古人卻寫作「黨同伐異」，這樣黨字便多出一個假借義來。又

如：

　　《說文》云：「騷，摩馬也。从馬蚤聲。」「慅，動也。从心蚤聲。」可知騷字的本義是刷梳馬毛；慅字的本義是心動不安。由於二字同音，原本當寫作「外內慅擾」，古人卻寫作「外內騷擾」，這樣騷字便多出一個假借義來。

　　其他如渾字的本義是溷流聲，被假借爲惲厚的惲；敦字的本義是怒責，被假借爲惇厚的惇；詭字的本義是罵人，被假借爲恑詐的恑；美字的本義是指羊味甘，被假借爲媄色的媄；私字的本義是禾名，被假借爲自厶的厶；鮮字的本義是古代貉國出產的魚名，被假借爲新鱻的鱻；省字的本義是察視，被假借爲減婚的婚；淑字的本義是指水清湛，被假借爲賢俶的俶；稱字的本義是秤穀物的輕重，被假借爲俑揚的俑；讓字的本義是責備，被假借爲推攘的攘；奪字的本義是失去，被假借爲搶敓的敓；愛字的本義是行走貌，被借爲慈恧的恧等。以上這些都是屬於有本字的假借。

伍、比擬義

　　所謂比擬義是指一個字原來在表示某種特定之物，但是此物和另一物在某種特徵上有相似之處，於是便用原是表示此物之字去表示另一物。換言之，比擬義的產生是由以物擬物而來，因爲這樣可使文字的應用範圍更爲廣闊。如：

　　《說文》云：「肉，胾肉也。」又云：「胾，大臠肉也。」大臠肉原指鳥獸身上的肉。但是果實在皮和核之間可吃的部位，人們也稱爲肉，如桂圓肉、荔枝肉。用鳥獸的肉

去比擬果實在皮和核之間可吃的部位，即果肉，這便是肉字的比擬義。又如：

　　《說文》云：「心，人心也。」心字原指人的心臟，引申爲動物的心臟，其特徵是存在人和動物體內最重要的部位，因此用以比擬物體內部最重要的部位，如菜心、核心、軸心等。這便是心字的比擬義。又如：

　　《說文》云：「口，人所以言、食也。」口字原指人的嘴，引伸爲動物的嘴，其特徵是可將食物吞進或吐出，因此用以比擬可供進出的地方，如門口、洞口、港口等。這便是口字的比擬義。又如：

　　《說文》云：「頂，顛也。」頂字原指人頭最上端的部位，其特徵是人體最高之處，因此用以比擬物體最高之處，如山頂、屋頂、塔頂等。又如：

　　《說文》云：「角，獸角也。」獸角的形狀，其特徵是下寬上細而呈尖形，因此用以比擬物體尖形的部位，如房角、桌角、被角等。這是角字的比擬義。

　　其他如人首的頭字用以比擬爲「山頭」、「饅頭」；人之聽覺器官的耳字用以比擬爲「鼎耳」、「木耳」；人牙的齒字用以比擬爲「齒輪」、「鋸齒」；表示人體中供血液流通之管道的筋脈二字，筋字用以比擬爲「鋼筋」、「橡皮筋」，脈字用以比擬爲「山脈」、「地脈」；人身的身字用以比擬爲「車身」、「船身」；人之肢體的腳字用以比擬爲「床腳」、「椅腳」；表示人脂肪多的肥字比擬爲「肥料」、「水肥」；牲畜的牛字比擬爲「蝸牛」、「鐵牛」；

馬字比擬爲「河馬」、「木馬」（又稱鞍馬，一種體操器具）；用以打人或驅趕牲口用的一種器具——鞭字比擬爲「鹿鞭」、「虎鞭」；表示草木族群的種字比擬爲「人種」、「馬種」；表示樹木主體的幹字比擬爲「軀幹」、「骨幹」；表示植物部位的莖字比擬爲「陰莖」；竹筍的筍字比擬爲「石筍」；稻米的米字比擬爲「蝦米」；衣帶的帶字比擬爲「海帶」；田地的田字比擬爲「心田」；花園或果園的園字比擬爲「戲園」；家庭的家字比擬爲「酒家」等。

陸、結　語

我國文字字義的演化主要有上述幾種現象，但是每一個字，其字義的演化不一定是本義、引申義、假借義、比擬義四種都齊全的。有的字義只包含其中的兩種或三種，主要是看人們如何去使用它而定。字義的使用範圍愈廣，它所衍生的意義自然就愈多，如足字本義爲人足，引申爲動物之足，假借爲滿足之足，比擬爲桌椅之足。又如道字本義爲道路，引申爲道理之道，假借爲說話之道，比擬爲航道（飛機飛行的航線）之道。像這種例子是字義的演化比較齊全的。有的字義限於人們的使用，除了本義之外，可能只有引申義或只有假借義等。愈能夠明白字義的演化現象，便愈能夠駕馭文字，在讀書或寫作上更能得心應手，中國文字的優越性由此可見一斑。

參考資料

(1)《漢字說略》　詹鄞鑫著　洪葉出版社

(2)《中國訓話學概論》　林　尹著　正中書局

(3)《文字學纂要》　蔣伯潛著　正中書局

(4)《中國文字學通論》　謝雲飛著　學生書局

(5)《漢語詞匯與華夏文化》　楊　琳著　語文出版社

(6)《漢語字源學》　謝光輝編　北京大學出版社

(7)《數裡乾坤》　張德鑫著　北京大學出版社

(8)《漢字王國》　林西莉著　山東出版社

(9)《漢語詞義學》　蘇新春著　廣東教育出版社

(10)《中國的語言和文字》　高本漢著　牛津大學出版社

(11)《中國文化語言學》　申小龍著　吉林教育出版社

(12)《中國字例》　高鴻縉著　三民書局

(13)《說文解字與漢字學》　王　寧著　河南人民出版社

(14)《說文解字的文化解說》　臧克和著　湖北人民出版社

(15)《說文解字與中國古代文化》　謝棟元著　河南人民出版社

(16)《語言與文化》　羅常培著　語文出版社

(17)《文字形義與概論》　高　亨著　齊魯出版社

(18)《同源字典》　王　力著　商務印書館

(19)《字源》　約　齋著　上海人民出版社

(20)《中國文字學》　唐　蘭著　開明書局

中國文字內所蘊含的古代思想和制度

壹、前 言

　　中國文字的特質是獨體單音，其結構是由象形、指事、會意、形聲、轉注、假借六種方法產生的。構成漢字的三個條件是字形、字音、字義。象形、指事、會意一類的字因爲本身不具聲符，所以僅能就字形以探本義；形聲字因爲本身具有聲符，所以還可以就字體以明字音。總之，從一個字的形體本身就可以探討出它的意義和讀音，這是漢字的最大特色。不僅如此，象形文字因爲是根據具體實象的物體，用簡明扼要的筆畫把它表示出來，所謂「畫成其物，隨體詰詘」，所以從這些字形中就可以窺探出它所代表的實物的形狀。從指事、會意、形聲等文字中，還可就其結構而分析出一個字所代表的思想和制度。研究文字的形、音、義是研究文字學的奠基工作，從文字的結構去探討古代的思想和制度是研究文字學的深入階段。茲分思想和制度各舉數條以做爲示範，深盼能舉一反三，從說文解字和卜辭、彝銘中去搜集更多的資料，把這一方面的工作做得更爲徹底和更詳細，這樣在研究文字學方面才會有豐富的心得，和深刻的體認。

貳、從文字以探討古代的思想

一、大　天大地大，人亦大焉，象人形。

大字從甲骨文、鐘鼎文一直到小篆，它的字形只是表示一個人正面站立的形狀。許慎的解釋是引用《老子》的道理來說明的。因為《老子》說：「人法地，地法天，天法道。」又說「道大，天大，地大」根據這兩句話的推論，人當然也是「大」的。由此可知在古人的觀念中，人類的偉大是僅次於道和天地而凌駕萬物之上的。所以許慎解釋「人」字的時候，又說「天地之性，最貴者也。」這和《尚書・泰誓篇》所說的「惟人，萬物之靈」的意義是一樣的。因為人是萬物之靈，所以《禮記・中庸篇》說，至誠的人，「可以參天地之化育」；《荀子・天論篇》也說「天有其時，地有其財，人有其治，夫是之謂能。」由此可知古人認為萬物之靈的偉大人類應當開發自然，利用萬物以建立一個完美的理想世界。這或許就是儒家人本思想的發端。

二、父　巨也，家長率教者，从又舉杖。

　　這個小篆寫成楷書就是父親的「父」字。「巨」是「矩」的假借字，意思說父親是全家人的規矩，全家人的言都要以父親做榜樣。所以接下說是一家之中具有率領和教導全家人的身份和責任的人。不過這個字的結構，許慎的解釋有點錯誤，不是「从又舉杖」，而是「从又舉主」，又是本義是右手，主的本義是火焰，本來是寫成乀這樣的。「从又舉主」的意思是說父親應當引導全家的人走向光明正大的道路。這和「㝉」字的「从宀，从又，从火」（許慎解釋為「从又冗」是錯誤的），表示老人家應當指引後輩走向光明的道理是一樣的。孔子說「父父」（父親要像個父親的樣子）；孟子說「父慈」；後世說「父嚴」，在以父權為中心的社會裏，我們從「父」字的形體上，的確可以窺探出當父親的人，在他的家中是有他的職責和權威的。

三、𠑹　**長也，从儿从口。**

兄是一家之中地位僅次於父母的成員，「从口」表示他可以代替父母教導和訓責弟妹。所謂「兄友弟恭」弟妹對兄長總是要恭敬的，此即所謂「悌」。還有古代以男性為中心的社會，一個女人必須遵守「三從」之德，所謂三從是「在家從父，出外從夫，夫死從子」，這個「子」字，大部份都指「長子」而言，因為一家之中，除父母之外，長子的責任最為重大，兄弟从口是有它深刻的意義在的。

四、服也，从女，持帚灑掃也。

在以男性為中心的社會，男女的職責之別是「男人主外，女人主內」。《說文》解釋男字說「丈夫也，从田力，言男子力於田也。」男人既然必須到田地去努力工作。婦人當然要在家裏侍候家人，從事灑水掃地，烹飪洗衣一類的事情了。由此可知婦女是安定家裏的力量。所以說文解釋「安」字說：「靜也，从宀女。」意謂家中有了婦女，這個家才會平靜。否則，家中沒有了女人，這個家就會亂，所以說文解釋「妄」字說：「亂也，从女亡聲。」可見古人仍然重視女人對家中的貢獻和影響力。

五、安也。从宀，心在皿上。皿，人之食飲器，所以安人也。

人的生活總是求安盜的，安盜的條件在基本物質需要的獲得滿足。有房子可住，有食物可供飲食，一個人的心自然會有安全的感覺。所以盜字由宀（房子）、皿（裝食物的器具）心三個文結合而成，表示了內心的安定。古人說「倉廩

食而後知禮節，衣食足而後知榮辱」的道理，從這個窓字也可以得到印證。

六、卜　灼剝龜也，龜灸龜之形。一曰象龜兆之縱衡也。

人類對於過去的事情有歷史記載可以查考；於現在的事情，有耳目可以聽視；對於未來的事情卻毫無憑據可以把握。於是古人想出了燒烏龜殼以顯現裂紋，再從裂紋的痕跡以判斷吉凶的方式去預測未來的事情。這種燒烏龜殼以卜問吉凶禍福的舉措在殷代最為盛行。殷墟甲骨片上的卜辭正是這種活動的產品，所以「卜」字正表示著烏龜殼上裂紋縱橫的形狀。這種行為雖然神秘到令人不可思議，但是卻顯示了人類渴求預知未來的事情是古今人情，相去不遠的。

七、祭　祭祀也。从示，以手持肉。

在古人的觀念裏，萬物的源頭是天，人的根本是祖先，也就是《禮記‧郊特牲篇》所說的「人本乎祖；萬物本乎天。」祖先死後成了鬼神，所以天地山川、祖先神靈成了人

類飲水思源，祈求福祚，或是愼終追遠，感恩圖報的祭拜對象。古人運用了人類社會的生活方式去推測天地鬼神的生活方式，所謂「資於事生以事死；資於事人以事神。」以人類生活最重要的事是吃，天地鬼神應當也不例外，所以祭祀的時候就準備著肉類去供奉鬼神。所以「祭」字便由又（右手）、肉和示（神明）三個文結會而成。又如許愼解釋祭祀時用以盛祭品的器皿的「𧰨」（即後來寫作登，又寫作豋）字，說「禮器也。从𠁥持肉在豆上。」這也證明古人祭祀時是必須用肉的，所謂「犧牲」、「太牢」、「少牢」等都是祭祀時的牲畜的肉。

八、𧰨　平分也。从八厶。八猶背也。韓非曰：背厶為公。

公

　公字的意思是平均分配，沒有人特別多或特別少，這樣才可以避免「不平則鳴」的爭執。「从八厶」是說把私人佔用的財物拿來大家分，不可私自據為己有。《韓非子・五蠹篇》說：「倉頡之造字也，自營為厶，背厶為公。」自營是只為自己設想打算，不顧別人死活，這當然是自私的行為，把自私的念頭和行為打破，才可以達到「天下為公」的理想。由此可知古人的社會觀念是注重平均分配的。又《說文》解釋「則」字說，「則，等畫物也，从刀貝。貝，古之

物貨也。」等畫物的意思是等量畫分財，物也是公平的道理，從刀表示分配，從貝表示指財物而言。公和則兩字所包含的意義是相同的，都是表示公平和均等。

九、或　邦也，從口，戈以守其一。一，地也。

或字的原始意義是邦國。它是由口（即圍字），戈和──三個文結合而成的。從口表示邦國的版圖要有一定的範圍；從戈表示邦國要有武力加以防守，纔能夠不受外力的侵犯和佔領；從一表示邦國要有領土，因為有領土才會有人口，有人口才會開發財富。由此可以證明古人認為構成邦國的條件是土地疆域、武力三者缺一不可的。但是武力的作用不是去征討人家，而是保衛國防和阻止侵略，《說文》解釋武字是「止戈為武」，意謂防止兵戈的發生才是武字的眞諦。這也可以證明古人具有崇高的和平思想，非到萬不得已是不輕易動干戈的。

十、灋　刑也。平之如水，從水。廌所以觸不直者去之。從廌去。

　　灋（後作法）律的目的是在懲治惡徒以保障善良，所以說「刑也」，《說文》解釋「刑」字說：「罰罪也」，意謂懲罰那些爲非作歹的罪人。灋字从水，是表示灋律的精神在維持平等，所謂「王子犯法與民同罪；法律之前，人人平等。」世上最平的東西莫過於靜止的水平面，因此古人造灋字時，用水旁來表示法律的精神。廌，傳說是古代的一種神奇的獸類，又稱作「獬豸」，據說牠的鼻樑上長了一個肉角，古時大一點的衙門裏都養有一隻，每當政府官員對嫌疑犯或訴訟的兩曹無法斷是非時，便令人將獬豸牽到嫌疑犯或原告、被告等人的面前，凡是被獬豸用鼻上的肉角碰觸到的那人便是有罪。因爲獬豸是一種神獸，能夠知道人們的是非善惡。所以，从廌是表示法律的功能。从去是表示法律的權威，即對那些作姦犯科的人繩之於法，而逐出人類的社會之外，如《尙書‧堯典》所說的「流宥五刑」、「流共工于幽洲，放驩兜于崇山，竄三苗于三危，殛鯀于羽山」，正是這個道理。由此可知古人爲了維護社的安寧，對於那些爲非作歹的人，是多麼地深惡痛絕。

參、從文字以探討古代的法制

一、祝　祭主贊詞者，从示，从人口；一曰从兌省。易曰兌爲口爲巫。

　　祝是古代掌管有關天神一類事情的官員。周禮裏面分爲太祝和少祝兩種。根據他們的職司又可分爲司祀之祝和司曆之祝兩種。司祀之祝是溝通天人之間的意念，把人類的思想傳達給天神知道的官員。司曆之祝是揣摩天道的運行法則而應用於人類社會的官員。許愼解釋「祝」的字義是偏重「司祀之祝」而言的。司祀之祝在祭祀的過程中掌管誦讀祭文和主持儀式的進行是整個祭祝活動的靈魂人物。他的任務是把人的意思傳達給神，所以从示。「从人口」應當更正爲「从兄」，因爲《說文》「兄，長也」，祝既是祭祝儀式中地位最崇高的人物，从兄，正可以顯示他的身份和地位。至於「一曰」以下的文詞，說法有錯誤，茲不具論。

二、**史**　記事者也，从又持中，中，正也。

史是古代君王所設，用以記載君王的言行和國家大事的官員。《禮記‧玉藻》說：「動則左書之，言則右史書之」，《漢書‧藝文志》說：「左史記言，右史記事；事爲春秋，言爲尙書」說法雖然有出入，但是以史爲記載君國之言論和行事的官員則無疑義，所以許愼說「記事者也」，記事一詞實際上包含了記言。用「从又持中，中，正也」以解釋史字的結構，雖然段玉裁勉強注解爲「君舉必書，良史書法不隱」，但許愼的說解畢竟不是「史」字的原始結構。史

字甲骨文寫作![字形]，鐘鼎文寫作![字形]，甲骨文是表示人用手拿著筆筒；鐘鼎文是表示用手拿著筆，都是在記事或記言。演變到小篆時寫成![字形]，上體像個「中」字，所以許慎才曲解爲「从又持中」，顯然是望形生訓。史官的職務越分越細，所以周禮有大史、小史、左史、右史、內史、外史等官職。而六經中的詩、書、春秋等，也是史官所職司的文獻。

三、![耕字形]　耦也，从耒井，古者井田，故从井。

耕是把田地裏的泥土挖鬆，以便播種稻麥等五穀，所以說是「耦」也，耦是俗寫的「犁」的本字，它的字體的結構是「从牛刀，从黍」意思是用牛拖著金屬做成的利器，把田土挖鬆以便種植黍稷一類的農作物，字義和「耕」完全一樣，所以說文又說：「耦，耕也。」耕字的結構从耒，因爲耒是「耕曲木也」，是把木頭的下端削成彎曲的形狀，以便於把田土挖鬆。另一部份从田是因爲古代曾經實行過井田制度，井田制度根據《孟子・滕文公篇》的記述是「方井而田，井九百畝，其中爲公田，八家皆私百畝；同養公田。公事畢然後敢治私事。」所以《詩經・小雅・甫田篇》說：「雨我公田，遂及我私。」《管子・乘馬篇》也說：「正月，令農始作服於公田，農耕，及雪釋，耕始焉，芸卒焉。」可見井田制度在周代是推行過一段相當的時間，「耕」字是在井田制之後所造的文字。

四、刵　斷耳也，从刀耳。

刵字从刀耳，表示用刀把人的耳朵切斷，這是古代刑罰的一種；它構字的意義和「取」字相同，《說文》「取，捕取也，从又耳。《周禮》：獲者取左耳。《司馬法》曰：載獻馘，馘者耳也。」又《說文》解釋馘字說：「馘，軍戰耳也。《春秋傳》曰：以爲俘馘。从耳或聲。」由此可知「刵」是周代五刑之一，《尚書・呂刑篇》說：「惟作五虐之刑曰法，殺戮無辜。爰始淫爲劓、刵、椓、黥。」刵正是其中的一種刑罰。「取」和「馘」則是處置敵軍的刑罰，所以《說文》解釋「聝」字說：「聝，軍法以耳貫耳也，从耳矢。司馬法曰：小罪聭之，中罪刵之，大罪剄之。」這些刑罰無一不是肉刑，可見古代的法制是多麼的嚴酷。

五、妾　有罪女子給事之，得接於君者，从辛女。春秋傳曰：女煞人妾，妾，不娉也。

妾字的結構从辛女，《說文》：「辛，罪也。」可見有罪的女子，在古代得到官府裏去執行奴婢的工作以抵罪，《史記・扁鵲倉公列傳》記述緹縈上書給漢文帝說：「妾願

入身為官婢，以贖父刑罪」這是女兒代父贖罪到官府當奴婢
的例子。至於女子本人犯罪到官府去執行役隸的工作，從
「奴」和「婢」字也可以得到證明。《說文》：「婢，女之
卑者也。从女卑，卑亦聲。」「奴，奴婢皆古罪人，《周
禮》曰：其奴，男子入于罪隸；女子入于舂槀，从女又。」
又《左傳・襄公二十三年》：「斐豹，隸也，著於丹書」杜
預注：「犯罪者，沒為官奴，故以丹書著其名也。」鄭司農
《周禮解詁》說：「今之奴婢，古之罪人，故書曰：予則孥
戮汝」《三國志・毛玠傳》注引用漢律說：「罪人妻女，沒
為奴婢。」這些官制，從姜字的形體結構也可以得到證明。

六、邑 　國也，从口。先王之制，尊卑有大小，从
卪。

　　邑和國都是天子分封給諸侯的封地，根據《左傳》的記
載，諸侯和諸侯之間，稱別人的封地，叫「大國」，稱自己
的封地叫「敝邑」，所以說文說：「邑，國也。」从口，表
示每一個邑都有它的範圍，彼此的境域不相逾越。古時的封
邑和爵位的高低有密切的關係，《孟子・萬章篇》說「公侯
皆方百里，伯七十里，子男五十里。」如果封邑超過了一定
的界限便是僭越，所以《左傳・隱公元年》記載鄭國大夫祭
仲的話說：「都城過百雉，國之害也。先王之制：大都不過

參國之一，中五之一，小九之一」從都城的大小也可以看出邑的大小和爵位的尊卑成正比。所以邑字从卩（節）以構字，正充分表示出「先王之制，尊卑有大小」之義。

七、閏 餘分之月，五歲再閏也。告朔之禮，天子居宗廟，閏月居門中，从王在門中。周禮，閏月王居門中，終月也。

我國古代的曆法採用太陰曆，即以月亮環繞地球一周為一月，大月有三十日，小月有廿九日。全年約三百五十五日左右。而日躔（即地球環繞太陽公轉）一周為一歲的太陽曆全年為三百六十五又四分之一日。二者一年相差約十日左右，累積三年相差約一個月，所以太陰曆每三年要多置一個閏月，五年要置兩個閏月。這樣才能和太陽曆的算法相切合，否則春夏秋冬四季的時間便會發生錯雜殽亂的現象。三代以前，曆法的步推方法尚不太精密，閏月大都置於歲末，所以卜辭常有十三月或十四月的記載。這些閏月便稱之為終月。

又古代的禮制，每月的「朔」日，例由君王在宗廟中詔告於臣下，然後公佈於天下各地，稱為「告朔」，因為這是一種重要的禮節，要上犧牲祭祀宗廟鬼神的。所以《論語·八佾篇》記載子貢欲去告朔之餼羊，孔子說：「賜也，爾愛其羊，我愛其禮。」因為一年有十二個月，古人便用子丑寅卯辰巳午未申酉戌亥十二個地支來代表十二個月份。於是君王的宗廟，告朔的地方便劃分有十二地支所代表的十二個位

置，夏代寅正、殷代丑正、周代子正，君王按月站在規定的位置上告朔。閏月，因爲一年中，宗廟裏原有的十二個位置都站過了，所以站在宗廟的門中告朔。古人造字時，閏字從門從王會意，正表示了上述的情形。由閏字的結構也可以看出古代禮的一斑。

八、班　分瑞玉，从珏刀。

班　班　班　班　班

上古的制度，天子必頒授代表地位階級的信物給他的臣下，所以《尙書・堯典》有「班瑞于群后」的記載。這種信物大部份都是用刀切成的各種玉塊，稱之爲「瑞玉」，分爲圭和璧兩種。圭的形狀上圓下方；璧的形狀是圓形而中間有孔，是爾雅釋器所稱的「肉信好」狀。《周禮・典瑞》稱「公執桓圭九寸；侯執信圭，伯執躬圭，皆七寸；子執穀璧，男執蒲璧皆五寸，以封諸侯。」古代這些圭和璧都是用刀把玉塊裁成的，所以班字，從珏刀會意，珏也是玉。或許有人會問：「玉質那麼堅硬易碎，世上果眞有切玉刀嗎？」據後人所輯的魏文帝《典論》說：「余少時不信昆吾有切玉刀，其後果見之。」由此可證古代是有切玉刀的。從班字的結構也可以考知古代官制的一斑。

九、卪　瑞信也。守邦國者用玉卪，守都鄙者用角卪，使山邦者用虎卪，土邦者用人卪，澤邦者用

龍卩、門關者用符卩，貨賄用璽卩，道路用旌卩。象相合之形。

古時天子頒授給臣下的信物有冊有卩，所以《說文》說：「冊，符命也，諸侯進受於王者也。」卩本指瑞玉一類的信物，其後凡不是瑞玉所製的信物也可以稱爲卩，因爲臣子的階級和職務各有不同，爲了以示區別，所製卩的質料和卩上的圖案也各有不同。《說文》「守邦國者用玉卩」到「道路用旌卩」八句是引用《周禮・大宗伯・掌節》的記載，正說明了上述的現象。《說文》解釋卩字的結構是「象相合之形」，這種解釋有點錯誤。因爲卩本分爲正副兩半，一半藏在朝廷，一半由官員帶在身邊去上任，必要時可以把正副兩半合起來以對照驗證。卩字只是象徵其中一半的形狀，卯字才是象相合之形。所以說文說「卯，事之制也，从卩﹅。」由此也可知古代政府法制的一端。（附注：卩字後來的俗體字寫成節）

十、**鞫**　窮治罪人也。从卒人言，竹聲。

鞫字後來的俗體字寫成鞫。它的字義是審訊罪人，根據罪人的供詞以調查實際的狀況。从卒表示罪人，从人表示官吏，从言表示書寫犯人罪犯的文。竹聲除了表示整個字的讀音外，另一個含義是犯人吐辭不實，官吏可以用竹杖鞭笞之。從整個字的結構可以推測出古代衙門裏審訊罪人的狀

況。這個字的構造原理和「辟」字很相近，說文：「**辟**，法
也。从卩辛，節制其罪也。从口，用法者也。」辟是國家的
法令，用以節制人們的犯罪，从辛，辛也是罪的意思。從口
表示執法者的申令和訊問之意。從籬和辟二字也可以考知古
代理官執法之一斑。

　　以上各舉十例，不過是說文中的千百分之一而已。意在
拋磚引玉，聊供對文字學有興趣者作一種示範而已。倘能好
學深思，舉一反三，則中國文字的研究天地，眞是海闊天
空，取用不盡，有待鑽研的學問正多著呢。

參考資料

(1)《說文稽古篇》　程樹德著　商務印書館
(2)《說文解字通論》　陸宗達著　北京出版社
(3)《說文解字研究法》　馬敍倫著　中國書店
(4)《漢字說論》　詹鄞鑫著　洪葉出版社
(5)《說文解與中國古代文化》　王　寧著　遼寧人民出版社
(6)《說文與中國古代科技》　王　平著　廣西教育出版社
(7)《甲骨文與商代文化》　趙　誠著　遼寧人民出版社
(8)《夏商社會生活》　朱鎮豪著　古籍出版社
(9)《中國禮俗縱橫談》　李萬鵬著　山東教育出版社
(10)《中國傳統文化精華》　裘仁林著　復旦大學出版社
(11)《中國漢字文化大觀》　何九盈著　北京大學出版社
(12)《中國傳統文化和語言》　湯錫倫著　上海教育出版社
(13)《中國文化的奧祕》　馮天瑜著　湖北人民出版社

⑭《中國文化演進史觀》　陳安仁著　上海書店

⑮《中華文化史》　周積明著　桂冠出版社

⑯《漢字王國》　林西莉著　山東出版社

⑰《中國文字論叢》　侯傳勛著　國立編譯館

⑱《說文解字引經考》　馬宗霍著　學生書局

⑲《中國文化概論》　文克立著　北京師大出版社

⑳《中國文化簡史》　馮天瑜著　上海人民出版社

㉑《中國文化之路》　陳伯海著　上海文藝出版社

㉒《中國古代科技史》　劉洪濤著　南開大學出版社

㉓《中國古代文化史》　許樹安著　北京大學出版社

㉔《中國神話傳說詞典》　袁　珂編　上海辭書出版社

㉕《歷史悠久的農業文明》　馬　義著　遼寧出版社

中國文字中所顯示的古代祭祀

壹、諸　言

　　中華民族是一個歷史悠久，文化深邃的民族。其文化中的特色之一就是重視祭祀。所謂「國之大事，在祀與戎。」①在古代的社會裏，祭祀竟然被視為和戰爭同樣的重要，是國家的兩件大事。

　　祭祀的作用；一在祈福，即祈求神靈賜給人們風調雨順，國泰民安的年歲。一在感恩；即感念神靈賜給人們豐衣足食，安居樂業的生活。一在念祖；即表示人們對自己的祖先流露著慎終追遠，飲水思源的心境。至於祭祀後的團聚飲宴，如《詩經》所謂「朋酒斯饗，曰殺羔羊，躋彼公堂，稱彼兕觥。」②更是一種敦親睦鄰，增進人際關係的最佳交誼活動。

　　有關祭祀的各種情況，我國先秦古籍和歷代史志都有詳細的記載。本文只是嘗試著從我國文字的結構這一個角度，以探討我國古代祭祀情況的一斑。

　　由於說文解字一書中所纂輯的資料，凡是和祭祀有關的文字，以形聲字居多，故本文對形聲字的特色必須稍加敘述。

貳、形聲字的特色

　　形聲字是我國文字結構中最進步的一種。其結構方式是由一部份形符和一部份聲符結合而成。形符表示該字所指之事物的類別；聲符表示該字的讀音。說文解字所謂「以事為名，取譬相成。」③即指此而言。如「蓮」字，「艸」是形符，表示蓮屬植物中的草本類；「連」是聲符，表示「蓮」字的讀音。又如「鯉」字，「魚」是形符，表示鯉屬動物中的魚類；「里」是聲符，表示「鯉」字的讀音。

　　但是，形聲字的特色在其聲符除了表示該字的讀音以外，同時也表示了它本來所具有的字義。

　　如「戔」字有剪裁分裂的意思④，東西經過剪裁之後，其中的部份一定比原來的整體小，所以「戔」字引伸有「小」的意思。因此，凡是用「戔」字作聲符的字，多含有小、少、輕薄的意思。如：戔和水構成「淺」字，表示水少；戔和系構成「綫」字，表示被搓成很小的絲縷；戔和木構成「棧」字，表示用木材搭建而成的小棚；戔和竹構成「箋」字，表示書寫文字，夾在簡冊之間用以注解正文的小木片；戔和金構成「錢」字，表示可用以購物，形體又經又薄的小銅板；戔和貝構成「賤」字，表示價值低微的事物。在上述淺、綫、棧、箋、錢、賤諸字之中，「戔」字不但代表它們的讀音，同時也表示了「小」或「少」的意思。

　　其他如「句（即勾）」是彎曲的意思，故凡用「句」字作聲符的字，如：拘、笱、鉤、跔、痀、軥等都含有彎曲的

意思。又如「侖」字是條理的意思⑤，故凡用「侖」字作聲符的字，如：淪、綸、崙、倫、論、掄等都含有條理的意思。這種形聲字的聲符，除了表示字音，同時兼表示字義的道理，文字學上稱爲「形聲字兼會意」。但是也有一些例外的現象，如以下的四種情況，則形聲字的聲符不兼會意⑥。

一、聲符只是形容某種聲音時，便不兼會意

如：玲、瑲、琤、玎等字，說文皆釋爲「玉聲」，令、倉、爭、丁等聲符只是形容玉所發出的各種聲音，自然不兼會意。又如：鍠、鎗鎯、錚等字，說文皆釋爲「金聲」，皇、倉、恩、爭等聲符只是形容金屬品所發出的各種聲音，也不兼會意。浯、濞、㵞、渹等字，說文皆釋爲「水聲」，昏、鼻、爵、翁等聲符只是形容水所發出的各種聲音，也不兼會意

二、聲符只是純粹在注音時，便不兼會意

如：鵲的聲符昔、羶的聲符亶、箇的聲符固、穗的聲符惠、䩨的聲符犮、膢的聲符婁、蹠的聲符庶、盱的聲符于、騊駼的聲符匋余、鮑魵的聲符免分、鱒鰱的聲符虜妾等，它們的作用只在注音，所以不兼會意。

三、聲符只是記錄方國的名稱，便不兼會意

如：邾的聲符朱、邡的聲符共、邘的聲符余、邵的聲符呂、鄦的聲符無、郜的聲符若等，它們的作用只在記錄上述

各國的名稱，所以不兼會意。

四、聲符原為另一個字的假借，便不兼會意

如：頒的聲符分，原為君字的假借，即頒字原當作願字；鞅的聲符央，原為亢字的假借，即鞅字原當作軏字；諼的聲符爰，原為幻字的假借，即諼字原當作訆；冕的聲符免，原為面字的假借，即冕字原當作晜字；序的聲符予，原為甲字的假借，即序字原當作庿字；醨的聲符离，原為劣字的假借，即醨字原當作酚字等。這些聲符原來都是另一個字的假借，所以不兼會意。

明白上述這一個道理，再從文字的結構以探討古代的祭祀，那就更為簡易而明確。

參、從文字的結構以探討古代的祭祀

說文中記述有關祭祀的文字，大部份輯錄在示部，而且大多數皆為以示字為形符的形聲字。《說文》釋「示」字的本義云：「天垂象，現吉凶，所以示人也。」釋其結構云：「从二（上），三垂：日、月、星也。觀乎天文，以察時變，示神事也。」示字的形義既是天神垂示星相給人類，預兆著人類的吉凶禍福；而祭祀又是溝通人神之關係的主要儀式和管道，故先民造字，將有關祭祀的文字，用以示字為形符的形聲字來表示，這是極為恰切合理的。

《說文》示部所收的篆文共有六十三個，其中除了少數幾個和祭祀無關，少數幾個為指事字或會意字外，其餘的都

是和祭祀有關的形聲字，而且有大部份是屬於聲符兼會意的形聲字。倘若將示部中和祭祀有關的文字加以分析歸納，大約可區分為四類，即㈠祭祀的對象。㈡祭祀的目的。㈢祭祀的方式。㈣祭祀的結果。但是由於說文在說解這些文字的形、義時，有的地方說解得不夠明確，故有些文字既可歸入祭祀的對象類，也可歸入祭祀的方式類，有的既可歸入祭祀的目的類，也可歸入祭祀的結果類。前人為了難以作嚴格的區分，常用「祭名」一詞加以概括。本文則不擬如此籠統，故以下茲先大略逐類逐字加以敘述，對於較難區分的字，則另加說明。

一、祭祀的對象

⑴**神**　《說文》云：「神、天神引出萬物者也。从示申聲。」神既是引發而滋生萬物的主體，當然是人們所要祭祀的對象。聲符「申」字，形、義為電光屈耀之形⑦，引伸有舒張開展之義，故神字正顯示著造物主以光以氣，開發萬物。此字聲符兼義。

⑵**祇**　《說文》云：「祇，地祇提出萬物者也。从示氏聲。」神是發自天空的能量，如日光、雲雨；祇是發自地中的能量，如土壤、養分，彼此各有專司，都是生長萬物的主體，故古人將神、祇並稱，所謂「禱爾于上下神祇。」⑧聲符「氏」字，形、義為「山岸脅之堆旁著欲落墮者。」⑨顯示祇字和地理的密切關係。此字聲符兼義。

⑶**祖**　《說文》云：「祖，始廟也。从示且聲。」始廟

即奉祀先祖的廟宇，故祖字引伸爲人們的祖先，後世子孫自當定時致祭。聲符「且」字，說文釋爲「所以荐也。」證之卜辭，當作「神主」（即書寫祖先姓名或生卒年月日等的牌位）爲妥⑩。始廟中供奉祖先神主，是要讓子孫致祭。故古書云：「受終于文祖。」⑪此字聲符兼義。

(4)**社**　《說文》云：「社，地主也。从示土。」所謂地主，又稱后土，即掌管土地的神。相傳是堯、舜的臣下共工的兒子所變成的⑫，這自屬傳說，不可遽信。土地神是人們應當祭祀的，故古書云：「擇元日，命民社。」⑬古時立社神，必在社廟旁邊種樹，作爲標幟，故春秋時，魯哀公問社於宰我，宰我答云：「夏后氏以松，殷人以柏，周人以栗。」⑭社神只是掌管某一方土地的神，地位和職司比之於祇，自有小大的分別。由於社神是人們祭祀的對象，故古代有「左祖右社」的設置。⑮此字的結構，說文段注本釋爲「从示土」會意，小徐本則作「从示土聲」，爲一形聲字，當以小徐本爲是，則仍爲聲符兼義。

(5)**祏**　《說文》云：「祏，宗廟主也。从示石聲。」這是用石碑作成神主，上刻祖先姓名，生年月日等，安置在宗廟中供人致祭，故爲人們祭祀的對象，不過字義偏重在「神主」，故和祖字有所區別。聲符「石」字表示此神主爲石頭作成。此字聲符兼義。

(6)**祂**　《說文》云：「祂，以豚祠司命。从示比聲。」此字的含義就祭祀的方式言，是以豚祠之；就祭祀的對象言，是司命。司命是一種小神，其職司在督察人們的過錯而

加以警告糾正，古代又稱爲文昌君，漢時大約用木頭雕刻成一尺二寸高的人形以表示之。行旅之人常將它放置在擔囊中，必要時取出致祭，一般人家大都建個小祠堂來供奉。聲符「比」字，本義爲「密」，⑯與祭祀無關，此字聲符只在注音，不兼會意。

(7) **禘**　《說文》云：「禘，禘祭也。从示帝聲。周禮曰：五歲一禘。」古代禘祭大約可分爲三類一是郊祭之禘，即祭祀天帝的禮儀，所謂「王者禘其祖之所自出，以其祖配之。」⑰這是君王既建立了祀始祖的廟，又追溯到始祖是來自天帝，故以禘祭奉祀天帝，祭祀的對象當然是天帝。一是殷祭之禘，即天子、諸侯宗廟中的大祭祀。三年舉行一次的稱祫，五年舉行一次的稱禘⑱。一是時祭之禘，即天子、諸侯在宗廟中四季祭祀的禮儀之一，在每年的夏季舉行。所謂「春曰礿、夏曰禘、秋曰嘗、冬曰烝。」⑲聲符「帝」字，義指天帝⑳。此字聲符兼義。但是帝的本義爲花蒂，作天帝或帝王解，爲無本字之用字假借。

(8) **禪**　《說文》云：「禪，祭天也。从示單聲。」古人認爲天是日月，萬物以及人類的本源，所謂「天秉陽，垂日月。」㉑「人本乎祖，萬物本乎天。」㉒「天生烝民，有物有則。」㉓天自然是人們所當祭祀的主要對象。古人祭祀的禮儀是封土爲壇，除地爲禪。因爲天高不可及，所以在泰山之上立封，又禪而祭之，以期接近天神。有《漢書·武帝紀》載元鼎二年「望見泰一，修天文禪」之事，可以證明。禪即禪的古字。聲符「單」字當爲「墠」的省體，此字聲符

兼義。

(9)**禡**　《說文》云：「禡，師行所止，恐有慢其神，下而祀之曰禡。从示馬聲。」這是古代行軍時，在停息之處祭神。所祭之神當是保護兵馬平安的神，故《禮記・王制篇》云：「禡於所徵之地。」注：「禡，師祭也，為兵禱。」聲符「馬」字，義指兵馬。此字聲符兼義。

(10)**祔**　《說文》云：「祔，後死者，合食於先祖。从示付聲。」這種受祭的對象是坿屬在先祖祠堂中的「後死者」，即新近而死的鬼魂。聲符付字當為「坿」之省，《說文》云：「坿，益也。」此字聲符兼義。

二、祭祀的目的

(1)**禮**　《說文》云：「禮，履也；所以事神致福也。從示從豊，豊亦聲。」禮字義指受祭的對象是神，祭祀的目的在求神賜福。聲符「豊」字，《說文》釋為「行禮之器」，即盛放禮品的器皿，表示以禮品祭神而祈福。此字聲符兼義。㉔

(2)**祈**　《說文》云：「祈，求福也。從示斤聲。」祈是向天福神明求得福氣，其方式必須透過祭祀，自屬祭祀的目的。所以《禮記・月令》云：「以共皇天上帝，名山大川，四方之神；以祠宗廟社稷之靈，以為民祈福。」聲符「斤」字，說文釋為斫木斧」，即砍柴用的小斧頭，義與祭祀或求福無關，純粹在注音而已。此字聲符不兼義。

(3)**禱**　《說文》云：「禱，告事求福也。從示壽聲。」

向神靈告事以求福，自屬祭祀的目的，故《淮南子‧泰族訓》云：「禱祠而求福。」聲符「壽」字，說文釋爲「久也」，但是禱字的本義並不是在求長壽，故此字聲符純粹在注音而已，不兼義。

⑷禦　《說文》云：「禦，祀也。從示御聲。」此字說文的解釋稍嫌簡略，《六書故》云：「禦，祀以禦沴也。」意謂祭神以防止沴氣爲害，故仍是祭祀的目的。聲符「御」字，《說文》釋「使馬也」，與禦字的本義無關，純粹在注音而已，此字聲符不兼義。

⑸禜　《說文》云：「禜，設綿蕝爲營，以禳風雨、雪霜、水旱、厲疫于日月星辰、山川也。從示，從營省聲。」禜祭的目的有二：一在祈求日月星辰的神靈，不要讓霜雪風雨下降的不合時宜；一在祈求山川的神靈爲人們除去水災、旱災、瘟疫等禍害。故《左昭元年傳》云：「山川之神，則水旱癘疾之災於是乎禜之；日月星辰之神，則雪霜風雨之不時，於是乎禜之。」禜也是古代太祝的主要祭祀之一。㉕它的方式是臨時圈地，用芳草捆紮，圍成祭祀的場所，再供以牛羊、圭璧竹寺祭品，以求神禍賜福。此字聲符爲營字省去一部份筆畫，含有場地的意思，故聲符兼義。

⑹禳　《說文》云：「禳，磔禳，除厲殃也。從示襄聲。」禳祭的目的是在去除厲鬼凶害等邪惡的事物，方式是磔殺雞鴨一類的牲畜，向四方的神靈求告，以除去災禍。這種祭祀也記載在《周禮‧天官‧女祝》章㉖和《春官‧雞人》章。㉗聲符「襄」字當爲「攘」字之省，說文釋攘爲

「推也」，引伸有避除的意思，故此字聲符兼義。

(7)禫　《說文》云：「禫，除服祭也。從示覃聲。」禫祭是喪家在守喪三年期滿，除去孝服的禮儀，目的在告祭其先考妣，表示喪禮已經完成，理當除去孝服。所謂守喪三年，東漢鄭玄認為三年是指二十五個月，三國王肅卻以是二十七個月。除了晉代的人尊重王肅的主張外，歷代都採用鄭玄的說法。㉘聲符「覃」字，說文釋為「長味也」，與除服祭無關，純粹在注音而已。此字義符不兼義。

(8)禖　《說文》云：「禖，祭也。從示某聲。」說文的解釋過於空泛，實際上，禖是古代天子求子的祭祀，目的在祈求子嗣，其後字義又演變為民間求子時所祭的神明。相傳古代高辛氏的妃子名叫簡狄，有一次吞食了燕子所產的卵，便生了契，契便是商朝的祖先。㉙故後代的人都在城郊建造高禖廟，供人們進去祈求子嗣以便傳宗接代。高禖廟中所供奉的神像正是一隻由泥塑或木雕而成的燕子。說文云：「燕者求子之候也」，㉚道理在此。聲符「某」字當為「媒」字之省。此字聲符兼義。

(9)祓　《說文》云：「祓，除惡祭也。從示犮聲。」祓祭的目的在除凶災以祈祥福，故《左僖六年傳》云：「武王親釋其縛，受其璧而祓之。」注：「祓，除凶之禮。」《左昭十八年傳》云：「祓禳於四方，振除火災，禮也。」聲符「犮」字，說文釋為「犬走貌」，與祓祭無關，純粹在注音而已。此字聲符不兼義。

(10)禂　《說文》云：「禂，禱牲馬祭也。從示周聲。」

禡祭的目的是在向神靈祈求讓馬匹無疾無疫，讓人們畋獵時多捕獲些牲畜。故《周禮・春官・典祝》云：「禡牲，禡馬。」注：「禡，禱也。爲馬禱無疾，爲田禱多獲禽牲。」聲符「周」字與禡祭無關，純粹在注音而已。此字聲符不兼義。

三、祭祀的方式

(1) **祭**　《說文》云：「祭，祭祀也。從示，以手持肉。」古代祭祀神靈或祖先，祭品中沒有牲畜的稱爲薦，有牲畜的稱爲祭。祭字是由示、又、肉三個文結合而成的會意字。表示人們在祭祀時獻上了牲畜的肉，如太牢、少牢、犧牷牲等以奉祀祖先或神靈。

(2) **禋**　《說文》云：「禋，潔祀也。一曰精意以享爲禋。從示堊聲。」禋祭的方式是將祭天的牲體和玉帛放置在木柴上，用火焚燒，使煙上升，表示告天，也可以說是一種煙祭。故《周禮・春官・大宗伯》云：「以禋祀祀昊天上帝。」注：「禋之言煙……燔燎而升煙，所以報陽也。」聲符「堊」字當爲「煙」字之省。此字聲符兼義。

(3) **柴**　《說文》云：「柴，燒柴尞祭天也。從示此聲。」柴祭的方式和煙祭頗類似，不過柴祭只是燒柴焚燎以祭天神，並未用牲體和玉帛。這種祭祀的方式起源很早，《尚書・堯典》就有「至于岱宗，柴」的記載。聲符「此」字當爲「柴」字之省。此字聲符兼義。

(4) **禷**　《說文》云：「禷，以事類祭天神。從示類

聲。」禷祭的名稱起源很早，《尚書・堯典》云：「肆類于上帝。」古文尚書家認爲是將各種事類告祭天神；今文尚書家認是祭天的別名。還有一種說法，認爲是軍隊出征時的一種祭祀。如《爾雅・釋天》云：「是禷是禡」，注：「師出征伐，類於上帝。」聲符類字，表示各種事類。此字聲符兼義。經典中禷字有時只寫作類字，如《詩經・大雅・皇矣》云：「克明克類」便是一例。

(5)**祊**　《說文》云：「祊，門內祭先祖所旁皇（徬徨）也。從示彭聲。」祊祭的方式是在門內祭祀祖先，也可以寫作「祊」字，故《詩經・小雅・楚茨》云：「祝祭于祊。」祊字的聲符「彭」字《說文》釋爲「鼓聲」，與祊祭無關，純粹在注音而已。此字聲符不兼義。

(6)**祠**　《說文》云：「祠，春祭曰祠。品物少，多文辭也。从示司聲。」祠祭是一種春天的祭祀，其方式是祭品少，禱詞多，故《禮記・月令》云：「仲春之月，祠不用犧牲，用圭璧及皮幣。」聲符「司」字當爲「詞」（通辭）之省，此字聲符兼義。另外一說爲《公羊桓八年傳》云：「春曰祠。」何休注云：「祠猶食也，猶繼嗣也。春物始生，孝子思親，繼嗣而食之，故曰祠。」如此，則聲符「司」字當爲「嗣」之省，聲符亦兼義。

(7)**礿**　《說文》云：「礿，夏祭也。從示勺聲。」礿字也寫作禴字，故《周禮・春官・大宗伯》云：「以祠春享先王，以禴夏享先王。」但是說文未收禴字。《爾雅・釋天》云：「夏曰礿。」孫炎注云：「礿，新菜可汋。」汋即《說

文》中的鬻字，是洗而煮之的意思，據此，則礿祭的意思是指夏天很多新菜已經長大，可洗而煮之，以祭祀先王或神靈。聲符「勺」字當爲汋」之省，此字聲符兼義。

(8)裸 《說文》云：「裸，灌祭也。從示果聲。」裸祭的方式是酌鬯酒以獻尸（受祭的主體，由人擔任），尸將鬯酒澆灌在地上，以使神靈降臨。故《周禮・春官・大宗伯》云：「以肆獻裸享先王。」注：「裸之言灌，灌以鬱鬯，謂始獻尸求神時也。」聲符「果」字，當爲「灌」字的假借，果、灌二字雙聲，同屬見紐。

(9)祫 《說文》云：「祫，大合祭先祖親疏遠近也。從示合（聲）。《周禮》曰：三歲一祫。」祫祭的方式是集合遠近親疏的祖先神主在太廟中，一起加以祭祀。這種祭祀原來都是在天子或諸侯的喪事完畢時舉行的。屆時將已經毀廟的廟主，陳列在太祖廟中，未毀廟的廟主升級而合食於太祖廟中。通常是三年舉行一次。故《禮記・曾子問》云：「祫祭於祖，則祝迎回廟之主。」㉚聲符「合」字義爲會合，此字聲符兼義。

(10)祪 《說文》云：「祪，祔祪祖也。從示危聲。」祪祭的方式是將舊祖的神主遷到太祖廟中去接受祭祀。故《爾雅・釋詁》云：「祔、祪，祖也。」注：「祔，付也。付新死者於祖廟。祪，毀廟主。」聲符「危」字，《說文》釋爲「在高而懼」，與祪祭無關，純粹在注音而已。此字聲符不兼義。

四、祭祀的結果

⑴禧　《說文》云：「禧，禮吉也。從示喜聲。」禧是祭祀的結果，即因致祭行禮而獲得吉祥。聲符「喜」字，《說文》釋為「樂也」，禧字從喜，正表示祭神靈而致福吉。此字聲符兼義。

⑵祜　《說文》云：「祜，上諱。」此字《說文》因避東漢安帝的諱而未加說解。段玉裁補云：「祜，福也。從示古聲。」義指祭天神而得大福。故《詩經・小雅・信南山》云：「獻之皇祖，曾孫壽考，受天之祜。」聲符「古」字與「大」字通假。㉛此字聲符為大字之假借。

⑶禎　《說文》云：「禎，以眞受福也。從示眞聲。」禎字義指祭祀眞誠而獲福。聲符「眞」字《說文》釋為「僊人變形而登天」，引伸有眞誠之義，此字聲符兼義。

⑷祿　《說文》云：「祿，福也。從示彔聲。」祿字本指祭祀神靈而獲得福，故《詩經・大雅・旣醉》云：「其胤維何？天被爾祿。」《商頌・玄鳥》云：「殷受命咸宜，百祿是何。」鄭箋云：「百祿是何，謂當擔負天之多福。」其後引伸為一切的福氣。聲符「彔」字，說文釋為「刻木彔彔也」，和祿字的本義不相應，當是「鹿」字或「穀」字的假借，彔、鹿、穀三字疊韻，同屬段玉裁第三部。以彔代鹿，表示狩獵時以獲禽為福。以彔代穀，表示耕稼時，以收獲穀類為福。㉜祿字聲符不兼義，因假借的緣故。

⑸禠　《說文》云：「禠，福也。從示虒聲。」禠祭的

結果是在得福除災，故張衡〈東都賦〉云：「馮相觀祲，祈
禳攘災。」注：「謂祈福而除災害也。」聲符「虒」字，
《說文》釋爲「委虒，虎之有角者」，與虒字的本義不相
應，當爲「賜」字的假借。《說文》釋「賜」之本義爲
「予」，賜與虒二字同音。從賜正表示祭祀神靈而獲得賜
福。禠字聲符不兼義，因假借的緣故。

　　(6)祥　《說文》云：「祥，福也。從示羊聲。」祥是因
祭祀而得。聲符「羊」字是吉祥的動物，凡從羊之字如美、
善、義、群等都有吉利的意思，祥字從羊爲聲符，正表示獲
吉。此字聲符兼義。又段玉裁注云：「凡統言則災亦謂之
祥，析言則善者謂之祥。」徐鍇《說文繫傳》云：「祥之言
詳也，天欲降以禍福，先以吉凶之兆，詳審告悟之也。」如
果從這個觀點加以分析，那麼祥字的聲符則是「詳」字之
省。

　　(7)福　《說文》云：「福，備也。從示畐聲。」福是祭
祀神靈後而獲得吉祥順利，故《禮記・祭統》云：「賢者之
祭也，必受其福。」所謂「備」是順利的意思，故段玉裁注
云：「備者百順之名也，無所不順者之謂備。」聲符「畐」
字，《說文》釋爲「滿也，象高厚之形。」福字從畐爲聲
符，正表示祀神而福氣滿溢。此字聲符兼義。

　　(8)祐　《說文》云：「祐，助也。從示右聲。」祐是獲
得天的幫助。人必定以仁善事天，纔能獲得天的幫助，故祐
自是一種善事天神的結果。如《易經・大有》云：「自天祐
之。」張衡〈思玄賦〉云：「彼天監之孔明兮，用棐忱而祐

仁。」聲符「右」字，說文釋爲「助也」。此字聲符兼義。

(9)禎　《說文》云：「禎，祥也。從示貞聲。」禎是善事天神而獲得吉祥。故徐鍇《說文繫傳》：「禎者，貞也；貞，正也。人有善，天以符瑞正告之也。」《詩經・周頌・維清》云：「維周之禎。」聲符「貞」字，說文釋爲「卜問」，卜問即正問，故貞字有正的意思。以正事神，神必將吉祥正告之。此字聲符兼義。

(10)褆　《說文》云：「褆，安福也。從示是聲。」褆是事神而獲得安福。聲符「是」，說文釋爲「正」，以正事神，自然得到安福。此字聲符兼義。

肆、結　　語

由上述的歸類和分析，可知古人祭祀的對象有天神、地祇、祖廟、后土、上帝、司命、泰山的神、保護兵馬的神等。祭祀的目的在避除沴氣、風雪、水災、旱災、瘟疫等禍害，以及求子、除孝服等，一切都在祈求個人或國家社會的福氣和平安。祭祀的方式，有的只用燒柴焚燎，使煙氣上升以迎神，有的需在柴燎中加上犧牲和玉帛。有的祭品只用牛、羊、豕等牲畜，有的則要加上鬯酒、時菜等。祭祀的場所有的在戶外，有的在門內。有的對神靈作個別的祭祀，有的則將遠近親疏的祖先神主集合在太廟中一起祭祀。祭祀的結果大都能獲得吉祥、平安、福氣、順利。由此可知古人對祭祀之事有相當深刻的體認。

在字形的結構上，多數的字，聲符都兼義；少數的字，

有的聲符只有注音，有的聲符則是另一個字的假借。可見純
粹由文字的結構以探討古代的祭祀，也可以獲得相當多的線
索和狀況。

　　示部的字除了以上所舉的四十個以外，其他如齋的本義
是戒潔，祀的本義是祭無已，祜的本義是告祭，禜的本義是
數祭，禂的本義是祭具，祳的本義是以蜃殼盛祭肉，祴的本
義是宗廟奏祴樂，禓的本義是道上祭，這些字的意義都是屬
於祭祀的方式。祉的本義是福，祺的本義是吉，祇的本義是
敬，這些字的意義都是屬於祭祀的結果。至於禖的本義是精
氣感祥，禍的本義是神不降福，祟的本義是神禍，祅的本義
是地反物，禁的本義是吉凶之忌，這幾個字的意義因和上述
四類無關，暫不具論。故示部諸字對研究古代祭祀的狀況是
相當重要的一部份資料。

【附註】

①見《左傳・成公十三年》。

②見《詩經豳風七月篇》。

③《說文解字序》云：「形聲者，以事爲名，取譬相成，
　江、河是也。」

④《說文》釋戔爲「賤」，段玉裁注云：「此與殘字音義皆
　同，傷也。」引伸有剪裁分裂之義。

⑤《說文》釋龠字云：「樂之竹管，三孔，以和衆聲也。從
　品侖，侖，理也。」

⑥先師魯實先教授云：「凡形聲字必兼會意。其不兼會意

者，厥有四類：一、狀聲之字，聲不示義，二、識音之字，聲不示義，三、方國之名，聲不示義，四、假借之文，聲不示義。」見魯師所撰《假借溯原》一書。

⑦葉玉森釋申字爲電光屈耀之形，先師魯公則釋申字爲大帶之形，爲紳之初文，而後比擬爲電光屈耀之形。見魯師所撰《殷契新詮》。

⑧見《論語・述而篇》。

⑨見《說文》氏字。

⑩有關「且」字的形、義、說法頗多，如有人主張且爲男性之生殖器官。但以作神主解較妥當。

⑪見《尙書・堯典》。

⑫見《左傳昭公・廿九年》。

⑬見《禮記・月令》。

⑭見《論語・八佾篇》。

⑮見《周禮・考工記・匠人章》。

⑯見《說文》比字。

⑰見《禮記・大傳》。

⑱見《公羊傳・文公二年》「五年而再殷祭」注。

⑲見《禮記・王制》。

⑳以帝作天帝或帝王解，爲無本字的用字假借。帝的本義爲花蒂，假借爲天帝或帝王之後，再造一從艸的蒂字。見魯師實先撰《假借溯原》一書。

㉑見《禮記・禮運篇》。

㉒見《禮記・郊特牲》。

㉓見《詩經‧大雅‧烝民篇》。

㉔關於禮字的形、義、王國維撰《觀堂集林》卷六〈釋禮〉一文，說法頗精到，可供參考。

㉕《周禮‧春官‧太祝章》：「掌六祈以月石鬼神示，四曰禜。」

㉖《周禮‧天官‧女祝章》：「掌以時招梗禬禳之事，以除疾殃。」

㉗《周禮‧春官‧雞人章》：「凡祭祀，面禳釁，共其雞牲。」

㉘見《禮記‧檀弓上》「孟獻子禫」疏、宋呂本中《紫微雜說》、清孫星衍《五松園文稿一禫祥不同月辨》。

㉙見《史記‧殷本紀》及《詩經‧商頌‧玄鳥篇》。

㉚此句疏云：「祫，合祭；祖，太祖。三年一祫。」

㉛見黃侃撰《文字聲韻訓詁筆記》三九頁。

㉜見黃侃撰《文字聲韻訓詁筆記》三九頁。

參考資料

(1)《說文稽古篇》　程樹德著　商務印書館

(2)《說文解字通論》　陸宗達著　北京出版社

(3)《說文解字導讀》　蘇寶榮著　陝西人民出版社

(4)《說文解字的文化說解》　臧克和著　湖北人民出版社

(5)《說文解字與中國古代文化》　謝棟元著　河南人民出版社

(6)《說文漢字體系與中國上古史》　朱永培著　廣西教育出

版社

⑺《商代國祭制度》　常玉芝著　遼寧文化出版社

⑻《殷卜辭中五種祭祀》　許進雄著　台灣學生書局

⑼《商周考古》　北京大學考古研究系出版

⑽《中國禮俗縱橫談》　李萬鵬著　山東教育出版社

⑾《說文與中國古代科技》　王　平著　廣西教育出版社

⑿《中國文字論叢》　侯傳勛著　國立編譯館

⒀《說文解字引經著考》　馬宗霍著　台灣學生書局

⒁《中國漢文字大觀》　何九盈著　北京大學出版社

⒂《中國天文學源流》　鄭文光著　科學出版社

⒃《中國傳統文化和語言》　沈錫倫著　上海教育出版社

⒄《中國傳統文化精華》　裘仁林著　復旦大學出版社

⒅《中國文化演進史觀》　陳安仁著　上海書店

⒆《中國遠古暨三代科技史》　殷瑋璋著　人民出版社

⒇《中國文化史導論》　錢　穆著　新知出版社

㉑《殷墟卜辭綜述》　陳夢家著　科學出版社

㉒《兩周金文辭大系》　郭沫若著　科學出版社

㉓《漢字簡釋與文化傳統》　黃德寬著　中國科大出版社

㉔《歷史悠久的農業文明》　馬　義著　遼寧出版社

中國文字與聖經真理

一、前　　言

　　中國文字的特色是獨體單音，以形表義，在一個文字的形構中，幾乎含有深刻的文化特質，有的保留古代器物的形象①，有的呈現古代習俗的風貌②，有的顯示古代的政法制度③，有的蘊含古代的宗教思想④。尤其在會意字和形聲字中，這類的文字特多。這和純粹由字母結合而成的拼音文字，藉音示義，有很大的不同。世界上各種拼音文字極多，但是以形表義的象形文字卻寥寥可數，而象形文字沿用的歷史都在幾千年以上，眞是難能可貴。中國文字是中華民族無比珍貴的文化遺產，也是當今世界的主流文字之一，從文字的結構中，不但可以探討歷史文化的發展，也可以印證西方文化思想中的一些奧蘊。

　　本文旨在從中國文字的構造中，探討古人對宇宙本體的看法及對萬有眞原之神⑤的體認。並進而和《聖經》中所載與神有關的眞理作一比較，故題目定爲〈中國文字與聖經眞理〉。但是《聖經》眞理浩瀚無窮，中國文字包羅萬象，本文僅能就極重大的幾件事，引據中國文字和《聖經》所載加以比較探討以作爲舉隅。篇中「一與道」一節是探討漢字⑥

與《聖經》對宇宙本體的界定：「神與靈」一節是就漢字結構中所蘊含的義理和《聖經》中關於神與靈的記載作一些比對，以證明其相同性；「祭與禮」一節是從漢字結構中的義理，證明中國文獻所載古代中國人祭神的禮儀及燔祭的實況，和《聖經》所記具有其一致性：「耶穌」一節是專就漢字的音義探究，以爲漢譯本《聖經》中「耶穌」一名不純粹是外文的音譯而已，它應該有更深刻的含義在，那就是「父神復活」或「復活的父神」。至於「聖靈感孕」一節，在《聖經》中雖然記述的頗爲確切，但是在一般人，因無法領悟眞神的奧祕，動輒以世俗的認知或科學的理論爲依據，將它視之爲難以理解的事，甚至在神學領域中也產生一些見解紛歧的爭論。筆者以爲人類藐小，眞神無限，以人的小知，欲質疑神的全能，實在連螻蟻欲質疑巨象都還不如。恰好中國古代的經典也有類似「聖靈感孕」的記載，於是引述《詩經、大雅、生民》篇所載，一方面和《聖經》相印證，另一方面順便探討該篇中虔誠祀神和認罪悔改的記述，以證明《聖經》和《詩經》在這些方面的敘述也是相當一致的。由此可知眞神所在，中、西經典的載述都是如符合節的。此節所述，雖然和文字結構無關，但〈生民〉篇畢竟是以中國文字寫成且具有歷史意義的文獻，而且篇中所敘又是和宗教信仰關係密切的一些大事，故一併加以論述。

二、中國文字與《聖經》真理之關係舉隅

㈠一與道

一字《說文解字》釋爲「惟初太極、道立於一，造分天地，化成萬物。」一字的本義原是記數名的開始。上古時期記錄物品或日子，都用小棒以表數目，故一根寫作一，二根寫作二，三根寫作三，以小棒的根數作爲數字的名稱。

道字《說文解字》釋爲「所行道也。以辵首。一達謂之道。」道字的本義是直達之路，从首表示人頭，从辵表示行進，也可以說就是《聖經》所謂「我就是道路、眞理、生命」以及「豫備主的道，修直他的路」的道⑦其後引申爲道理、眞理之道。

《說文解字》詮釋「一」字則已超越其本義，而是融合儒、道二家經典對宇宙本體的闡釋，將「一」詮釋爲的宇宙本體。儒家的《易經》詮釋宇宙的本體是「太極」，「太極」是至大至高的惟一本體，由太極演化爲陰、陽二氣、四象、八卦及萬物⑧。道家的《道德經》一書，以爲宇宙的本體和演化是「道生一，一生二，二生三，三生萬物⑨。」這一段話的意思，是說「道」是萬物生成演化的總原理，萬物生成演化的程序，是由這個總原理的道生出一種氣，這種氣又化分成陰陽二氣，陰陽二氣相交合，於是產生了另一種氣和合之氣，陰陽二氣不斷地交合孕育，不斷創生，於是便繁衍成萬物。⑩由此可知「太極」也好，「道」也好，都是創

生宇宙萬物的惟「一」本體，所以《說文解字》纔作上述的
解釋。古希臘哲學家畢達哥拉斯（Pythgras）認爲萬物的本源
是一，⑪亞理斯多德（Aristotle）在《形而上學》（Metaphs-
ics）一書中認爲，萬事萬物的存在，都有其原因出處。一事
件是上一個事件的結果，同時又是下一個事件的原因。宇宙
萬物生生不息，變化無窮。卻互爲因果，環環相扣。如此邏
輯地追溯上去，必有一個「第一推動者」，唯有他不需要任
何動力；必有一個「不動的推動者」，唯有他不是被動者。
這個唯一的最初的原因、第一推動者和不動的推動者，就是
上帝，也就是神。⑫這和《聖經》上所啓示的眞理是一致
的。《聖經》謂「太初有道，道與神同在，道就是神。這道
太初與神同在，萬物是藉著他造的，凡被造的，沒有一樣不
是藉著他造的，生命在他裡頭。」⑬綜合中外經典，我們可
以領悟到在中國文字的意涵裡，的確蘊藏有《聖經》的眞
理。

　　關於「道」生成萬物的過程，《淮南子》一書中也有一
段記載說：「天地沒有形成的時候，是一片混沌不分，迷迷
茫茫的景象，所以稱爲『太昭』。自然界和宇宙界的本源便
在空廓的環境中產生了宇宙，宇宙產生了大氣，大氣有邊際
的，清輕的部份上浮而變成天；沉重混濁的部份凝聚而變成
地。天地的會合之氣變爲陰陽，陰陽的會合之氣成爲四季，
四季的消散之氣成爲萬物。陽氣聚集，熱生成火；火的精氣
變成太陽。陰氣積聚，寒生成水；水的精氣變成月亮。日月
過甚之氣，生成星辰；太陽放射出光芒，施予大地；大地吸

取光芒，生成萬物。陽氣布施，陰氣化育。」⑭

　　由於「道即是神」，《聖經》敘述神創造天地萬物，有一段很詳細的記載，和上述《淮南子》的文字相似，但是較爲明確具體，並且詳實地載明一切都是神所創造的，和《淮南子》的敘述相比，更顯得萬分的生動傳「神」。那就是：「起初神創造天地。地是空虛混沌，淵面黑暗，神的靈運行在水面上。神說要有光，就有了光。神看光是好的，就把光、暗分開了。神稱光爲畫，稱暗爲夜，有晚上、有早晨，這是頭一日。神說諸水之間要有空氣，將水分爲上下。神就造出空氣，將空氣以下的水、空氣以上的水分開了，事就這樣成了。神稱空氣爲天，有晚上，有早晨，是第二日。神說天下的水要聚在一處，使旱地露出來，事就這樣成了。神稱旱地爲地，稱水的聚處爲海，神看著是好的。神說地要發生青草和結種子的菜蔬，各從其類，果子都包著核，神看著是好的。有晚上、有早晨，是第三日。神說天上要有光體，可以分畫夜記號，定節令、日子、年歲。並要發光在天空，普照在地上。事就這樣成了。於是神造了兩個大光、大的管畫、小的管夜，又造衆星。就把這些光擺列在天空，普照在地上。管理畫夜，分別明暗，神看著是好的。有晚上、有早晨，是第四日。神說水要多多滋生，有生命的物要有雀鳥飛在地面以上，天空之中。神就造出大魚和水中所滋生各樣有生命的動物各從其類，又造出各樣飛鳥各從其類，神看著是好的。神就賜福給這一切，說滋生繁多，充滿海中的水。雀鳥也要多生在地上。有晚上、有早晨，是第五日。神說地要

生出活物來各從其類，牲畜、野獸各從其類，事就這樣成了。於是神造出野獸各從其類，牲畜各從其類。地上一切昆蟲各從其類，神看著是好的。⑮」

　　由上述兩段文字的比較，《聖經》記述宇宙萬物的源頭是神，《淮南子》以爲宇宙萬物的源頭是「太昭」，演化的動力是「氣」，兩者對宇宙創化的過程雖然大致相近，但顯然《聖經》的敘述則較爲明確、具體和詳細。最關鍵之處在《聖經》說宇宙萬物是由「神」所造。

(二)神與靈

　　《說文解字》釋神字的本義謂「神，天神引出萬物者也。从示申聲。」

　　神的本義是「天神引出萬物」，意即神是萬物的開始和萬物的主宰，萬物都是神所造。神字由示和申二字構造而成，「示」字的本義和構造，《說文》釋爲「天垂象，見（現）吉凶，所以示人。觀乎天文，以察時變。从二，三垂，日、月、星也。示神事也。」意思是說萬物和人類在神的掌控之中，神可以用高懸在天空的日月星辰，啓示人類社會的種種徵兆。人類也可以透過觀察星相，知道神的旨意，所以示字中的二代表上天，川代表日月星辰，由「示」字做偏旁所造的字，都是和神有關的事。關於神藉著星辰以指示

人類的事跡，《聖經》也有明顯的記載。如《聖經》說：
「當希律王的時候，耶穌生在猶太的伯利恆，有幾個博士從
東方來到耶路撒冷，說：那生下來的猶太人之王的在那裡？
我們在東方看見他的星，特來拜他。……（博士們）在東方
所見的那星，忽然在他們的前頭行，直行到小孩子的地方，
就在上頭停住。他們看見那星，就大大地歡喜。」⑯

「申」字古文字作

象閃電激耀屈折的形狀，是「電」字的初文，含有震驚
萬物，使之奮起的意思；而且電閃激耀時，巨大的聲音和強
烈的光芒同時發生，又令人有不可測度，不可抵禦的意思。
這和神震奮萬物，他的威靈不可測和不可禦的道理一樣。所
以「神」字由示、申二字構造而成，就其本體而言，是「神
者，天地之本，而為萬物之始也。⑰」就其展現的威靈而
言，是「山林、川谷、丘陵能出雲為風雨，見怪物，皆曰
神。」⑱這些古書的敘述，和《聖經》的記載正不謀而合。
如《聖經》說：「起初，神創造天地……神看著是好的。」
⑲又如「到了第三天早晨，在山上有雷轟、閃電和密雲，並
且角聲甚大。」⑳「眾百姓見雷轟、閃電、山上冒煙，就都
發顫，遠遠的站立……摩西對百姓說：不要懼怕，因為神降
臨，是要試驗你們，叫你們時常敬畏祂，不至犯罪。」㉑由
此可知，在中國文字的構造中蘊含著聖經的真理，這是頗為
明顯的事情。

「靈」字中國古代經典大多解釋爲「神」。如「神之精明者爲靈」㉒「靈者神也。」㉓「天神曰靈」㉔靈字是由「巫」和「霝」二字結合而成，「巫」《說文解字》解釋爲「能事無形，以舞降神者」和「能齋肅事神明者。」是指能理解神意，傳達神意的人。「霝」《說文解字》釋爲「霫」，即雨水從天上落下，故在「霝」字下加三個圈「口口口」，表示雨滴。

由此可知，靈字構字的本義當是指神從天而降的意思，如戰國時代，屈原的詩篇說：「靈皇皇兮既降，猋遠舉兮雲中。」㉕意謂聖靈明顯地從天上而降下，遠遠地出現在雲中。這和《聖經》所記載的也頗爲一致，如「耶穌受了浸，隨即從水裡上來，天忽然爲他開了，他就看見神的靈彷彿鴿子降下，落在他身上。從天上有聲音說，這是我的愛子，我所喜悅的。」㉖靈既然是神三位一體的位格之一，人必須以誠心敬拜他。所以《聖經》又說：「神是個靈，所以拜他的必須用心靈和誠實拜他。」㉗「主就是那靈，主的靈在那裡，那裡就得以自由。」㉘叫人活著的乃是靈，肉體是無益的，我對你們所說的話，就是靈，就是生命。」㉙由此可知從中國文字中神和靈二字的構造也可以證明《聖經》中的眞理。

㈢祭與禋

祭《說文解字》云：「祭，祭祀也。从示，以手持

肉。」

文字學家羅振玉以爲甲骨文的祭字「皆象持酒肉於示前之形；ㄩ象肉，又持之，點形不一，皆象酒也。」另一說法以爲甲骨文的祭字从又从肉从數點，象手持帶血的肉塊用以祭祀的形狀，雖然說法稍有不同，但是「以手捧肉供於神前爲祭」則爲公認的本義。《聖經》說：「他要在耶和華面前宰公牛。亞倫子孫作祭司，要奉上血，把血灑在會幕門口壇的周圍。那人要剝去燔祭牲的皮，把燔祭牲切成塊子。」㉚所以中國文字的「祭」字，其意義和《聖經》所記載的牲祭，有共通之處。祭與禋又有密切的關係。

禋《說文解字》云：「禋，潔祀也。从示垔聲。一曰精意以享爲禋。」

禋字的本義爲「潔祀」，即清潔豐盛的祭祀，从示表明祭神，聲符垔字本做「塞」解，即豐滿的意思。故「潔祀」即豐祀，祭祀時祭品清潔而豐盛。另有說法爲「禋之言煙，周人尙具煙。」㉛「禋，煙也，取其氣達升報於陽也。」㉜「禋，祭祀之名。置牲於柴上而燎之，使其香味，隨天而達於於上也。」㉝這和《聖經》中所說的燔祭情況一樣。如「挪亞爲耶和華築了一座壇，拿各類潔淨的牲畜、飛鳥獻在壇上爲燔祭。耶和華聞那馨香之氣，就心裡說：我不再因人

的緣故咒詛他。」㉞「耶和華對摩西說：你要為我築土壇，在上面以牛羊獻為燔祭。」㉟「人的供物若以綿羊或山羊為燔祭，就要獻上沒有殘疾的公羊，要把羊宰於壇的北邊，在耶和華面前，亞倫子孫作祭司的，要把羊血灑在壇的周圍。要把燔祭牲切成塊子，連頭和脂油，祭司就要擺在壇上火的柴上。但腑臟與腿，要用水洗。祭司就要全然獻燒在壇上，這是燔祭，是獻與耶和華馨香的火祭。」㊱我國古代經典也有此類的記載，如「肆類於上帝，禋於六宗。㊲」「類」是祭天神的名稱；上帝即是神；禋為燔祭。由此可知從我國的文字和文獻，都可以印證《聖經》的記載。

㈣耶穌－中文「耶穌」一名的原始義蘊

　　在《聖經》《新約全書》中，耶穌的英譯為Jesus，和孔子英譯為 Confucius 一樣，已經是舉世公認的專有名詞。耶穌一名在基督教義中，含有彌賽亞、救世主、聖父、聖子、聖靈三位一體的真神、父神、復活的主、與神同在等諸多真義。在中國，西洋傳教士們當初將 Jesus 譯為「耶穌」，表面看來只是根據英文的音譯而已。

　　但是就中國文字的構造和義蘊而言，它卻具有符合《聖經》的深刻至理在。

　　「耶」字在《說文解字》一書裡，最早釋為地名，其後則廣泛用為「父親」的俗稱，「古人稱父為耶，只用耶字，不用爺字。」㊳「爺」字是其後增加形符「父」而造出的俗體字，前此，都用「耶」稱呼父親。如南北朝的著名詩篇〈木蘭辭〉，其中「軍書十二卷，卷卷有耶名」、「阿耶無

大兒，木蘭無長兄」、唐代杜甫的詩〈北征〉篇「見耶背面
啼，垢膩腳不襪」、〈兵車行〉篇「耶孃妻子走相送，塵埃
不見咸陽橋。」上述諸「耶」字都是「父親」的意思。

「穌」字，《說文解字》釋其形構爲「从禾魚聲」。本義是
「把取禾若」㉟也就是把取稻禾的意思，這和《聖經》所說
「莊稼熟了，收成的時候到了㊵」，意義頗爲相近。但是從
更深一層的意義而言，穌又作爲「甦」的同音字解釋，如古
書有「后來其穌」的記載㊶，這句話中的「穌」即是
「甦」，「甦」的本義是復活，故其形構爲「从更生」會
意。這和《聖經》「在七日的第一日清早，耶穌復活了。」
㊷「聖經的意思，就是耶穌必要從死裡復活。」㊸所記載的
相應。

　　綜合上述，「耶穌」一名，就中國文字的形構和意義而
言，精確的解釋是「父神復活」或「復活的父神」，這樣的
意義是深含《聖經》旨意的㊹。所以中文的「耶穌」一名，
不純然是英文 Jesus 的音譯而已。

㈤聖靈感孕

　　《聖經》中有一段敘述「馬利亞受聖靈感動懷孕」的記
載如下：「耶穌基督降生的事，記在下面。他母親馬利亞已
經許配了約瑟，還沒有迎娶，馬利亞就從聖靈懷了孕，他丈
夫約瑟是個義人，不願意明明的羞辱她，想要暗暗的把她休
了。正思念這事的時候，有主的使者向他夢中顯現說，大偉
的子孫約瑟，不要怕；只管娶你的妻子馬利亞來，因他所懷
的孕是從聖靈來的。他將要生一個兒子，你要給他起名叫耶

穌，因他要將自己的百姓從罪惡裏救出來。這一切的事成就，是要應驗主藉先知所說的話『必有童女懷孕生子，人要稱他的名爲以馬內利。』（以馬內利繙出來就是神與我們同在。）約瑟醒了，起來，就遵著主使者的吩咐把妻子娶過來，只是沒有和他同房，等他生了兒子（有古卷作等他生了頭胎的兒子）就給他起名叫耶穌。」㊺

　　這一件在神學上曾經引起很大爭議的事情，在一般未信耶穌基督的外邦人看起來是無法相信的。然而神所創造的宇宙萬事萬物，其浩瀚精深及神秘，又豈是生命短暫而渺小的人類能所完全理解。所謂「神秘」是指神所創造的一切，人類是無法用其腦力思維去完全理解的，所以莊子說：「吾生也有涯，而知也無涯，以有涯逐無涯，殆矣。」㊻意思是：「人的生命有限，宇宙萬物的知識無窮；以有限的生命去追逐無窮的知識，最後必然身心疾憊仍無所得。」老子也說：「道可道，非常道，名可名，非常名。」㊼意思是宇宙萬物的起源、生長、變化，是相當奧妙而無法憑人的思維去理解和用語文來敘述的。然而當今的人們卻以知識爆炸，學問至上自豪，對一切事物都想用豐富的知識和進步的科技作爲權衡和分析的標準，卻不知前人曾言「植物因水太多而溺死；燈因油太滿而窒熄；人因思想充斥著紛繁雜亂的事物而無法清明。」㊽這樣又如何能眞正理解宇宙萬物的眞象。「聖靈感孕」的事，以今人在科學上的認知，都以爲不可思議，但是在神，凡事都可能。前述的《聖經》經文已經記述的相當明確，在中國的經典中也有類似的記載可供輔證，如《詩

經、大雅、生民篇》便是典型的例子。《詩經》一書產生的
時間大約在距離現在三千到二千五百年之間，〈生民篇〉是
描述周朝始祖后稷誕生前後以及長大後因努力耕耘，虔誠祀
神而成為民族領袖的史詩，其原文如下：「厥初生民，時維
姜嫄。生民如何？克禋克祀，以弗無子。履帝武敏歆，攸介
攸止；載震載夙，載生載育，時維后稷。」「誕彌厥月，先
生如達。不坼不副，無菑無害。以赫厥靈，上帝不寧。不康
禋祀，居然生子。」「誕寘之隘巷，牛羊腓字之。誕寘之平
林，會伐平林；誕寘之寒冰，鳥覆翼之。鳥乃去矣，后稷呱
矣。實覃實訏，厥聲載路。」「誕實匍匐，克岐克嶷，以就
口食。藝之荏菽，荏菽旆旆，禾役穟穟，麻麥幪幪，瓜瓞唪
唪。」「誕后稷之穡，有相之道。茀厥豐草，種之黃茂。實
方實苞，實種實褎，實發實秀，實堅實好，實穎實栗，即有
邰家室。」「誕降嘉種，維秬維秠，維穈維芑。恆之秬秠，
是獲是畝；恆之穈芑，是任是負。以歸肇祀。」「誕我祀如
何？或舂或揄，或簸或蹂；釋之叟叟，烝之浮浮。載謀載
惟，取蕭祭脂，取羝以軷，載燔載烈。以興嗣歲。」「卬盛
于豆，于豆于登。其香始升，上帝居歆。胡臭亶時。后稷肇
祀，庶無罪悔，以迄于今。」，翻譯成白話文，則是：「最
初周民族的起源，是由姜嫄這位少女開始的。她如何生下周
民族的祖先？因她能夠極虔誠的禋祀神靈，因此不會沒有子
嗣。有一天在郊野踏到了上帝腳印的拇指部位，心中感到一
陣欣喜。她在家裡因為未婚而別居獨處閨中，卻因聖靈感孕
內心非常嚴肅，孕期屆滿生下小孩，加以撫養，這便是名叫

后稷的周朝祖先。」

「她足足懷胎十月，頭胎的這個嬰孩竟像母羊生小羊般的順利產下。母體生產的部位沒有裂痕，沒有傷痛，也沒有災害。這顯示聖靈感孕的神奇，上帝賜給母子大大的安寧。她因非常虔誠，安於祭祀，上帝讓她未婚生子。」

「家人命她將這小孩拋棄在小巷裡，牛羊遇到卻保護他；將他拋棄在樹林裡，卻被砍柴的樵夫發現救了他；將他棄置在寒冰上，大鳥卻展翅溫暖他。大鳥一飛走後，后稷便放聲哭出來。哭聲是那麼長又那麼響亮，讓過路的人聽到都感到驚訝。」

「他纔剛剛學會爬行，智力就快速地成長，自己就知道去找食物。稍大以後就會種豆類，豆子的豆莢長得大又長；種植禾苗，禾苗行行都長得美好；種植麻麥，麻麥長得非常茂密；栽種瓜果，瓜果結實累累。」

「后稷學會耕種莊稼，並且擅長觀測地形、土質。他先拔去茂密的野草，種上品質良好的穀種，穀種開始成長，堅硬又美好，禾穗因穀堅實飽滿而下垂，於是他被封到有邰建立家室。良好的種子是上天所降，它包括可釀酒的秬和秠，赤苗的穈和白苗的芑。到處種著秬和秠，收穫時用畝計算；到處種著赤穈和白芑，收穫時用手抱和用背揹，將它們帶回家去祭祀神。」

「后稷怎樣祭祀神呢？一會兒舂米，一會兒揉米，一會兒簸去糠皮；再發出溲溲聲地將米洗淨，將它蒸煮成熱騰騰的飯食。思考將祭神的事要辦的合禮而周到，於是將香蒿混

合著油脂來祭神，也宰殺了公羊，又燒又烤地來祭神，以祈求來年莊稼豐收，六畜興旺。」

「將肉類的祭品裝在器皿中，有的裝進木製的豆器裡，有的裝進土燒的登器裡。祭品的香氣開始往上升，上帝安然地享受。這濃烈而洋溢的香味真是美好。后稷在祭祀神靈時總是認罪悔改，祈求能不犯罪，自始自終都是如此。」

從本篇詩中的敘述，可以探討出有三個重點和《聖經》所記載的，頗相符合。一是聖靈感孕，二是虔誠祀神，三是認罪悔改。

其一，由篇中首段所述，可知后稷的母親姜嫄，在少女時代便非常的純潔和虔誠，她對上帝是「克禋克祀」，在郊外踩到上帝的腳印後，心裡感到油然欣喜，便在那兒停留一會兒，接著在心靈的深處，經過一陣子充滿感動和肅敬之後便懷孕了，生下來的孩子，便是后稷。姜嫄在懷孕和生產的經過，一切非常順利，身體沒有遇到任何傷害或疼痛。這是上帝聖靈的顯現，讓一位時時對上帝虔誠祭祀的少女，由於聖靈感孕，未婚「居然生子」。這便是中國古代經典中有關「聖靈感孕」的記述。

其二，篇中又敘述后稷出生後遭遇很多危險苦難，如家中親人以姜嫄未婚生子為恥，強迫她將孩子丟棄，使他夭折，但是牛羊不敢踐踏他，飛鳥前來溫暖、呵護他，樵夫照顧他，這些都是由於有上帝的聖靈在身上，總能化險為夷。長大之後，由於天資穎異，工作勤奮，率領人們從事莊稼耕作，不斷地撒種耕耘，有了豐富的收穫，終於成了人們心目

中的英明領袖。后稷將收成的莊稼，一切都用於祭祀，獻給上帝。㊾后稷是如何祭祀上帝呢？㊿他先將收穫的農作物蒸煮成米飯，又將蕭草和動物的油脂混合，並且宰殺公羊，舉行燔祭。當燔祭的香氣不斷地上升時，上帝便非常的高興。(51)由此可知，中國古代的人對上帝的祭祀非常隆重，而且要舉行燔祭。

其三，關於認罪悔改的問題，篇末兩句「后稷肇祀，庶無罪悔」便是極爲明顯的例證，它是敘述后稷在祭祀上帝時，祈求上帝赦免他的罪，洗清他的罪，讓他以純潔良善的心服侍上帝。這和《聖經》所載，人因犯罪，必須認罪悔改，才能獲得上帝的祝福，道理是一致的。如「耶和華見人在地上，罪惡很大，終日所思的都是惡。(52)」「世人犯了罪，虧缺了神的榮耀。」(53)「我們若說自己無罪，便是自欺，眞理不在我們心裡了。我們若認自己的罪，神是信實的，公義的，必要赦免我們的罪，洗淨我們一切的不義。」(54)所以世人「當放下各樣的重擔，脫去容易纏累我們的罪，存心忍耐，奔向那擺在我們前途的路程，仰望爲我們信心創始成終的耶穌。」(55)這也是舊約時代大衛王一再大聲聲呼的原因，他說：「求你攔阻僕人，不犯任意妄爲的罪，不容這罪轄制我，我便完全，免犯大罪。」(56)「得赦免其過遮蓋其罪的，這人便是有福的。我閉口不認罪的時候，因終日唉哼，而骨頭枯乾。黑夜白日，你的手在我身上沉重，不隱瞞我的惡。我說我要向耶和華承認我的過錯，你就赦免我的罪過。」(57)「求你將我的罪洗除淨盡，並潔除我的罪。(58)「求

你掩面不看我的罪，塗抹我一切的罪孽。神阿！求你爲我造清潔的心使我裡面重新有正直的靈。」㊹后稷是中國周代的民族領袖，大衛是古代以色列的英明君王，中、西兩位王者對上帝的最大祈求都是希望上帝赦免他們的罪孽，洗清他們靈裡的罪悔，保持一顆純潔善良的心，這也證明《詩經》和《聖經》的事跡，其終極眞義是相同的。

三、結　　語

從中國文字構造所顯示以及古籍所載，可知先民的宇宙觀，以爲宇宙的本體只有一個，這個本體，無論稱之爲至大至高的「太極」，或是孳生萬物的「道」，它都是惟一的萬有眞原。《聖經》謂「太初有道，道與神同在，道就是神。」由此對照，可以窺知遠古的中國人深信宇宙是由神造的，這神是惟一眞神，萬物由他而生。

神的能力浩大無窮，天地山川、日月星辰、雷霆閃電、草木花果、蟲魚鳥獸，以及萬物之靈－人類，都是由神所造，故「神」字從示從申構造而成，示字的本義爲天空及日月星辰，申字的本義是雷霆閃電，據《聖經》所載；當初神在開天闢地時即是如此景象。

靈字從巫從霝構造而成，巫字是古時可以傳達神明旨意的人，霝字本義是雨水從天上落下，霝和巫結合而成爲靈字，意謂神靈從天而降，《聖經》所述也是如此，故就漢字而言，將神和靈二字的構造、本義，對照《聖經》所記載，二者是完全符合的。

　　人類祭神，其目的，首先是感謝神創造宇宙萬物的浩大恩典；其次是感謝神賜給大地風調雨順，賜給人們國泰民安；再次是感謝有神的保佑，可以不受邪惡的魔鬼所引誘試探。所以人祭神，可以說是天之經，地之義。

　　古時祭神以禮祭爲主，禮字《說文解字》釋爲「潔祀」和「精意以享」，是一種精誠聖潔的祭祀，其方式是將祭品以火焚化爲煙，讓煙的馨香之氣直達神的居所，也就是《聖經》所記載的燔祭。所以中國古代的信仰，就祭祀的方式而言，和《聖經》的記載是一樣的。

　　耶穌是彌賽亞、救世主、由聖靈感孕而生的神之子，是聖父、聖子、聖靈三位一體的神，是死而復活的神。它由希臘文譯爲英文 Jesus，傳教士在漢譯的《聖經》中將其譯爲「耶穌」，看似純粹音譯而已，但就漢字構造的形義而加以探討，「耶」是「爺」字的初文，意義爲父親，「穌」是「甦」字的同音字，意義爲復活，「耶穌」一名，意謂復活的神，這是深切符合《聖經》所載的眞義。

　　《聖經》所載聖靈感孕的事本是確切的神蹟，卻不是人類一般的知識和憑藉常理可以理解。但是《詩經·大雅·生民》篇卻也有聖靈感孕的記載可以印證。從〈生民〉篇還可以發現先民虔誠祀神和認罪悔改的記載。這和《聖經》所載虔誠祀神的人必得神的祝福；認罪悔改的人所求纔會得到神的應許，可以說是不謀而合。總之，從中國文字的結構和中國的文獻裡都可以印證《聖經》所載的眞理，《聖經》是全世界的人都必須仔細研討，它所載所述，都是告訴我們神是

天地之源，萬有之本，是人類一切活動腳前的燈，是照亮世界繁榮和平的光。惟有研讀《聖經》，領悟它的真理，遵循它的教訓，個人纔會幸福，人群纔會和諧，世界纔會真正的和平。

【附註】

①如鼎、鬲、豆、斝、爵、豆等字。

②如慶、賀、婚、衣、裳等字。

③如劓、刖、法、耕等字。

④參見拙作〈從中國文字以探討古代的祭祀〉一文。

⑤中國先秦的文獻中，神和上帝的意義及內涵完全相同。

⑥本文中所指的「漢字」是「中國文字」的另一稱謂，為行文簡便，有時以「漢字」稱之。

⑦《新約・馬太福音》1章3節。

⑧《周易・繫辭》。

⑨《道德經》42章。

⑩參見黃晨淳編著《老子名言的智慧》p.39，好讀出版社2002年出版。

⑪羅素著《西洋哲學史》。

⑫參見威爾杜蘭著《西方哲學史話》及黃淳辰《老子名言的智慧》p.40。

⑬《新約・馬太福音》1章1－4節。

⑭《淮南子天文訓》翻譯採黃淳辰《老子名言的智慧》p.39。

⑮《舊約・創世紀》1章1－25節。

⑯《新約・馬太福音》第2章1－10節。

⑰見《說苑・修文》。

⑱見《禮記・祭法》。

⑲《舊約・創世紀》1章1－5節。

⑳《舊約・出埃及記》19章16節。

㉑《舊約・出埃及記》29章18－20節。

㉒《詩經毛傳》。

㉓《風俗通義》。

㉔《尸子》。

㉕《楚辭・九歌》。

㉖《新約・馬太福音》第3章16－17節。

㉗《新約・約翰福音》第4章24節。

㉘《新約・哥林多後書》3章17節。

㉙《新約・約翰福音》第6章63節。

㉚《舊約・利末記》1章5－6節。

㉛《周禮・秦官》鄭玄注。

㉜《尙書・堯典》鄭玄注。

㉝王國維《觀堂集林・雛詁解》。

㉞《舊約・創世紀》8章20－21節。

㉟《舊約・出埃及記》20章24節。

㊱《舊約・利末記》1章10－13節。

㊲《尙書・堯典》。

㊳見《稱謂錄》一書，詳《形音義大辭典》一書。

㊴見王筠著《說文句讀》一書。

㊵《馬可福音》4 章 28 節。

㊶見《書經・仲虺之誥》「后來其蘇」經典釋文「蘇字亦作穌」，即「甦」的同音通假。

㊷《馬可福音》16 章 9 節。

㊸《約翰福音》20 章 9 節。

㊹耶穌說：「復活在我，信我的人，雖然死了，也必復活」《約翰福音》11 章 25 節。

㊺《馬太福音》1 章 18 — 25 節。

㊻《莊子・養生主》。

㊼《老子》第一章。

㊽法國人文學大師蒙田語。

㊾即篇中「以歸肇祀」。

㊿「誕我祀如何」。

(51)篇中「或舂或揄……上帝居歆」。

(52)《創世紀》6 章 5 — 6 節。

(53)《羅馬書》3 章 23 節。

(54)《約翰一書》1 章 8 — 9 節。

(55)《新約・希伯來書》12 章 1 — 2 節。

(56)《舊約・詩篇》19 章 13 節。

(57)《舊約・詩篇》32 章 1 — 5 節。

(58)《舊約・詩篇》51 章 2 節。

(59)《舊約・詩篇》51 章 9 — 10 節。

參考資料

1. 《聖經》（《新舊約全書》）

2. 《說文解字注》段玉裁注　藝文印書館

3. 《周易正義》孔穎達著　藝文印書館

4. 《詩經正義》孔穎達著　藝文印書館

5. 《書經正義》孔穎達著　藝文印書館

6. 《禮記正義》孔穎達著　藝文印書館

7. 《老子》（《道德經》）李耳著　商務印書館

8. 《莊子》（《南華經》）莊周著　商務印書館

9. 《淮南子》劉安著　藝文印書館

10. 《楚辭補注》洪興祖撰　藝文印書館

11. 《風俗通義》應邵撰　藝文印書館

12. 《說文句讀》王筠著　藝文印書館

13. 《西洋哲學史》羅素著　幼獅出版公司

14. 《西洋哲學史話》威爾杜蘭著　幼獅出版公司

15. 《蒙田文集》法國蒙田著　商務印書館

16. 《老子名言的智慧》黃淳辰編著　好讀出版公司

17. 《字裡乾坤》王宏源著　文津出版社

18. 《漢字文化引論》　蘇新春編　廣東教育出版社

19. 《漢字漢語漢文化論集》　龔嘉鎮著　巴蜀書社

20. 《儒教與基督教仁與愛的比較研究》　姚新中著　浸宣出版社

21. 《道德經與聖經真理合參淺釋》　朱念慈著　浸宣出版社

中國文字的趣味性

一、諸　言

中國文字的特徵之一是字音與字義寓於字形之中，故字形成爲文字的主體。這一點在象形和指事一類的文字中尤其明顯，而中國文字的趣味也常從這裡產生。本文所謂的「趣味」不是指令人捧腹大笑的敘述，而是指在探討事理中所產生一種較爲深長的意趣或韻味。這種「趣味」，在探討中國文字的結構中，常常可以左右逢源，俯拾皆是，令人如倒吃甘蔗一般。以下就從一些最常見的文字說起。

二、中國文字的趣味性舉隅

許愼的《說文解字・敍》有一段文章敘述先民造字的原始云：「仰則觀象於天，俯則觀法於地，視鳥獸之文與地之宜，近取諸身，遠取諸物……初造書契。」這一段話包括兩個含義：一是我們祖先所造的字，大到星辰山河、天文地理；小到鳥獸蟲魚、雞毛蒜皮，無所不包。一是造字時乃先從和人身有關的事物造起，然後擴及於人身以外的事物。而造字的要領是從「觀」其象和「視」其形著手的，故象形和指事成爲最早的造字法則。本文爲了遵循「近取諸身，遠取

諸物」的次序，現先從人字敘述起，然後漸次及於鳥獸。

㈠人

《說文》：「人，天地之性最貴者也。象臂脛之形。」

或許因為文字是人類所創造的，故當初造字的先民對人字的寫法有很多種，而且各具特別的意義，這是頗為有趣的事。

人字在甲骨文、鐘鼎文和小篆中各有三種不同的寫法，均屬獨體象形。表示正面站立的寫作𡗜，即大字，儼然一副孟子所謂「居天下之廣居，立天下之正位，行天下之大道」（《孟子‧盡心篇》）的大丈夫模樣。（大字的含義因筆者在華文世界32期〈從中國文字以探討古代的思想和制度〉一文中已有詳說，本文不再贅述）側面站立的寫作𠆢，即一般所寫的人字，表示人身上頸、背、臂、脛等重要部位的形狀。表示側面坐姿的寫作𠨐，即儿字。因為上古時只有蓆子，尚未有椅子，所謂席地而坐只是跪跽而已。故儿字正像人跪跽在席上，身體微屈，兩手前伸的樣子。𠨐字還含有另一種意思；蓋上古之時，人們的穿著是上衣下裳，裳是裙子，為男女所共穿。當時縫著襠的內外褲尚未問世，故無論男女，裙子之內皆不再有衣物。因而當人們即席而坐時就得特別注意「斂裾」—整齊裙邊的裙角，和不可「箕坐」—雙腿像簸箕的口一般張開，否則一旦發生「穿梆」而靈出不雅觀的部位時，那就很失禮了。

將 ╱ 字倒寫作 尸 狀，即是「食不語，寢不尸」（《論語
・鄉黨篇》）的尸字，屬於人字的變骿象形。《說文解字》
（以下簡稱《說文》）云：「尸，陳也，象臥之形。」陳是
橫列的意思，故尸字有兩個含義：一為躺臥，另一為被人擡
抬，「橫著出去」的軀體。

甲骨文中又有由 ╱ 字而衍生的 ╱、╱ 二字，近人將其隸定
為尿、屎二字；一為站立排泄，一為蹲下排泄；所排泄之
物，一為液狀，一為塊狀，有形有聲，倒也和實況頗近似
的。

此外，由人字所孳乳的从（即從）字，甲骨文寫作 ╱╱，
鐘鼎文寫作 ╱╱，小篆寫作 ╱╱╱，均表示二人前後相隨，雙方
互相尊重之義。故說文云：「╱╱╱，相聽也。」一聽從對方的
善善意。

北（背字的初文）字甲骨文寫作 ╱╱，鐘鼎文寫作 ╱╱，小
篆寫作 ╱╱╱，表示二人言行相左，背道而趨的樣子。故《說
文》云：「╱╱╱，乖也，二人相背。」

比字甲骨文寫作 ╱╱，小篆寫 ╱╱╱，表示二人屈體相附，親
密地緊抱在一起。說文云：「╱╱╱，密也。」

上述數字，尤其生動地勾繪出人與人之間的或即或離，
亦親亦疏，讓人覺得人類真是一群歡喜冤家。

(二)女

《說文》：「女，婦人也。象形。」

　　女字甲骨文寫作𡛁，鐘鼎文寫作𡚸，小篆寫作𠨰，表示一個女人跪跽在席子上，兩膝併攏，雙手交叉於胸前，斂裾端坐的樣子，形狀和彳字相差不多。蓋古時女人尤須注意坐姿的端莊，否則未嫁者難逃長者的斥責，已嫁者或許會演變成「孟子休妻」的故事。

　　《說文》女部的字一共收錄了 238 個，歸納起來，可以發現有數種有趣的現象。

　　其一是許多上古氏族部落的領袖或君王，他們的姓氏都屬於女部，如神農氏姓姜，黃帝姓姬－姬也是周朝帝王及其宗國侯伯的姓，黃帝的後代伯儵所分出的一支世系姓姞，祝融氏的後代姓妘，少暤帝姓嬴－嬴也是秦王朝的姓，虞舜姓姚，夏禹姓姒等。這似乎說明了上古時代是一種母系社會，兒女由母親生下，也由母親一手帶大，故他們的姓多以女字為部首，而《說文》釋「姓」字為「女所生也」自有其道理在。母系社會形成的原因之一，似乎是上古時的社會，由於缺乏嚴格的法紀以維繫之，女人外出，容易為男人所強暴，（《說文》釋毋字云：「（禁）止之詞也，从女一，女有姦之者；一，禁止之，令勿姦也。」即是最好的證明）事畢，男人揚長而去，而女人卻須承受懷孕和生養子女的後果。因此，生養子女是女人的義務，子女從母姓也成為女人的專利。

　　其二是有一部分以女字為部首的字多含有服從男人，侍候男人的意思。如《說文》云：「婦，服也。」表示女人服侍丈夫。「委，隨也。」表示女人隨時跟在男人的身邊，即

全天候的服務。「如，從隨也。」表示女人的言行，以男人
為標準，即「在家從父，出嫁從夫，夫死從子。」（《禮記
・郊特牲篇》）「嫊，服也。」表示男人為主體，女人為客
體；男女在社會上的地位既然像賓主的關係，故女人得服侍
男人。「婼，俛伏也。一曰服意也。」表示女人低著頭從事
服侍的工作。「㛶，隨從也。」表示女人庸碌而無才能，只
有追隨男人，一切事唯男人馬首是瞻。「婢，女隸也。」這
是明顯的女用人。「婢，女之卑者。」「奴，奴婢皆古罪
人。周禮曰：其奴男子入于罪隸，女子入于舂槀。」「妾，
有罪女子給之，得接於君者。」奴、婢、妾、三字都是表示
女人犯罪，被送到政府機關去充當雜役或服侍人。「妓，婦
人小物也。」表示女人以歌舞等技藝伺候男人。從這些字的
含義和構造，可以讓人了解到古代在男權至上的社會裡，女
人由於沒有機會接受知識的薰陶和謀生技能的訓練，只有長
期倚賴男人，伺候男人。

　　其三是不少表示心性欠正或行止不端的字也都以女字為
部首。如《說文》云：「嫭，驕也。」「妨，害也。」
「妄，亂也。」「婾，巧黠也。」「㛊，㛊㔻，貪也。」
「嫌，不平於心也。一曰：疑也。」「姑，不順也。」
「婞，很（即不聽從）也。」「嫛，易使怒也。」（《廣
韻》釋為輕薄之貌）「娺，疾悍也。」「嫱，含怒也。」
「婞，不悅也。」「嫖，怒貌。」「孏，愚戇多態也。」
「妖，輕浮也。」「嫖，輕（浮）也。」「婎，訬（即擾）
疾也。」「媁，不悅貌。」「姕，恣也。一曰：醜也。」

「媥，輕（浮）也。」「嫚，侮傷也。」「婤，疾言失次也。」「姱，不肖也。」「孃，遲頓也。」「嬋，下志貪頑也。」「嬗，婪也。」「婪，貪也。」「嬾，懈也。」「嬈，苛也。一曰：擾也，戲弄也。」「嫛，惡也。」「姍，誹（謗）也。」「嬾，過差也。」「姪，厶（即私）逸也。」「奸，犯婬也。」「媆，有所恨痛也。」「媿，慚也。」「妭，訟也。」「姦，厶也。」還有媟、嬻、妎、妒、媚、妖等字都是一些壞字眼。這一種現象一方面顯示了古代在男人沙文主義的社會裡，男人心目中的女人，其心性和行為上的缺點是很多的，即「唯女子與小人為難養也。近之則不遜，遠之則怨。」（《論語·陽貨篇》）另一方面顯示了造字必是男人，故用女部來造些字，將本屬男女所共有的這些心行上的缺陷統統算到女人的頭上，自己反而推得乾乾淨淨。

以上三種現象，除了第一種以外，其餘兩種深信都是當今的明理人士所不以為然的。尤其在女權如此高張的現代，說不定那一天有某位女強人出現，在一怒之下，通令將上述的這些從女部的字全部改從男部，那就應了「乾坤倒轉」「物極必反」的諺語了。

(三)母

《說文》「母，牧也。从女象懷子形。一曰象乳子也。」

　　凡是人類都有母親，而且大多是由母親生養長大的。甲骨文和鐘鼎文的母字是在女字上加了兩點，在文字的結構上屬於合體指事。甲骨文和鐘鼎文母字寫作𢓓，女字上所加的兩點是表示女人胸前的雙乳之形。因為女人在分娩而當了母親之後，生理上最明顯的自然變化是雙乳較分娩前更豐滿隆起，以便分泌乳汁，哺育嬰兒。可見當初造母字的那一位先民，其觀察力是何等的細密，所構造的字形是多麼明顯合理！當目前全球各地的有心人士正在大力倡導「恢復哺母乳」運動之際，母字的含義和構形應該是最好的證明和最佳的啟示。小篆將母字寫作𢓓，中間的兩橫仍然是由兩點演變過來的。至於說文將母字的構形釋為「从女，象懷子形。一曰：象乳子也。」那是一種似是而非的揣測，不足以置信。

㈣鳥

　　《說文》釋鳥字云：「𩾇，長尾禽總名也，象形。」釋隹字云：「𢓓，短尾禽總名也，象形。」將鳥和隹區別為代表長尾禽和短尾禽的文字，這是不正確的。因為鐘鼎文鳥字寫作𢓓，隹字寫作𢓓，根本是同一個字的不同寫法而已。故長尾的雉禽，可以用隹字作部首；短尾的鶴禽也可以用鳥字作部首。說文中隹部的雞、雛等字可以寫作雞、雛；鳥部的鷄、鶵等字也可以寫作雞、雛。這便是很明顯的例證。說文

中隹部所收的字有 39 個，鳥部所收的字有 116 個，共 155 個，這不過是代表飛禽種類的一小部分而已。

　　有一件有趣的現象是鳥字和烏字在構形上的區別，小篆前者寫作䳆，後者寫作䳀。烏字只是少了表示眼睛的那一筆而已。這似乎是由於烏鴉全身羽毛皆黑，而眼睛亦黑，造字的人乍視之下，以爲烏鴉無眼，遂將鳥字省去一筆作爲烏字。上古人們心地的天眞單純，由此可見一斑。古書中還說太陽中蹲了一隻大烏鴉，（《淮南子‧天文訓》云：「日中有踆烏。」）這已屬神話故事了。

　　另一件有趣的現象是：上述 155 個表示鳥類以及鳥類生態的文字中，百分之九十以上皆屬形聲字，少數屬會意字，除了鳥隹二字以外，沒有一個是象形字。可是說文中卻另有幾個代表鳥類的字皆屬象形。如鳳字的古文寫作朋（即朋字），甲骨文寫䳵，說文釋爲「神鳥也。麐前鹿後，蛇頸魚尾，龍文龜背，燕頷雞喙，五色備舉。出於東方君子之國，翶翔四海之外，過崑崙，飲砥柱，濯羽弱水，暮宿風穴，見則天下大安寧。」又說它「飛，群鳥從以萬數。」這種形狀古怪，行蹤詭異的禽鳥，或許因爲是罕見的鳥中之王吧，故造字者特用象形字以表示它。

　　又如表示喜鵲鳥的舄字，《說文》云：「舄，鵲也，象形。」這種禽鳥也有其特殊之處，據說它所到之處，除了傳遞給人們喜訊之外，它還能辨知太歲（星宿位置）的方向，故它的頭永遠背著陽光。

　　焉字《說文》云：「焉，焉鳥，黃色，出於江淮，象

形。」這種黃色的小鳥，由於能夠擇良木而棲，鳴聲又美，大部分又活躍在春季的江淮一帶，頗富浪漫氣息，自古以來即深受人們的喜愛，吟詠它的詩文也很多，如「緜蠻黃鳥，止于丘隅。」（《詩經・小雅・緜蠻篇》）「交交黃鳥，止于桑。」（《詩經・秦風・黃鳥篇》）「伐木丁丁，鳥鳴嚶嚶，出自幽谷，遷于喬木。」（《詩經・小雅・伐木篇》）「暮春三月，江南草長，雜花生樹，群鶯亂飛」。（丘遲〈與陳伯之書〉）等，或許當初造字者也珍視這種禽鳥，故用象形以表示之。

燕子甲骨文寫作𠘧，《說文》云：「𪃹，玄（灰黑）鳥也。籋口，布翅，枝尾。象形。」燕子這一種候鳥由於一乳多子，古時人們常將其視為求子的徵兆或偶像。從前頗多建造在鄉間專供人們祭拜求子的「高媒廟」，裡面所供奉的神明就是一尊燕子的雕塑模型，可見它是很受人們重視的。據古人的觀察，燕子還有一種頗為奇特的生態習慣，即農曆每月三旬中的戊、己兩日，它絕不築巢，個中原因，實在耐人尋味。

以上這些禽鳥，由於各有其特殊的習性或象徵，深受人們所重視，故造字者特造象形字以表示之。《說文》焉字之下有一段補充文字云：「凡字：朋者，羽蟲之長。鳥者，日中之禽。舄者，知太歲之所在。燕者，請子之候，作巢避戊己。人所貴者，故皆象形。焉亦是也。」正透露了這一個道理。唐朝白居易有一首叫〈禽蟲詩〉的絕句云：「燕違戊己舄避歲，茲事因何羽族知？疑有鳳凰頒鳥曆，一時一日不參

差。」並且自註云：「其事每驗皆靈。」從探討文字中所得到的這種新鮮，眞是令人感到趣味無窮。

㈤易

《說文》釋易字云：「𧗊蜥易、蝘蜓、守宮也，象形。」意謂易乃是一種爬蟲類的動物，大一點的稱爲蜥易（今俗作蜴）、蝘蜓，即俗名四腳蛇；小一點的稱爲守宮，即俗名壁虎。這種小動物所以稱爲守宮，意思是可以防守人們家中的純潔寧靜，使淫亂的事情能夠儘量避免而不致發生。據晉人張華所著的《博物志》一書云：「蜥蜴或名蝘蜓，以器養之，食以朱砂，體盡赤。所食滿七斤，冶擣萬杵，點女人肢體，終年不滅；唯房事則滅，故號守宮。」（近人葉德輝所刊印《觀古堂叢書》中的《淮南子・萬畢術》輯佚本也有同樣的記載）原來這種動物是古代當丈夫的人養以備用，以測驗其妻妾在家中是否安份貞潔的憑證，稱爲守宮，倒也是挺恰當的。說文以易字爲象形文，象蜥蜴的頭、身、四足和尾的形狀，這大概是鐘鼎文的𧗊𧗊二字演變爲小篆的易字而加以認定的。但是易字甲骨文寫作𧗊𧗊，鐘鼎文又寫作𧗊𧗊，據先師魯實先教授說法是从彡會意。旳是涿字的古字，《說文》釋涿字云：「流下滴也。」即古人以漏刻計算時間的設置；《說文》釋彡字云：「毛飾畫文也。」即鳥獸身上的紋理。从彡旳會意，表示隨著時間的改變，蜥蜴身上鱗甲的顏色也不斷在改據。據《太平御覽》915卷引《嶺表異錄》一書，謂蜥蜴的鱗甲顏色一日而十二變，即因其鱗甲對陽光的反射特別敏銳之故。那麼以易字爲从彡

叨會意似乎更合於造字的原理了。我國的《易經》一書重在「變易」一義，故以「易」爲名是極恰當的。

㈥虎

　　虎字甲骨文最早寫作🐅，其後字形逐漸線條化而寫作虎等，其字形的特徵爲虎頭部份略呈三角形作𠃊，並且突出其牙，有的字形虎爪寫作人，整個字形正表現出巨口利齒，文身長尾的狀貌。鐘鼎文寫作虎，完全是一隻老虎的圖形。故甲骨，鐘鼎上的虎字爲一獨體象形文。《說文》云：「虎，山獸之君也。」由於牠是山中的百獸之王，所有獸類都畏懼而遠避之，故《戰國策・齊策》載有「狐假虎威」的故事云：「虎求百獸而食之，得狐。狐曰：『子無敢食我也。天帝使我長百獸，今之食我，是逆天帝命也。子以我爲不信，吾爲子先行，子隨我後，觀百獸之見我而敢不走乎？』虎以爲然，故遂與之行，百獸見之皆走，虎不知獸畏己而走也，以爲畏狐也。」虎字小篆寫作虎，《說文》釋虎字的結構爲「从虍儿」又云「虎足象人足」，完全是一種錯誤的說法。或許有人認爲虎不是百獸之王，獅子纔是百獸之王。但是先秦典籍和《說文解字》中都未見有「獅」字，有人以爲《爾雅・釋獸》中的「狻麑」即是獅子，如《爾雅》云：「狻麑，如虦苗，食虎豹。」但這也只是推測而已。

虎之為物，形體龐大，性兇力猛。嘯時生風，故易經中將牠和龍獸相提並論，《易經‧乾卦‧文言》云：「雲從龍、風從虎。」而「龍虎風雲」一語古時便用以比喻聖君賢臣的相遇合了。

㈦豹

豹字甲骨文寫作🐆，其特徵為文理作圓斑或圓點形，表示頭部的筆畫也和虎字有差異。到戰國時由象形文而演變為形聲字作🐆，《說文》云：「豹，似虎圓文，从豸勺聲。」「似虎圓文」正和實物以及甲骨文的字形相符。由於豹的斑紋呈圓形，和其他獸類的斑文有顯著的差異，故《正字通》一書云：「豹，狀似虎而小。白面、毛赤黃、文黑如錢圈，中五圈左右各四者，曰金錢豹，宜為裘；如艾葉者，曰艾葉豹，次之；色不赤，毛無文者，曰土豹。山海經玄豹，黑文多也；詩赤豹，尾赤文黑也；又西域有金綿豹，文如金線。」豹文因隨軀體的長大和精力的充沛而益形潤澤美觀，故古人以「豹變」比喻人格的提升，事業的拓展和地位的日趨顯貴。如《易經‧革卦‧象辭》云：「君子豹變，其文蔚也。」孔穎達疏：「亦潤色鴻業，如豹文之蔚蓐，故曰君子豹變也。」梁朝劉孝標的〈辨命論〉一文也用了這一個典故云：「視韓（信）、彭（越）之豹變，謂鷙猛致人爵。」「豹變」正象徵著人生邁向成功之境界的歷程。至於《世說新語‧方正篇》中所謂的「管中窺豹」是比喻只見一

斑，未見全貌，意思和《莊子・秋水篇》云「井蛙不可以語
於海者，拘於墟也」相同，是做人做事的大忌。

(八)兕

金文・兕

　　兕字甲骨文寫作、等形，小篆作，實際上就是今日
所統稱的犀牛。近人陳夢家在其所撰的《卜辭綜述》一書中
認爲兕即是出土骨骼的犀牛，這是很正確的。因其角粗大，
可製酒器，稱爲「兕觥」，如《詩經・卷耳篇》云：「我姑
酌彼兕觥，維以不永傷。」其皮堅厚，可製鎧甲，稱爲「犀
甲」，如《楚辭・國殤篇》云：「操吳戈今披犀甲。」但是
後世卻將兕和犀區分爲二物。《說文》云：「兕，如野牛，
青色，其皮堅厚，可製鎧。象形。」「犀，徼外牛，一角在
鼻，一角在頂。从牛尾聲。」在字形上，一爲象形，一爲形
聲；在字義上也有明顯的出入。《爾雅・釋獸》云：「兕似
牛，犀似豕。」郭象注云：「兕一角，青色，重千斤。」
「犀，形似水牛，豬頭大腹，痺腳，腳有三蹄，黑色。三
角，一在頂上，一在額上，一在鼻上，鼻上者即食角也。小
而不橢，好食棘，亦有一角者。」《山海經・南山經》云：
「禱過之山，其下多兕犀。」《藝文類聚》95卷則引作「如
野牛，青色，皮堅厚，可以爲鎧。幡冢之上，其獸多兕。」
《山海經・海南經》又云：「兕，其狀如牛，蒼黑，一
角。」綜上所述，以爲一角而形似牛者爲兕，二角或三角而

形似豕者為犀。但是以今日動物學的眼光加以探討，兕、犀實為一類，皆屬哺乳類中的奇蹄目，學名為 Rhinoceros Unicornis，有印度產和非洲產二種。印度犀形體大，性溫和，鼻上生一角，非洲犀形體略小，性兇猛，鼻上前後生二角。李時珍在《本草綱目》一書中謂犀出西番、南番、滇南、交州諸地，有山犀、水犀二種，並有二角。這是和非洲犀的種類相同。

　　古人認為犀角除了可以入藥，於袪熱解毒之外，尚可燃之以水中清徹通明，真相畢現，妖物無所遁跡，稱為「犀照」。（見《晉書・溫嶠傳》）又有人以為犀乃神獸，其角上有白文，感應極為靈敏，稱為「靈犀」，如李商隱〈無題詩〉云：「身無彩鳳雙飛翼，心有靈犀一點通。」至於「犀角偃月」是比喻人的額角骨豐厚碩實，為尊貴者的相貌，如《戰國策・中山策》云：「若乃眉目准頰權衡，犀角偃月，彼乃帝王之后，非諸侯之姬也。」「犀牛望月」是指所見形象的殘缺不全，如《關尹子・五鑑篇》云：「譬如犀牛望月，月形入角，特因識生，始有月形，而彼真月，初不在角。」有關犀牛的種種典故，是頗有趣味的。

(九)象

　　象字甲骨文寫作，小篆寫作，為一獨體象形文。《說文》云：「象，南越大獸，長鼻牙，三年一乳。像耳牙四足尾之形。」以象為大獸，且長鼻牙，就字形以審實

物，應當無庸置疑；但以爲南越所產，似乎令人嫌以偏概全。蓋我國中原一帶，早已產象，經傳屢有記載，這是衆所皆知的事；或許南越一帶，特別盛產而已。

象因形體和氣力俱奇大無比，故古人有御之以拖車者，稱爲「象車」，如《韓非子・十過篇》云：「駕象車而御六龍。」，《晉書・輿服志》云：「武帝太康中平吳後，南越獻馴象，詔作大車駕之，以載黃門鼓吹數十人，使越人騎之。元正大會，駕象入庭。」古代又傳說舜死葬後，大象爲之耕田，稱爲「象耕」，如王充《論衡・書虛篇》云：「舜葬於蒼梧，象爲之耕。」或許上古時有人御象以耕田也說不定。由於象既可被人御之以拖車，又可被人御之以耕田，能憑其氣力以人類服務，故「爲」字甲骨文寫作ᨆᨆ，从又象會意，表示人以手牽象，從事劇勞的工作。（字形見孫海波《甲骨文編》；說解見羅振玉《鐘鼎彝器考釋》中卷）

上述虎、豹、犀、象都屬熱帶動物，也是力氣奇大，性極兇猛的獸類，（象雖性稍溫馴，也能爲人服役；但是野象仍極兇悍，可爲害人類）古代我國中原一帶的氣候較爲溫暖，故這些獸類四處出沒，橫行蹂躪，肆無忌憚，對人類的生活造成了極大的威脅。所謂「草木暢茂、禽獸繁殖。五穀不登，禽獸偪人，獸蹄鳥跡之道，交於中國。」（見《孟子・滕文公篇》）人類爲了自衛求生，只好加以捕殺驅逐，如「舜使益掌火，益烈山澤而焚之，禽獸逃匿。」、「周公相武王，誅紂伐奄，……驅虎豹犀象而遠之，天下大悅。」（並見《孟子・滕文公篇》）一因人爲的圍剿搜捕，一因熱

帶氣候的轉移，故今我國中原一帶，這些獸類已經成為稀有的動物了。

參考資料

(1)《說文解字與中國古代文化》　王寧著　遼寧人民出版社
(2)《中國文化演進史觀》　陳安仁著　上海書店
(3)《中國漢字文化大觀》　何九盈著　北京大學
(4)《中國古代文化史》　許樹安著　北京大學出版社
(5)《說文解字與中國古代科技》　王平著　廣西教育出版社
(6)《文字學研究》　胡樸安著　信誼書局
(7)《漢字文化引論》　蘇新春著　廣西教育出版社
(8)《漢字形體源流》　王宏源著　華語教學出版社
(9)《中國文字學》　唐蘭著　樂天出版社
(10)《說文解字研究法》　馬敍倫著　中國書店
(11)《中國字例》　高鴻縉著　三民書局
(12)《鐘鼎彝器考釋》　羅振玉著　大通書局
(13)《甲骨文編》　孫海波著　藝文印書館
(14)《文字析義》　魯實先著　黎明文化公司
(15)《轉注釋義》　魯實先著　洙泗出版社

中國文字會意字釋義

壹、諸　言

　　中國文字構造的法則計有象形、指事、會意、形聲、轉注、假借六種。本文主旨是在對會意字作一些詮釋和舉隅。

　　《說文解字・敍》云：「會意者，比類合誼，以見指撝，武、信是也。」意思是說，聯結一些象形、指事一類的「文」（獨體爲文），會合它們的字義，造出一些新字，這些新字的含義，是由構成它的那些「文」會合而形成的。如將止、戈二文結合起來，成爲一個武字，將人、言二文結合起來，成爲一個信字。在《說文解字》一書中，凡用「從某某」或「從某從某」以解析一個字的形構時，該字必屬會意字。如：「鳴，鳥聲也。從鳥口。」「初，始也。從刀衣。」「蔑，勞目無精也。從苜從戍。」「瞀，目不明也。從苜從旬。」會意字是比象形、指事等更進一步的造字法則，有了它，用以狀物敍事、表情達意的文字更爲豐富，所能表達的程度也更爲詳切透闢。

貳、會意字的類別

　　會意字的定義和實例既淺釋如上，至於會意字的分類，

由於研究文字學的專家們各有己見，分類互有歧異。本篇參酌各家見解，並以先師魯實先教授的分法爲基礎，將會意字分爲㈠異文會意；㈡同文會意；㈢變體會意；㈣會意兼象形；㈤會意兼指意；㈥會意兼諧聲共六類。

以下茲將各類先在定義上作簡明的詮釋，再舉例證以說明之。由於異文會意和同文會意二的字較多，故多舉些例證以說明之。

一、異文會意

1. 定義：連合二個或二個以上六書中各類不同形體的文字，根據它們的字義結合而成爲一個新造的字。

2. 舉隅：

⑴「祭祀也。从示，以手持肉。」祭字由示、手、肉三個字結而成，意思是人用手持肉供奉到神前（示字的本義是神），表示禮敬和祈福。

⑵「樂竟爲一章。从音十。十，數之終也。」古時一篇樂曲分爲很多段落，每一段落稱爲章，因爲是指音樂的事；十字又是表示終了，故章字由音和十二字結合而成。

⑶「饒也。从水皿。」饒字本義是飽滿，引伸爲滿溢；益字由水和皿二字結合而成，意指器皿中的水滿而溢出。其後益字假借爲「利益」、「權益」等，故又造「溢」字以示水滿。

⑷「安也。从宀，心在皿上。皿，人之食飲器，所以安人也。」「寍」字由宀、心、皿三個字結合而成。宀字本

義是房子；皿是盛食物的器皿，心是指心情；一個人有得住，有得吃，心情自然安定下來，因為這是人在物質上的基本需求。後來寫作「寧」，是字形上的訛變。

⑸「𤼽刑也。平之如水，从水。廌，所以觸不直者去之，从廌去㳒法今文省。」「灋」是「法」字的本字，由水、廌、去三個字結合而成。水是表示立法的精神在求公平；廌是一種能分辨是非善惡的奇獸，表示法的功能在分善惡；去是表示法的威權在將作惡者去除之。後來將廌字省略而寫作「法」。

⑹「嗚鳥聲也。从鳥口。」鳴字由鳥、口二字結合而成，表示鳥由口發出叫聲。其後引伸為「牛鳴」、「羊鳴」、「鹿鳴」、「馬鳴」，甚至人類社會習用的「鳴謝」、「鳴冤」。

⑺「𥘉始也。从刀衣。裁衣之始也。」初字由刀衣二字結合而成，表示裁布為製作衣裳的開始。引伸為一切事物的開始。

⑻「突犬從穴中暫出也。从犬在穴中。」突字由穴、犬二字結合而成，意指犬從穴中跑出，令人感到意外。

⑼「昌美言也。从日从曰。」昌字由日、曰二字結合而成，日光盛美，曰字意謂說話，結合以示美好的語言，引伸為美好。

⑽「牧養牛人也。从攴牛。」牧字結合攴、牛二字而成，表示人趕著牛去吃草。引伸為「養」，孳乳了「牧馬」、「牧羊」、「牧民」等詞彙。

二、同文會意

1. 定義：連合二個或二個以上六書中各類相同形體的文字，根據它們的字義結合而成爲一個新造的字。

2. 舉隅：

(1)「ψ艸木初生也。象丨出形有枝莖也。古文或以爲艸字。」

(2)「ψψ百卉也。从二屮。」

(3)「ψψψ艸之總名也。从三屮。」

(4)「ψψψψ衆艸也。从四屮。」

屮字是是一個象形文，表示艸木剛從地裡長出來。由兩個屮結合而成的艸字是「草」字的初文，「草」字是後造的，加「早」作爲聲符。由三個屮字結合而成的「卉」字，表示一切草類的總稱。由四個屮字結合而成的茻字是指衆草茂盛的草叢。上述由兩個屮結合而成的艸字，三個屮結合而成的卉字，四個屮結合而成的茻字，都稱爲同文會意。

(1)「ㅂ人所以言食也。象形。」

(2)「吅驚呼也。从二口。讀若讙。」

(3)「品衆庶也。从三口。」

(4)「㗊衆口也。从四口。」

口字是一個象形文，表示人用來飲食和說話的器官。由兩個口結合而成的「吅」字，音ㄏㄨㄢ，表示驚叫，是「讙」字的初文。由三個口結石而成的「品」字，表示人口衆多，引伸爲物類衆多。由四個口結合而成的「㗊」字，音ㄐㄧ

ㄟ，表示眾口所發出的聲音，引伸有高呼的意思。上述由兩個口結合而成的吅字，三個口結合成的品字，四個口結合成的㗊字，都稱為同文會意。

(1)「犬狗之有懸蹄者也。象形。孔子曰視犬之字如畫狗也。」

(2)「㹜兩犬相齧也。从二犬。」

(3)「猋犬走皃。从三犬。」

犬字是一個象形文，象一隻犬的樣子。由兩個犬結合而成的「㹜」字，音ㄧㄣˊ，表示兩隻犬在互咬，即俗稱狗咬狗，有相互爭鬥的意思。由三個犬結合而成的「猋」字，音ㄅㄧㄠ，表示群犬競走的樣子，引伸有疾速的意思。上述由兩個犬結合而成的㹜字，由三個犬結合而成的猋字，都稱為同文會意。

(1)「虫一名蝮。博三寸，首大如擘指。象形。」

(2)「䖵蟲之總名也。从二虫。讀若昆。」

(3)「蟲有足謂之蟲，無足謂之豸。从三虫。」

虫字是一個象形文，音ㄏㄨㄟˇ，象一條蛇的樣子，後來引伸作一切蟲類解。由二個虫字結合而成䖵字，是蜫字的初文，表示一切的蜫蟲。由三個虫結合而成的蟲字，原指有腳的動物，如老虎俗稱大蟲，其後引伸指一切的蜫蟲。上述由兩個虫結合而成的䖵字，由三個虫結合而成的蟲字，並稱為同文會意。

(1)「魚水蟲也。象形。」

(2)「䲂二魚也。从二魚。」

(3)「🐟🐟🐟新魚精也。从三魚。」

　　魚字是一個獨體象形文，原指魚類，其後引伸指一切水中的動物。由二個魚結合而成的鱻字，音ㄩˊ，指二條魚。由三個魚結合而成的鱻字，音ㄒㄧㄢ，即鮮美之鮮的本字，其後習慣用假借字鮮，鮮字的本義是小魚。上述由兩個魚結合而成的鱻字，三個魚結合而成的鱻字，並稱為同文會意。

　　其他如由兩個火結合而成的「炎」字，三個火結合而成的「焱」字，兩個女結合而成的「妞」字（音ㄋㄨㄢˊ），三個女結合而成的「姦」字，三個心結合而成的「惢」字（疑的本字），由三個鹿結合而成的「麤」字（音ㄘㄨ），由三個牛結合而成的「犇」字（奔的本字），由三個毛結合而成的「毳」字（音ㄘㄨㄟˋ）等都是同文會意。

三、變體會意

　　1.定義：一個會意字的反寫、倒寫或改變它的形體而造成的文字。

　　2.舉隅：

(1)「🔣引也。从反𠬞。」

(2)「🔣从反邑。🔣字从此。」

(3)「司司臣司事於外者，从反后。」

(4)「🔣按也。从反印。」

　　𠬞（拱的初文）、邑、后、印四個字是異文會意，🔣（攀的初文）、𨙻、司、抑四個字是上述四個字因形體的倒反或改變所造成的，故稱為變體會意。

四、會意兼象形

*1.*定義：會意字中加上一部分表示具體之物的筆畫而造成的字。

*2.*舉隅：

(1)「🔥齊謂炊爨。𦥑象持甑，宀為灶口𦥑推林內火。」

(2)🔥飾也。从又持巾，在尸下。」

(3)「🔥礙不行也。从東引而止之也。東者如東馬之鼻，从冂此與牽同意。」

(4)「🔥以🔥釀鬱艸芬芳攸服以降神也。从凵，凵器也。中象米，匕所以扱之也。」

爨字由𦥑、林、𦥑、火等字結合而成，其中又有「同」象甑（陶製飯器）的形狀，「宀」象灶口的形狀，所以稱為會意兼象形。🔥字「刷的本字」由又、巾等字結合而成，其中又有「尸」象屋子的頂和壁的形狀。𢒉字中的「冂」象栓馬鼻的韁繩。鬯字中的「米」象秬（黑黍）和鬱草，所以都稱為會意兼象形。

五、會意兼指事

*1.*定義：會意字中加上一部分表示抽象之事的筆畫而造成的字。

*2.*舉隅：

(1)「🔥亂也。从爻工交吅。」

(2)「🔥介也。从聿，象田四介，聿所以畫之。」

(3)「**𦙫**子孫相承續也。从肉从八，象其長也。**幺**亦象重累也。」

(4)「**𠁁**再也。从冂从从，从｜。易曰參天**𠁁**地。」

𣪠字中的己；**𤰶**字中的**𠁁**；**𦙫**字中的八；兩字中的｜，皆屬旨事字，故這一類的文字稱為會意兼指事。

六、會意兼諧聲

*1.*定義：會意字的構造成分中，有一部分兼表整個字的音。

*2.*舉隅：

(1)「**禮**履也，所以事神致福也。从示从豐，豐亦聲。」

(2)「**祏**宗廟主也。从示石，石亦聲。」

(3)「**拘**止也。从手句，句亦聲。」

(4)「**鉤**曲鉤也。从金句，句亦聲。」

據段玉裁的說法，《說文》在詮釋文字的結構時，凡是說：「从某某，某亦聲。」或「从某从某，某亦聲。」這一類的文字就稱為「會意兼諧聲」。上述四例即是明顯的例證。但是《說文》在詮釋這一類文字時，經常以純粹異文會的形式作解說。如：「祫，大合祭先祖親疏遠近也。从示合。」「珩，佩上玉也。从王行。」「蔭，艸陰也。从艸陰。」「訥，言難也。从言內。」「堅，土剛也。从**臤**土。」「畎，平田也。从攴田。」「睡，坐寐也。从目垂。」「瞑，翕目也。从目冥。」「眇，小目也。从目少。」「科，程也。从禾斗。」「**㒨**，完也。从人从完。」

上述十字，就其形構而言，袷字當作「从示合，合亦聲」珩字當作「从王行，行亦聲。」蔭字當作「从艸陰，陰亦聲。」訥字當作「从言內，內亦聲。」堅字當作「从土臤，臤亦聲。」畋字當作「从攴田，田亦聲。」睡字當作「从目垂，垂亦聲。」瞑字當作「从目冥，冥亦聲。」眇字當作「从目少，少亦聲。」科字當作「从斗禾，禾亦聲。」俒字當作「从人完，完亦聲。」

參、結　語

上述六類，大抵已經將會意字的法則和型態加以概括。象形、指事、會意三者所造出來的字都是本身不帶聲符的「無聲字」，其字音或靠口耳相傳，或以直音如「讀若」標示，前者容易失傳或誤傳，後者很難找到讀音完全相同的字來標示。造字的先賢們有見於此，於是而開創「形聲」的造字法則，形聲字一出，以形符標其類別，以聲符標其字音，而聲符十之八九多兼義，故後世多造形聲字以取代會意字。如《說文解字》一書中共收小篆 9353 個，其中形聲字即占有 7697 個，爲全部的 82.5%，這是必然的趨勢。

參考資料

(1)《說文解字注》　段玉裁著　藝文印書館
(2)《說文解字詁林》　丁福葆著　商務印書館
(3)《中國文字字》　唐蘭著　上海古籍出版社
(4)《文字學概要》　裘錫圭著　商務印書館

⑸《漢字的起源與演變論叢》　李孝定著　聯經出版社

⑹《中國字例》　高鴻縉著　三民書局

⑺《許慎說文解字研究》　董希謙著　河南大學出版社

⑻《漢字散論》　王　平著　天津古籍出版社

⑼《說文解字義證》　桂　馥著　中華書局

⑽《說文通訓定聲》　朱駿聲著　武漢古籍書店

⑾《說文句讀》　王　筠著　中國書店

⑿《說文稽古篇》　程樹德著　商務印書館

⒀《說文解字通論》　陸宗達著　北京出版社

⒁《說文解字導讀》　蘇寶榮著　陝西人民出版社

⒂《說文解字研究法》　馬敍倫著　中國書店

⒃《說文解字與漢字學》　王　寧著　河南人民出版社

⒄《說文解字的文化解說》　臧克和著　湖北人民出版社

⒅《中國文字學概要》　張世祿著　文通書局

⒆《文字學纂要》　蔣伯潛著　台灣正中書局

⒇《文字學概說》　林　尹著　台灣正中書局

㉑《中國文字學通論》　謝雲飛著　台灣學生書局

㉒《文字形義學概論》　高　亨著　齊魯書社

㉓《當代中國文字學》　張玉金著　廣東教育出版社

㉔《中國文字研究》　王文耀著　廣西教育出版社

中國文字構造「假借」綜論

壹、有關假借的各種說法

《說文解字敘》云：「假借者，本無其字，依聲託事，令、長是也。」後代的學者對這一段話的詮釋，意見相當紛歧。如：

1 衛恆說：「假借者，數言同字，其聲雖異，文意一也。」（《四體書勢》）這種說法的缺失在於說明假借只有意義上的關係而沒有字音上的關係，這和《說文解字敘》所說的「依聲」背道而馳，自然是不正確的。

2.戴侗說：「前人以令長為假借，不知二字皆從本義而生，非由外假。若韋本韋背，借為韋革之韋；豆本俎豆，借為豆麥之豆，凡義無所因，特借其聲者，然後謂之假借。」（《六書故》）這種說法的缺失在於前半部誤以假借是由引伸而產生；後半部只說明假借有字音上的關係，卻沒有說明是怎樣產生的。換言之，只詮釋了說文解字敘所云的「依聲」，卻沒有詮釋「託事」。

3.鄭樵說：「六書之難明者，為假借之難明也。學者之患，在於識有義之義，而不識無義之義。假借者，無義之義也。假借者，本非己有，因他所授，故於己為無義。」

（《六書略》）這種說法的缺失在於就字義談假借，一點都沒有觸及到字音的問題。

4.段玉裁說：「託者，寄也；謂依傍同聲而寄於此。則凡事物之無字者，皆得有所寄而有字。如漢人謂縣令曰令長：縣萬戶以上爲令；減萬戶爲長。令之本義，發號也；長之本義，久遠也。縣令、縣長本無字；而由發號久遠之義引伸展轉而爲之，是謂假借。」（《說文解字注》）這種說法的缺失在於前半段詮釋得很正確，而後半段卻又說「縣令、縣長本無字；而由發號久遠之義引伸展轉而爲之，是謂假借。」既然說是引伸，怎麼又會是假借呢？引伸是指字義本身範圍的擴充；假借是借同音關係的字來使用，二者本來就有很明顯的區別，段氏將引伸和假借混爲一談，這一點是錯誤的。

5.王筠就徐鍇所說「令所以使令，或長於德，或長於年，皆可謂長，故因而借之。」加按語說：「此尚是有義之借，其純乎依聲者，如『某』本果名，借爲誰某是也。」（《說文句讀》）這種說法，前半段是錯的，因爲有義之借，不是假借；後半段則說出了假借的道理，只是稍嫌簡略。

6.孫詒讓說：「天下之事無窮，造字之初，苟無假借一例，則將逐事而爲之字，而字有不可勝造之數，此必窮之勢也，故依聲而託事焉。視之不必是其本字也，而言之則其聲也。聞之足以相喩，用之可以不盡。是假借者，所以救造字之窮而通其變。」（〈與王子莊論假借書〉）孫氏在此將假

借所以產生的原因以及假借的功用說的非常清楚。只是「視
之不必是其本字也」一語稍有語病，因爲許慎所謂「本無其
字」已經說明原來就沒有字，又那來「本字」呢？只有「同
音通假」的假借纔有本字可言。

7.馬敍倫說：「假借者，初由言有此音，而字無其形，
乃即借他字之音同於此所言者而用之。蓋象形文字，必本於
有形可象之物，今言大、小、東、西、古、今，將何憑藉而
造其字乎？故知象形、指事、會意之文旣作，而形聲之方法
未明之時，語言上已需要如大、小、東、西、古、今一類之
字，以示比較及表方位時間之義，而其字非象形、指事、會
意之法所能造者，倉卒之間，乃取大、小、東、西、古、今
一類之字，其音同於所欲造之字而用之，託以所欲造之字之
意義，於是以『人』之異文作『大』者爲大小之大，「沙」
之初文作『小』者爲大小之小。……依聲託事者，依聲謂依
彼被用字之聲，此說字聲之部分也。託事，謂寄託所欲言之
意義。」（《說文解字六書疏證》）

8.周祖謨說：「假借字就是借用一個語音相同的字來代
表另一個語詞，它的作用就是表音。例如：𢦠（我）、𰹢
（其）、𦣹（自）、𥝫（來）、𠦬（北），我象戈形，其象
箕形，自象鼻形，來象麥形，北象二人相背。在卜辭裡，我
是代詞，其、自都是虛詞，來是往來之來，北是四方的名
稱。這些都是假借字。假借字只是作爲一種表音的符號來使
用，不再有表意的作用。文字在使用上有了假借的方法，就
可以少造字。遇到難以造字的時候，也可以用假借以濟其

窮。這樣就可以更好地使文字與語言相適應了。」（《問學集：漢字的產生和發展》）

　　*9.*梁東漢說：「我們認為『本無其字，依聲託事』這句話應當正確地理解為：口語裡有這個詞，但筆下本來沒有這個字，於是依照它的聲音找出一個同音字來託事。假借完全是從聲音相同或相近這一點出發的，假借字和被借字之間可毫無意義上的聯繫。也就是說，被借字是當作一個純粹表音符號來使用的。」（〈漢字的結構及其流變〉）

　　以上馬氏、周氏、梁氏三人的說法都認為假借字和語詞之間只有聲音相同的關係，字義上沒有任何聯繫，所謂「本無其字，依聲託事」以這三人的說法最為明確。

貳、假借和引伸的區別

　　依照許慎對假借所下的定義是「本無其字，依聲託事」上述諸人也都從各方面作了詳細的討論。尤其周祖謨所說的「假借字就是借用一個語音相同的字來代表另一個語詞，它的作用就是表音」幾乎就是一個極為肯定的結論。但是由於許氏所舉的令、長二字不甚切當，容易讓人在字義上引起聯想，於是有一部份人便主張假借不但是字音上的相同，在字義上也必須有展轉引伸的關係。上述戴侗、段玉裁等人即是持這種看法。近人章季濤尤其不厭其詳地在倡導這樣的理論。他說：

　　「從定義的正文看，假借就是運用已有的漢字指代語音相同而未曾造字的概念或詞。但是這不是假借定義的全部含

義。理解假借定義，還須聯繫對正文具有補充作用的
『令』、『長』二例。

　　『令』是發號施令的專用字。《說文》云：『令，發號
也。』其字『从ㅿㄗ』會意。『ㅿ』就是『合』，『ㄗ』就
是符節的『節』。符節是古人頒行號令時的信物。所以『ㅿ
ㄗ』二字合在一起，能會『發佈命令』之意。這個字在使用
過程裡，環繞這個基本意義向外伸延，引伸指施發號令的
人，如令尹、縣令等。『長』的本義是長短的長，引伸爲生
長之長，長者之長，官長之長。它的引伸過程是這樣的：軀
體長大，同生長有關；長幼之分，同生長相聯；而長者之長
又同長官之長有密切關係。所以聯繫例字理解假借，則假借
還應包括文字指稱引伸義的情形。」（《怎樣學習說文解》
字）

　　許氏以「令」、「長」二字作爲假借字的例證，固然已
經引起很多人對假借的誤解，此外他在《說文解字》中對某
些字的詮釋，也常使假借和引伸的含義糾纏不清，以致後世
纔產生不少無謂的爭議。如《說文》云：

　　1.「朋（朋）古文鳳。鳳飛，群鳥從以萬數，故以爲朋
黨。」

　　2.「烏（烏）孝鳥也。象形。孔子曰：烏，烏乎也。取
其助气，故以爲烏呼。」

　　3.「來（來）周所受瑞麥來麰也。二麥一夆，象其芒束
之形。天所來也，故以爲行來之來。」

　　4.「韋（韋）相背也。从舛口聲。獸皮之韋，可以束

物，枉戾相韋背，故借以爲皮韋。」

5.「𠧪（西）鳥在巢上也。象形。日在西方而鳥西，故以爲東西之西。」

6.「𢀖（子）十一月陽气動，萬物滋，人以爲偁。象形。」

7.「𦤧（臤）堅也。从又臣聲。讀若鏗鎗。古文以爲賢字。」

以上七條解釋中都有「以爲」一詞，段玉裁說：「以爲，皆言六書假借也。」又說：「西、朋、來、子、烏，同言假借之恉也。假借專行而本義廢矣。」所以《說文》中的「以爲」一詞即是在說明假借的現象。如甲「以爲」乙，即是說甲字被當作乙字來使用。甲、乙二者只有字音上的關係，並無字義上的聯繫。但是許氏卻認爲本義爲「麥子」的來，被假借爲「行來」之來，是因爲麥子是「天所來也」，這二者之間便蘊含著一種展轉引伸的意義在。同樣的道理，本義爲「相背」的韋，被假借爲「皮韋」之韋，是因爲皮韋「可以束物，枉戾相違相」；本義爲「鳥在巢上」的西，被假借爲「東西」之西；是因爲「日在西方而鳥西」；本義爲「人子」的子，被假借爲「十一月陽气動，萬物滋」的子，即子丑寅卯的子，是因爲人子是人生的關始，故假借爲天干的開始；本義爲「鳳鳥」的朋，被假借爲「朋黨」的朋，是因爲「鳳飛，群鳥從以萬數」；本義爲「孝鳥」的烏，被假借爲嘆詞「烏呼」的烏，是因爲「取其助气」。照上述的這些說法，那麼一個字被當作假借字使用時，其本義和假借義

之間還必須有所繫聯，即假借義必須包含本義的展轉引伸，
（如上述章季濤的說法）這樣一來，引伸和假借之間的界限
便會混淆不清而發生錯誤了。所以先師魯實先教授說：
「《說文》之敘假借曰：本無其字，依聲託事，令、長是
也。據義求之，若蓋爲覆苫，則爲等畫，焉爲鳥名，雖爲蟲
名，亦爲臂下，也爲女陰，而經傳並假爲語詞。夫爲丈夫，
女爲婦人，而義爲須，汝義爲水，爾爲靡麗之名，若爲順服
之義，而經傳皆假爲稱人之詞。如此之類，覈之聲韻，非它
字之假借，求之義訓，非本義之引伸，斯正本無其字，依聲
託事之例。」又說：「秦漢官名有曰縣令者，謂其爲一縣發
號之官，其曰縣長者，謂其爲一縣萬民之長，是乃令、長之
引伸義，而許氏誤以引伸爲假借。它若鳥部載鳳之古文作
朋，其說曰：鳳飛群鳥從以萬數，故以爲朋黨字。於來部釋
來曰：周所受瑞麥來麰也，天所來也，故以爲行來之來。於
韋部釋韋曰：韋相背也，獸皮之韋可以束物，枉戾相韋背，
故借以爲皮韋。於勿部釋勿曰：勿州里所建旗，所以趣民，
故遽稱勿勿。於能部釋能曰：能獸堅中，故稱賢能。於西部
釋西曰：日在西方而鳥棲，故因以爲東西之西。是未知忽遽
之勿乃奉之假借，賢能之能乃㣜之假借，來爲往來，韋爲皮
韋，西爲東西，並爲無本字之假借，而許氏皆誤以假借爲引
伸。」（《假借遡原》）由於許氏本人對假借和引伸的概念
都沒有弄清楚，因此後人常有將引伸和假借混爲一談，以致
誤認爲假借和引伸必須有所聯繫，也就不足爲怪了。所以魯
先生說：「所謂引伸者，乃資本義而衍繹，所謂假借者，乃

以音同而相假，是其源流各異，而許氏乃合爲同源，此近人所以有引伸假借之謬說，益不可據以釋六書之假借也。」

　　假借和引伸之間的區別本來就極爲明顯。如上所述，假借是指一個字被借去表示某一樣事物或當作另一個字使用。引伸則是屬於詞義發展的性質，即將本義的內涵加以擴大，使文字的功能更能夠充分的發揮，以克復造字的困難。如口字，《說文》云：「人所以言食也」，本義指人的嘴，引伸則泛指動物的嘴，如「寧爲雞口」、「羊入虎口」。目字，《說文》云：「人眼也」，本義指人的眼睛，引伸則泛指動物的眼睛，如「獐頭鼠目」、「魚目混珠」。鳴字，《說文》云：「鳥聲也」，本義指鳥叫聲，引伸則泛指動物的叫聲，如「呦呦鹿鳴」、「馬鳴蕭蕭」。心字，《說文》云：「人心」，本義指人的心臟，引伸則泛指動物的心臟，如「狼心狗肺」、「熊心豹膽」。苗字，《說文》云：「草生於田者」，本義指稻麥的秧苗，如「彼黍離離，彼稷之苗」，引伸則指初生的花草或蔬菜，如花苗、豆苗。本字，《說文》云：「木下曰本」，本義是指樹根，引伸則泛指一切事物的基礎，如「鞏固國本」、「民爲邦本」。躍字，《說文》云：「迅也，从足翟聲。」而足字，《說文》云：「人足也」，可知躍字的本義是指人急速跳起，引伸則泛指一切動物的跳起，如「魚躍于淵」、「躍馬中原」。猛字，《說文》云：「健犬也」，本義指強健的狗，引伸則泛指強健的野獸或人物，如「猛虎出柙」、爲人勇猛」。牢字，《說文》云：「養牛圈也」，本義指豢養牛隻的地方，引伸

則泛指豢養牲畜或囚禁犯人的場所，如「亡羊補牢」、「身入監牢」等。

再就一個字的字義演化現象加以比較，如足字的本意是人足，如「手足情深」，引伸則指鳥獸之足，如「虎鹿之足」，假借則爲豐足之足，如「衣食足則知榮辱」。道字的本義是道路，如「陽關古道」，引伸則指原始、道理，如「宇宙萬物之道」，假借則爲述說之道，如「不足爲外人道」；《老子‧第一章》云：「道可道，非常道」，第一個和第三個道是道字的引伸義，第二個道字則是道字的假借義。又如公的本義是平分，如「天下爲公」，引伸則指大衆，如「漲價歸公」，假借則爲爵位之公，如「周公、召公」。實字的本義是豐富，如「倉廩實則知禮節」，引伸則指眞實，如「究其實際」，假借則爲瓜果之實，如「結實纍纍」。安字的本義是平靜，如「安而毋躁」，引伸則指安康之安，如「安居樂業」，假借則爲語詞之安，如「安得廣廈千萬間」。由此可知假借和引伸是迥然有別，而且是極易分辨的。

參、四體二用的說法

將六書劃分爲四體二用的說法，最早是由戴震提出來的，他說：「指事、象形、諧聲、會意四者，書之體止此矣；由是之於用，曰轉注，曰假借，所以用文字者，斯其兩大端也。」（〈答江愼修論小學書〉）依照這種說法，象形、指事、會意、形聲四者是文字之「體」，即文字構造的

法則；轉注、假借二者是文字之「用」，即文字運用的法則。王筠也抱持這種看法，如他說：「象形、指事、會意、諧聲，四者爲經，造字之本也；轉注、假借，二者爲緯，用字之法也。」（《說文釋例》）段玉裁是戴震的門弟子，他也極力倡導四體二用的說法。他說：「六書者，文字、聲音、義理之總匯也。有指事、象形、形聲、會意，而字形盡於此矣。字各有音而聲音盡於此矣。有轉注、假借而字義盡於此矣。異字同義曰轉注，異義同字曰假借；有轉注而百字可一義也，有假借而一字可數義也……趙宋以後，言六書者，心胸狹隘，不知轉注、假借所以包括詁訓之全，謂六書爲倉頡造字六法，說轉注多不可通。戴先生曰：指事、象形、形聲、會意四者，字之體也；轉注、假借二者，字之用也。聖人復起，不易斯言矣。」（《說文解字敘注》）清代的學者言六書幾乎沒有人不主張四體二用的，但是四體二用的說法，其缺失在使假借只局限在用字的法則，而非造字的法則，於是有人認爲這種理論是不正確的。

肆、四體六法的理論

　　戴震的六書爲四體二用的說法，認爲轉注和假借是用字的法則，而非造字的法則，顯然和漢書藝文志的說法是相衝突的。漢書藝文志六藝略云：「象形、象事、象意、象聲、轉注、假借，造字之本也。」可知轉注和假借也是造字的法則。前人對此也有提出議論。如：

　　1.孔廣居說：「假借有二類：有古人造字之借，有後人

用字之借。令、長等類，用字之借也，人皆知之，茲不具論。何謂造字之借？如一大爲天，推十合一爲士，此一字之正義也；而雨、兀等之首畫則以爲上，丙之首畫則以爲陽，丞之首畫則以爲天，屮、杏等之下畫則以爲地，耑之中畫亦以爲地，皆假借也。又如一大爲天，大火爲炎，此大字之正義也；而夭、矢等之从大，則以爲象人形，壺、盇等之从大，則以爲象蓋形，皆假借也。若但以令、長爲例，便非古人造字之恉，而與形、事、意、聲、注五者不類矣。」（〈六書次第說〉）孔氏所舉的例子雖然不正確，但是他認爲假借也是一種造字的法則，這一點是值得肯定的。

2.陳澧說：「戴東原謂指事、象形、形聲、會意四者爲字之體，轉注、假借二者爲字之用。段懋堂謂宋以後言六書者不知轉注、假借所以包括詁訓之全，乃謂六書倉頡造字六法。如江氏之說，則轉注誠造字之法，而非詁訓。又假借如有本字而經典相承用假借字者，則用字之法；若西字、來字本無正字，假借鳥西、麥來之字，安得謂非造字之法乎？則謂六書爲造字六法，又可譏乎？蓋六書者字之體，詁訓者字之用也。」（〈書江艮庭徵君六書說後〉）由此可知陳澧也主張「六書爲造字六法」、「六書者字之體」。

3.魯先生說：「夫六書之名始載周禮，循名覈實，而以六書皆造字之本者，明著於劉氏七略，以劉氏父子領校祕書，無所不究，生逢成、哀之世，亦遺書大備之時，及見舊說軼聞，遠過西京兵燹之後，宜其陳義衢，眇合先民微恉。然則轉注、假借，而與象形、指事駢列爲六書者，其必如劉

氏所言，爲造字之準則，而非用字之條例，憭然無疑昧者
矣。休寧戴震未悉玄輗，乃謂綱領之正宜從許氏，因據許敍
而謬爲四體二用之說。自段玉裁以次，踵武張揚，以是而噉
聒百年，至今不絕也。後人亦有讎七略之說，而言假借爲造
字之法者，然皆立論訛頗，無一知其趨嚮，是固無庸毛舉具
駁。其於創通義例，以拓迹開統者，則尤截然未聞也。」又
云「文字因轉注而繁衍，以假借而構字，多爲會意、形聲，
亦有象形、指事。是知六書乃造字之四體六法，而非四體二
用，斯則百世以俟來者而不惑者也。」（《假借遡原》）魯
先生所提出的六書爲四體六法的理論，不但修正了四體二用
之說的偏頗，同時對前人雖然以假借爲造字的法則，但是卻
知其然而不知其所以然，有的立論乖謬，有的舉證錯誤等都
給以極爲明確的辯正，詳見魯先生的假借遡原一書。因此，
四體六法的理論不但超越了四體二用的說法，而且體系的綿
密，論證的精確，更已經凌駕前修，足以啓發後學，雖未必
絕後，確已屬空前。以四體六法的理論去探討假借的內涵，
眞可以令人思路明皙，瞭如指掌，使千古陰霾，一掃而空。

伍、假借的類別

　　綜合前人的各種見解和魯先生的精闢理論，可將假借區
分爲二大類別：一類是用字假借，即訓詁學上的假借；一類
是造字假借，即文字學上的假借。用字假借又可以分爲兩
項：一項是無本字的用字假借，一項是有本字的用字假借。
造字假借也可以分爲兩項：一項是無本字的造字假借，一項

是有本字的造字假借。戴震的四體二用說所指的假借，只是
用字假借而非造字假借，魯先生的四體六法論所指的假借纔
是眞正的造字假借，也纔是漢書藝文志所說的「造字之
本」。有關假借的類別，爲求條理的清晰，茲列表如下：

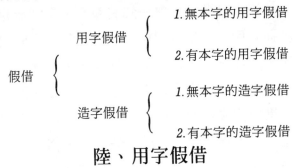

假借
　用字假借
　　1.無本字的用字假借
　　2.有本字的用字假借
　造字假借
　　1.無本字的造字假借
　　2.有本字的造字假借

陸、用字假借

　　用字假借是屬於訓詁學上的假借，即四體二用之理論所
指的假借，亦即戴震所謂「用字之法」，段玉裁所謂「包訓
詁之全」的假借。又可以分爲二項：一是無本字的用字假
借，一是有本字的用字假借。前者是以音表義，後者又謂之
同音通假。茲分項敘述如下：

　　1.無本字的用字假借

　　這一項即是許氏所謂「本無其字，依聲託事」的假借，
前人已經討論的極爲詳細。茲舉例印證如下：

　　⑴《說文》云：「𣎆（每）草盛上出也。从屮母聲。」
每字的本義是「草盛上出」，在經典和古籍中被假借爲二種
意義：一借爲「常」，二借爲「凡」。

　　①《詩經・小雅・皇皇者華》：「每懷靡及。」

　　②《左傳・昭公十三年》：「國每夜駐曰：王入矣。」

以上二例，每字假借爲「常」，即時常。

③《論語‧八佾》：「子入太廟，每事問。」

④《孟子‧離婁下》：「故爲政者，每人而悅之，日亦不足矣。」

以上二例，每字假借爲「凡」，即一切。

(2)《說文》云：「𦮮（若）擇菜也。从艸右，右，手也。」照說文所釋，若字的本義是「擇菜」，在經典古籍中被借爲三種意義：一借爲稱人之詞，二借爲「如」，三借爲「至於」。

①《國語‧晉語四》：「若宿而至。」

②《史記‧淮陰侯列傳》：「若雖長大，好帶刀劍，中情怯耳。」

以上二例，若字假借爲稱人之詞，即第二人稱代名詞，義同汝、爾、你等。

③《論語‧泰伯》：「有若無，實若虛。」

④《尙書‧盤庚上》：「若火之燎于原。」

以上二例，若字假借爲「如」，即好像。

⑤《左傳‧隱公五年》：「若夫山林川澤之實，非君所及也。」

⑥《論語‧述而》：「若聖與仁，則吾豈敢？」

以上二例，若字假借爲「至於」。

(3)《說文》云：「𦣹（自）鼻也。象鼻形。」自的本義是指人的鼻子，在經典古籍上被假借爲二種義：一借爲「由」或「從」，二借爲自稱之詞。

　①《詩經・大雅・文王有聲》：「自西自東，自南自北，無思不服。」

　②《孟子・萬章上》：「《泰誓》曰：天視自我民視，天聽自我民聽。」

　以上二例，自字假借爲「由」或「從」。

　③《論語・憲問》：「夫子自道也。」

　④《孟子・公孫丑上》：「自反而縮，雖千萬人吾往矣。」

　以上二例，自字假借爲自稱之詞，即「自己」。

　(4)《說文》云：「答（昔）乾肉也。从殘肉，日以晞之。」昔字的本義是乾肉，在經典古籍上被假借爲二種意義：一借爲「古」，一借爲「昨日」或「數日之間」。

　①《詩經・商頌・那》：「自古在昔，先民有作。」

　②《周易・說卦傳》：「昔者聖王之作易也。」

　以上二例，昔字假借爲「古」，即往古、古時。

　③《孟子・公孫丑下》：「昔者辭以病，今日弔，或者不可乎？」

　④《孟子・離婁上》：「樂正子見孟子，孟子曰：子來幾日矣？曰：昔者。」

　以上二例，甲例趙岐注云：「昔者，昨日也。」乙例趙岐注云：「昔者，謂數日之間也。」

　(5)《說文》云：「或（或）邦也。从口，戈以守其一，一，地也。域，或或从土。」或字的本義是邦國，是國字和域字的初文，在經典古籍中被假借爲二種意義：一借爲有無

的有，二借爲表示不確定的語詞。

①《詩經・小雅・北山》：「或燕燕居息，或盡瘁事國，或息偃在林，或不已於行。」

②《孟子・梁惠王上》：「或百步而後止，或五十步而後止。」

以上二例，或字假借爲「有」，即「有的」或「有人」。

③《左傳・哀公十二年》：「墮黨崇讎，而懼諸候，或者不可乎？」

④《周禮・攷工記》：「或通四方之珍異以資之。」

以上二例，或字假借爲表示不確定的語詞。

(6)《說文》云：「𣃚（所）伐木聲也。从斤戶聲。」所字的本義爲伐木之聲，在經典古籍之中被假借爲二種意義：一借爲「用」，二借爲「如」，或當介詞用。

①《禮記・禮運》：「禮者君之大柄也，所以別嫌明微。」

②《荀子・修身》：「禮者所以修身也。」

以上二例，所字假借爲用。

③《尚書・牧誓》：「爾所弗勗，其于爾躬有戮。」

④《荀子・勸學》：「不如須臾之所學也。」

以上二例，甲例之所假借爲「如」，乙例之所假借爲介詞。

(7)《說文》云：「𩔞（頃）頭不正也。从匕頁。」頃的本義是頭歪，在經典古籍之中被假借爲二種意義：一借爲少

頃，二借爲頃畝。

　　①《荀子‧性惡》：「天下之悖亂而亡，不待頃矣。」

　　②《莊子‧秋水》：「不爲頃久推移。」

　　以上二例，頃字假借爲少頃，即短時間」。

　　③《淮南子‧泰族訓》：「九州不可頃畝也。」

　　④《史記‧河渠書》：「漑澤鹵之地四萬餘頃。」

　　以上二例，頃字假借爲頃畝，即計算田地的面積的單位。

　　(8)《說文》云：「**豫**（豫）象之大者，从象予聲。」豫字的本義是大象，在經典古籍之中被假借爲二種意義：一借爲豫備，一借爲遊豫或豫樂。

　　①《禮記‧中庸》：「凡事豫則立，不豫則廢。」

　　②《國語‧晉語》：「豫而後給。」

　　以上二例，豫字假借爲豫備，即預備。

　　③《孟子‧梁惠王下》：「一遊一豫，爲諸侯度。」

　　④《孟子‧梁惠王下》：「吾王不豫，吾何以助？」

　　以上二例，甲例豫字假借爲「遊豫」，即遊樂；乙例豫字假借爲豫樂，即悅樂。

　　(9)《說文》云：「**猶**（猶）玃屬，从犬酋聲。一曰隴西謂犬爲猶。」玃的本義爲大猿，在經典古籍之中被假借爲二種意義：一借爲尚且，一借爲「如」或「圖謀」。

　　①《論語‧衛靈公》：「吾猶及史之闕文也。」

　　②《左傳‧僖公三十年》：「臣之壯也，猶不如人。」

　　以上二例，猶字假借爲尚且。

③《國語・周語上》：「民之有口，猶土之有山川也。」

④《詩經・大雅・文王》：「世之丕顯，厥猶翼翼。」

以上二例，甲例猶字假借爲「如」，即如同；乙例猶字假借爲圖謀。

⑽《說文》云：「𢆶（幾）危也，殆也。从𢆶从戍，戍，兵守也；𢆶而兵守者危也。」幾字的本義是危殆，在經典古籍中被假借爲二種意義一借爲「庶幾」一借爲「幾何」。

①《左傳・襄公十六年》：「引領而望曰：庶幾乎比執事之間，恐無及也。」

②《周易・繫辭下》：「顏氏之子，其殆庶幾乎，有不善未嘗不知。」

以上二例，幾字假借爲「庶幾」，即或許。

③《國語・周語》：「其與能幾何？」

④《史記・平原君列傳》：「先生處勝之門下幾年於此矣？」

以上二例，幾字假借爲幾何，即多少。

其他如苟字的本義是一種草名，假借爲苟且的苟，兆字的本義是裂開，假借爲億兆；牢字的本義是養牛馬的地方，假借爲牢固的牢；止字的本義是足趾，假借爲停止、禁止的止；舊字的本義是鴟鳥，假借爲陳舊的舊；焉字的本義是黃鳥，假借爲語助詞「盡心焉」、疑問詞「人焉瘦哉」的焉；其字的本義是簸箕，假借爲其人其事的的其，北字的本義是

兩人相背，假借爲方位南北的北；願字的本義是大頭，假借
爲願望的願；麗字的本義是旅行，假借爲美麗的麗；亦字的
本義是臂下，假借爲「人云亦云」的亦；而字的本義是鬍
鬚，假借爲「而且」的而；之字的本義是草長出來，假借虛
字「之乎者也」的之；某字的本義是酸果，假借爲不定之
名，如某時某地的某；奈字的本義是奈果，假借爲奈何的
奈；勿字的本義是州里所建之旗，假借爲「不可」的勿；雖
字的本義是指一種四腳蛇，假借爲雖然的雖；它字的本義是
蛇，假借爲指示詞「它日」的它；新字的本義是取木，假借
爲新奇的新；萬字的本義的蠍蟲，假借爲千萬的萬。又如
甲、乙、丙、丁、戊、己、庚、辛、壬、癸十個字的假借爲
天干的名稱，子、丑、寅、卯、辰、巳、午、未、申、酉、
戌、亥十二個字皀假借爲地支的名稱，也都是無本字的用字
假借。

　　2.有本字的用字假借

　　這一項是指某一件事或物，原來已經有一個文字在表示
它，但是古人在書寫運用時，或因倉卒之間想不起那一個
字，或因書寫時的態度不夠嚴謹，於是借用另一個字音相同
的文字來代替，也就是近代人習稱的「同音通假」。究其實
際，也就是古人有意或無意之間的寫「別字」。同音通假的
文字只是字音相同而已，字義是不同的。但是文字的應用含
有約定俗成的因素在，時間久了，常因積非成是，到後來竟
然變成假借字通行，本字反而不用或少用了。茲舉例說明如
下：

⑴佚和逸

①《說文》云：「佚，佚民也。从人失聲。」

②《說文》云：「逸，（兔）失也。从辵兔。兔謾訑善逃也。」

案：佚和逸二字其反切都是夷質切，古聲屬喻紐，古韻屬十二部，國語注音ㄧˋ。故隱佚之佚假逸爲之。

⑵溥和普

①《說文》云：「溥，大也。从水尃聲。」

②《說文》云：「普，日無色也。从日並聲。」

案：溥和普二字其反切都是滂古切，古聲屬滂紐，古韻屬五部，國語注音ㄆㄨˇ。故溥大（或溥遍）之溥，假普爲之。

⑶攩和黨

①《說文》云：「攩，朋群也。从手黨聲。」

②《說文》云：「黨，不鮮也。从黑尚聲。」

案：攩和黨二字其反切都是多朗切，古聲屬端紐，古韻屬十部，國語注音ㄉㄤˇ。故朋群（或朋攩）之攩，假黨爲之。

⑷挩和脫

①《說文》云：「挩，解挩也。从手兌聲。」

②《說文》云：「脫，消肉臞也。从肉兌聲。」

案：挩字反切爲他括切，脫字爲徒活切，就聲紐而言，他屬透紐，徒屬定紐，同爲舌頭音；就韻部而言，二字同屬十五部，國語注意ㄊㄨㄛ。故解挩之挩，假脫爲之。

⑸衛和帥

①《說文》云：「衛，將衛也。从行率聲。」

②《說文》云：「帥，佩巾也。从巾𠂤聲。」

案：衛和帥二字其反切都是所律切，古聲屬疏紐，古韻屬十五部，國語注意ㄕㄨㄞˋ。故將衛之衛，假帥為之。

⑹勢和豪

①《說文》云：「勢，健也。从力敖聲。」

②《說文》云：「豪，豪豕，𩮰如筆管者。从豕高省聲。」

案：勢和豪二字其反切都是乎刀切，古聲屬匣紐，古韻屬二部，國語注音ㄏㄠˊ。故勢健（或勢傑）之勢，假豪為之。

⑺敓和奪

①《說文》云：「敓，彊取也。从攴兌聲。」

②《說文》云：「奪，手持佳失之也。从寸奞。」

案：敓和奪二字其反切都是徒活切，古聲屬定紐，古韻屬十五部，國語注音ㄉㄨㄛˊ。故彊取（或搶敓）之敓，假奪為之。

⑻諫和刺

①《說文》云：「諫，數諫也。从言束聲。」

②《說文》云：「刺，君殺大夫曰刺。刺，直傷也。从刀束，束亦聲。」

案：諫和刺二字其反切都是切賜切，古聲屬清紐，古韻屬十六部，國語注音ㄘˋ。故數諫（或譏諫）之諫，假刺為

之。

(9)尻和居

①《說文》云：「尻，處也。从尸几。尸得几而止也。」

②《說文》云：「居，蹲也。从尸古聲」。

案：尻和居二字其反切都是九魚切，古聲屬見紐，古韻屬五部，國語注音ㄐㄩ。故尻處（或尻住）之尻，假居為之。

(10)恳和愛

①《說文》云：「恳，惠也。从心旡聲。」

②《說文》云：「愛，行貌也。从夊恳聲。」

案：恳和愛二字其反切都是烏代切，古聲屬影紐，古韻屬十五部，國語注意ㄞ、，故惠恳（或慈恳）之恳，假愛為之。

柒、造字假借

造字假借是文字學上的假借，它纔是《漢書·藝文志·六藝略》所言「造字之本」的假借，亦即魯先生所言「四體六法」所指的假借。如同用字假借可以分為無本字的假借和有本字的假借二項，造字假借也可以分為無本字的造字假借和有本字的造字假借二項。

*1.*無本字的造字假借

(1)駅　《說文》云：「駅，馬八歲也。从馬八，八亦聲。」駅字从馬八以會出馬八歲的意思。但是八字的本義是「別」，其形構為「象分別相背之形」，作「數目的八」

解，是一種無本字的用字假借。故利用八字的假借義以造出
馱字，即是一種無本字的造字假借。

　　⑵武　《說文》云：「武，楚莊王曰：夫武定功戢兵，
故止戈爲武。」武字从止戈以會出戢兵的本義。但是止字的
本義是「足趾」，其形構在甲文、金文中皆爲一獨體象形
文，作「制止」解，是一種無本字的用字假借。故利用止字
的假借義以造出武字，即是一種無本字的造字假借。

　　⑶韛　《說文》云：「韛，臂衣也，从韋冓聲。」臂衣
是一種皮製的護臂之物。韛字从韋以表示臂衣由皮韋製成。
但是韋字的本義是「相背」，其形構在甲文中象兩足趾相背
之形，作「皮韋」解，是一種無本字的用字假借。故利用韋
字的假借義以造出韛字，即是一種無本字的造字假借。

　　⑷皚　《說文》云：「皚，霜雪之白也。从白豈聲。」
皚字从白以表示霜雪的潔白。但是白字的本義爲「將指」
（即拇指），其形構在甲文、金文中皆爲一獨體象形文，
（《說文》解釋白字的形、義，完全錯誤）作「顏色之白」
解，是一種無本字的用字假借。故利用白字的假借義以造出
皚字，即是一種無本字的造字假借。

　　⑸稘　《說文》云：「稘，復其時也。从禾其聲。《唐
書》曰：稘三百有六旬。」復其時即周年而復始的意思。稘
字从其以表示時間周而復始。但是，其字的本義是簸箕，其
形構在甲文、金文中皆爲一獨體象形，作「時間用而復始」
解，是一種無本字的用字假借。故利用其字的假借義以造出
稘字，即是一種無本字的造字假借。

(6)勑　《說文》云：「勑，勞也。从力來聲。」勑字从來以表示招徠慰勞之意。但是來字的本義是麥子，其形構爲一獨體象形文，作「往來」解，是一種無本字的用字假借。故利用來字的假借義以造出勑字，即是一種無本字的造字假借。

(7)曹　《說文》云：「曹，目不明也。从目弗聲。」曹字从弗以表示目不明。但是弗字的本義是矯弓之器，其形構爲一合體象形文，作否定詞「不」解，是一種無本字的用字假借。故利用弗字的假借義以造出曹字，即是一種無本字的造字假借。

(8)否　《說文》云：「否，不也。从口不，不亦聲。」否字从不以表示非然之義。但是不字的本義是象花開的形狀，其形構在甲文中爲一獨體象形文，作否定詞「非然」之義解，是一種無本字的用字假借。故利用不字的假借義以造出否字，即是一種無本字的造字假借。

(9)覷　《說文》云：「覷，且往也。从且慮聲。」且往謂姑且前往，即匆遽之義。覷字从且以表示且往之義。但是且字的本義是「所以薦」，即几且之且，其形構爲一獨體象形文，作語詞「姑且之義解，是一種無本字的用字假借。故利用且字的假借義以造出覷字，即是一種無本字的造字假借。

(10)攏　《說文》云：「攏，兼有也。从有龍聲，讀若聾。」攏字从有以表示兼有之義。但是有字的本義是持肉而祭鬼神，其形構爲「从肉又聲」，在金文中頗多見。（《說

《文》釋有字的形、義，完全錯誤）作有無之「有」解，是一種無本字的用字假借。故利用有字的假借義以造出𪘚字，即是一種無本字的造字假借。

　　2.有本字的造字假借

　　⑴鞅　《說文》云：「鞅，頸鞅也。从革央聲。」頸鞅是古時一種護頸的皮製品。从「革」表示由皮革製成，但是从「央」卻無頸的意思，說文云：「央，中也。」頸在人身的上端，而非在人身的中部，鞅字从央無所取義，故央字當爲亢字的假借，說文云：「亢，人頸也。」央、亢二字同屬段玉裁古韻分部第十部，屬疊韻通假。故利用有本字的用字假借以造字，謂之有本字的造字假借。（以下詮釋各字時，此句從略）

　　⑵諞　《說文》云：「諞，便巧言也。从言扁聲。」諞是騙的本字，騙爲後起俗體字，見集韻及正字通。諞字从扁，扁字，說文云：「署也。从戶冊。戶冊者，署門戶之文也。」可知扁字爲匾字的初文，即匾額。諞字从扁無所取義，故扁字當爲便字的假借，說文云：「便，安也。」扁、便二字同屬段玉裁古韻分部第十一部，屬疊韻通假。

　　⑶冕　《說文》云：「冕，大夫以上冠也。从月免聲。」冕的本義是冠冕。从免，說文云：「免，兔逸也。」冕字从免無所取義，故免字當爲面字的假借，說文云：「面，顏前也。」免、面二字在聲同屬明紐，在韻同屬段玉裁古韻分部第十四部，屬同音通假。

　　⑷醨　《說文》云：「醨，薄酒也。从酉离聲。讀若

離。」醨的本義是薄酒。从离，《說文》云：「离，山神也。」醨字从离無所取義，故离字當爲劣字的假借，《說文》云：「劣，弱也。」离，劣二字在聲同屬來紐，屬雙聲通假。

(5)焠　《說文》云：「焠，堅刀刃也。从火卒聲。」焠的本義是以火鍊刀，成形而後沒入水中，使其堅硬，如《漢書・王褒傳》云：「清水焠其鋒」，顏說古說：「焠謂燒而內水中以堅之也。」从卒，《說文》云：「卒，隸人給事者爲卒。」焠字从卒無所取義，故卒字當爲叜字的假借，《說文》云：「叜，入水有所取也。」卒、叜二字同屬段玉裁古韻分部第十三部。屬疊韻通假。

(6)麩　《說文》云：「麩，小麥屑皮也。从麥夫聲。」麩的本義是小麥屑皮。从夫，《說文》云：「夫，丈夫也。」麩字从夫無所取義，故夫字當爲膚字的假借，《說文》云：「膚，皮也。」夫、膚二字在聲同屬非紐，在韻同屬段玉裁古韻分部第五部，屬同音通假。

(7)赭　《說文》云：「赭，赤土也。从赤者聲。」赭的本義是赤土。从者，《說文》云：「者，別事詞也。」赭字从者無匠取義，故者字當爲土字的假借，說文云：「土，地之吐生萬事者也。」者，土二字在聲同屬舌頭音，在韻同屬段氏古韻分部第五部，屬同音通假。

(8)序　《說文》云：「序，東西牆也。从广序聲。」序的本義是東西牆。从予，《說文》云：「予，推予也。」序字从予無所取義，故予字當爲甶字的假借，《說文》云：

「昍，左右視也。」引伸有東西之義。予、昍二字同屬段玉裁古韻分部第五部，屬疊韻通假。

(9)頒　《說文》云：「頒，大頭也。从頁分聲。」頒的本義是大頭。从分，《說文》云：「分，別也。」引伸爲小，頒字从分無所義，故分字當爲君字的假借，《說文》云：「君，尊也。从尹口，口以發號。」引伸爲大。分、君二字同屬段玉裁古韻分部第十三部。

(10)歍　《說文》云：「歍，心有所惡若吐也。从欠烏聲。」歍的本義是心惡欲吐。从烏，《說文》云：「烏，孝鳥也。」歍字从烏無所取義，故烏字當爲惡字的假借，《說文》云：「惡，過也。」烏、惡二字在聲同屬影紐，在韻同屬段玉裁古韻分部第五部，屬同音通假。

捌、結　語

中國文字構造的法則——六書，其中假借一類，由於許愼釋其定義爲「本無其字，依聲託事」，又以令、長二字作爲舉例。就前者而言，許氏只詮釋了無本字的用字假借一項；就後者而言，許氏又誤以引伸爲假借。因此引發了後代文字學者對假借一類提出了各種不同的說法，有的以借音表義爲假借，有的以同音通假爲假借，有的甚至將引伸與假借混爲一談，衆說紛紜，莫衷一是。到了清代，戴震、段玉裁一系人物高揭四體二用之說，將假借定位在用字假借的範疇裡，與《漢書・藝文志・六藝略》所云六書皆爲造字之法的論點大相逕庭。其後文字學者論述假借大都無法擺脫四體二

用的陰影。直到民國初年，楊樹達先生提出造字假借的理念，先師魯先生積數十年的研究心得，撰成《轉注釋義》與《假借遡原》二書，建立六書爲四書六法的理論，修正了四體二用的缺失，完成造字假借的綿密體系，纔使先民以假借造字的眞相重現於學術界，如撥雲霧而見蒼天，厥功至偉。本論文綜合用字假借與造字假借，循其綱領，逐項舉例說明，或許可使研治文字學者對六書中的假借一類，理念較爲明晰，方向較爲確定。至於文中掛一漏百之處在所難免，尙祈博雅君子，不吝賜教。

參考資料

⑴《說文解字注》　段玉裁注　藝文印書館

⑵《說文解字詁林》　丁福保編　商務印書館

⑶《文字學纂要》　蔣伯潛著　正中書局

⑷《文字學概說》　林　尹著　正中書局

⑸《轉注釋義》　魯實先著　洙泗出版社

⑹《假借遡原》　魯實先著　文史哲出版社

⑺《中國文字學通論》　謝雲飛著　學生書局

⑻《說文解字敍講疏》　向　夏著　木鐸出版社

⑼《古文字學初階》　李學勤著　國文天地雜誌社

⑽《怎樣學習說文解字》　章季濤著　群玉堂公司

⑾《中國文字學》　唐　蘭著　樂天書局

⑿《文字形義學概論》　高　亨著　齊魯書社

⒀《說文解字通論》　陸宗達著　北京出版社

⒁《漢字說略》　詹鄞鑫著　洪葉出版社

⒂《說文解字導讀》　蘇寶榮　陝西人民出版社

⒃《說文解字六書疏證》　馬敍倫著　上海古籍出版社

⒄《說文解字敍講疏》　向　夏著　上海古籍出版社

⒅《積微居叢書》　楊樹達著　大通書局

⒆《文字學入門》　胡樸安著　商務印書館

⒇《中國文字學》　胡樸安著　商務印書館

(21)《文字學纂要》　蔣伯潛著　正中書局

(22)《中國文字學》　潘重規著　東大圖書公司

(23)《許慎與說文解字研究》　董希謙著　河南大學出版社

(24)《中國訓詁學通論》　林　尹著　正中書局

(25)《中國傳統文化和語言》　沈錫倫著　上海教育出版社

中國文字學經典文獻
〈說文解字敘〉析論

壹、〈說文解字敘〉綜述

　　《說文解字》是中國第一部以六書理論系統地分析字形，標示字音，解釋字義的文字學史與語言學史上的經典著作。從刊行到今日（西元 100～2003 年），已經有 1903 年的歷史。它是歷來閱讀中國經典載籍和研究漢語文字學必備的文獻。它的價值在歸納出漢字構造的條例，根據文字形、音、義的構造關係，運用象形、指事、會意、形聲、轉注、假借「六書」以分析小篆文字，並將所收的 9353 個文字，依照形符區分為 540 個部首。從此漢字有了統攝的條例，不但易於查考，而且每個漢字的形、音、義都有了簡明握要的解釋。它也是歷來研究漢字起源、發展和流變等極重要的典籍。清儒王鳴盛說：「《說文》為天下第一種書，讀遍天下書不讀《說文》，猶不讀也。但能通《說文》，餘書皆未讀，不可謂非通儒也。」（〈說文解字正義序〉）其說雖過於誇張，卻也強調《說文》一書在解釋文字結構及研讀經典載籍的重大貢獻。

　　《說文》的特色在對成體系的上古文字作了系統的整

理。以字形爲基礎，運用據形系聯的原則，將形、音、義三者作了精確的詮釋，故段玉裁說：「許君以爲音生於義，義著於形，聖人之造字，有義以有音，有音以有形。學者之識字，必審形以知音，審音以知義。」這即是說漢語文字的特點在形中有音，音中有義。段玉裁又說：「聖人造字，實自象形始，故合所有之字，分別其部爲五百四十，每部各建一首，而同首者曰凡某之屬皆從某，於是形立而音義易明。」《說文》的另一特色爲建立「始一終亥」的 540 部首以統攝同一字形範疇的文字，並且按照據形系聯的原則排列 540 部首。通過此一方式，人們即可掌握諸多文字的意義範疇，又可以了解每個文字特定的構形、本音、本義。有如王念孫說：「《說文》之爲書，以文字而兼聲音、訓詁者也。凡許氏形聲，讀若，皆與古音相準，或爲古之正音，或爲古之合音，方以類聚，物以群分，循而考之，各有條理。」「《說文》之訓，首列制字之本意，而亦不廢假借，凡言一曰及所引經，類多有之。」（〈說文解字敍〉）

　　《說文》540 部各部的字數雖多寡不一，多的如《艸》部有 445 字，《木》部有 421 字，《水》部有 468 字，言、人、心、手、女、糸等部各有 200 餘字，玉、口、辵、目、鳥、肉、竹、邑、广、衣、馬、火、魚、虫、土、金等部各有 100 餘字，但是各部內的字序卻有其規律，段玉裁謂「凡部之先後，以形之相近爲次。凡每部中，字之先後，以義之相引爲次。」就是說，《說文》在各部中，是將類別相同或意義相近的字集中在一起的。

　　關於《說文》各部中字序的規律，近代學者也有加以探討的。黃侃在《說文略說》中闡明各部部內之字是「先名後事」。殷孟倫在《古漢語簡論》中進一步對各部中字的排列有所發明：以為一是先名後事，二是以聲音為次，三是以意義的同異為次。徐行達在《說文段注研究》中綜合段、黃、殷之家的意見，作了補充和解說，提出六點看法：一是凡有關人名、物名的字，以尊貴的，高大的排列在該部的前頭，如女部的姜（神農姓）、姬（黃帝姓）、嬴（少昊姓）、姚（帝舜姓）等。鳥部的鳳、鸞、鷟、鵝等。二是貶義詞方面的字，多在該部之末，如槩在木部之末，竊在米部之末，癡在疒部之末，欺在欠部之末等。有關死亡的字，也多在該部之末，如弔在人部之末，誄在言部之末，縊在糸部之末，墳在土部之末等。三是就字形的結構看，凡是由部首字重疊而成的，或是由部首字三合為一的，必定在該部之末，如赫在赤部之末，圭在土部之末，磊在石部之末，轟在車部之末。此類同文會意字如果是部首的，則不在此例，如林、蚰、晶、焱等。四是凡一字的形體和意義與部首字相反的，必在該部之末，如二在二部之末，亍在彳部之末，目在目部之末等。五是有些字的形體、讀音或意義，許慎不明白，這些字基本上都排列在該部之末，有時還以「闕」字表示，如爪在爪部之末，說「从反爪，闕。」此乃形義明而其讀音不傳。叚在又部之末，說「借也，闕。」此但知其形體从又及音義，其他則不知。邑部184字，自邱至末20餘字，但云「地名」，即不知這些字的地點在何處。水部也有10餘字在一

起，排列在約 150 字的「名」之末，300 餘字的「事」之前，但云「水也」，也是不詳這些水的源委在何地。六是從邑部、水部排列各字的先後次第看，都是由西北而東南。由於各部中字序的排列都有其明顯的規律性，所以段玉裁說：「《說文》每部自首至尾，次第井井，如一篇文字，《顏氏家訓》所謂隱括有條例，剖析窮根源也。」段氏如此贊揚《說文》一書，毫無過份，因為早在 1903 年之前，許慎在他那個時代，能夠撰寫出這麼有系統的總結文字之學的專著，實在是前無古人而難能可貴的。

　　《說文》一書的作者許慎，為漢儒一代宗師，無論在漢語古文字訓詁學史或中國文化史上，都具有崇高而重要的地位。有關他的生平事迹在歷史記載中不多，僅《後漢書‧儒林傳》有簡要載述云：

　　「許慎，字叔重，汝南召陵人也。性淳篤，少博學經籍，馬融常推敬之。時人為之語曰：五經無雙許叔重。為郡功曹，舉孝廉，再遷，除洨長。卒於家。初，慎以五經傳說臧否不同，於是撰為《五經異義》，又作《說文解字》14 篇，皆傳於世。」

　　許慎的生卒年數，史書中均缺記載，後世學者的考證，看法也頗紛歧。據近人董希謙推論：許慎約生於東漢光武帝 30 年（西元 54 年），20 歲為郡功曹，30 歲舉孝廉，入京師任太尉南閣祭酒。從賈逵受古學，開始編纂《說文解字》，於和帝永元 12 年（西元 100 年）約歷近 20 年完成初稿。於安帝永初 4 年（西元 110 年）與馬融一同在東漢藏書寶庫的

東觀校書，同時在宮廷學校教小黃門。安帝元初6年（西元119年）除洨長未就，稱病歸故里。安帝建光元年（西元121年）9月20日，《說文》一書再經修改補充歷22年終於定稿，由其遺子許沖連同《孝經孔氏古文說》一幷奏上呈獻。於此之前已完成的著作另有《淮南子注》及《五經異義》等。許慎於安帝延光4年（西元125年）卒於家，終年約72歲。

　　許慎的論著除《說文》外其餘皆亡佚，這對被譽爲「五經無雙」的一代經學大師而言，實在是非常令人感到遺憾的事。其《五經異義》共10卷，僅存前人輯錄片斷約113條，由清福州陳壽祺《五經異義疏證》中所引可略知概要。在《十三經注疏》裏，多可見歷代注釋家、訓詁學家，每每引用《五經異義》之說，其次，就是在段玉裁的《說文解字注》中，也不乏其例。

　　許慎因《說文》一書的流傳，對後代影響與貢獻最大的是漢語古文字學，但文字是經藝之本，其一生治學理想是在訓詁六藝群書，弘揚五經之道。秦代，焚詩書、坑術士，六藝散亡殘缺。漢世，徵賢良，求能治經書者，尊儒術，幷置五經博士，委以官祿。許慎生在五經六藝之學大興的時代，卻仍以數十年歲月撰著《說文》，和秦漢時代文化思想與經學變遷，有密切關係，其中最主要的因素，是文字由篆書演變爲隸書，產生「隸變」而引起混亂與爭論。所以《說文》是許慎爲正本清源，弘揚經藝的儒者使命感而作，也是時代文化發展下的作品。

更深一層的說，許慎在《說文》中，對上古文字能作系統的整理和解釋，主要是他具備三個基本條件：第一，他精通六經，根基深厚，如本傳說他「博學經籍」、「五經無雙許叔重」。第二，他廣博地擁有各種上古語言材料。除了六經之外，凡是保存上古漢語字文的載體，如諸子群書、方言，漢代的「通人」之說，他都詳加採摘和博考。他的兒子許沖在〈進說文表〉中說：「慎前以詔書校書東觀。」據段玉裁考證，謂「蓋安帝永初 4 年，詔謁者劉珍及五經博士校定東觀五經、諸子傳記、百家藝術。蓋此時分司其事者史不盡載，許亦其一也。許于和帝永元 12 年已創造《說文》，歷11 年，至永初 4 年復校書東觀，其涉獵者廣，故其書以博而精也。」這是指許慎受漢安帝詔，曾到東觀校定五經與諸子、百家之書，涉獵極廣。許沖〈進說文表〉還說：「慎博問通人，考之于逵。」許慎在《說文‧敘》中也談及「博采通人」。《段注》說：「許君博采通人，載孔子說、楚莊王說、韓非說、司馬相如說、淮南王說、董仲舒說、劉歆說、揚雄說、爰禮說、尹彤說、逸安說、王育說、莊都說、歐陽喬說、黃顥說、譚長說、周盛說、官溥說、張徹說、寧嚴說、桑欽說、杜林說、衛宏說、徐巡說、班固說、傅毅說，皆所謂通人也。」「通人」，主要指漢代學問博通而且有影響力的學者，也指漢代以前一些有聲望、有影響的人。

許沖〈進說文表〉還提到許慎「本從逵受古學」，「考之于逵」之事。賈逵之父研治《左氏春秋》、《國語》、《周官》、《古文尚書》、《毛詩》，賈逵悉傳父業，尤精

于《左傳》、《國語》。〈進說文表〉說：「詔侍中騎都尉賈逵修理舊文，殊藝異術，王教一端，苟有可以加于國者，靡不悉集。」可知賈逵對于上古典籍十分博通，則許慎從賈逵受古學，于上古典籍之精熟，亦可想見。《段注》說：「古學者，《古文尚書》、《詩》毛氏、《春秋左氏傳》乃倉頡古文、史籀大篆之學也。……許于逵受古學，故江式〈論書表〉云：逵即汝南許慎古學之師也。」

　　第三，許氏博考與整理上古文字時，所持態度客觀而嚴謹。此即《說文‧敘》所云「博采通人，至于小大，信而有證，稽撰其說」，"其稱《易》孟氏、《書》孔氏、《詩》毛氏、《禮》、《周官》、《春秋》左氏、《論語》、《孝經》，皆古文也。其于所不知，蓋闕如也"。許氏所持態度客觀而嚴謹，《說文》之作皆有經書、群書、通人之說作依據，所以說"信而有證"。而對于尚不知曉者，則付諸闕如。許氏態度之客觀與嚴謹，《段注》也作了論說，《段注》說，《說文》"稽考詮釋，或以說形，或以說音，或以說義。三者之說皆必取諸通人。其不言某人說者，皆根本六藝經傳，務得倉頡、史籀造字本意，因形以得其義與音，而不為穿鑿。」許慎依據六藝經傳，主要的計有：「孟《易》者，許君《易》學之宗也」，「孔氏者，許《書》學之宗也」，「毛氏者，許《詩》學之宗也」，「左氏者，許《春秋》學之宗也」。許慎以《易》孟氏、《書》孔氏、《詩》毛氏、《春秋》左氏為宗，堅持古文經，同時也不廢今文經，此即《段注》所說「許氏未嘗不用《魯詩》、《公羊

傳》、《今文禮》」。

許愼具備上述三個基本條件，使他在《說文》中對上古漢語文字的整理信而有徵，可謂眞實而全面地記錄了上古漢語文字的實際情形。許愼在《說文・敘》中特別強調"必遵修舊文而不穿鑿"，許沖〈進《說文》表〉也提及"蓋聖人不妄作，皆有依據"，這些都是體現撰著《說文》的嚴謹態度。有依據，不穿鑿，是確保眞實全面地記錄上古字詞的前提。上古漢語文字是成批地、成體系地產生的，《說文》旣已記錄上古漢語文字的實際情形，也就表明《說文》對成體系的上古文字作了系統的整理。（參見朱永培著《說文與上古漢語詞義研究》）

許愼在《說文》中對漢字形義的詮釋，所呈現的特色之一是反映了古代社會中的許多文化意涵。所謂文化意涵是指超越於物質表象之上的意涵，如思想、道德、教育、藝術等，它是一個社會深層結構中的重要基礎。這也是人們研討《說文》時必須深入探究的一項。如《說文》釋「玉」字云：「玉，石之美有五德者：潤澤以溫，仁之方也；䚡理自外，可以知中，義之方也；其聲舒揚，專以遠聞，智之方也；不撓而折，勇之方也；銳廉而不忮，潔之方也。象三玉之連，1其貫也。」這一詮釋，反映了古代社會對玉的高度評價，將玉的特質比擬爲人的美德，於是由「玉」可以引伸出「美善」、「高貴」等道德價值。古代潔身自愛的君子所以要「身不離玉」，便是在提醒自己隨時謹記「守身如玉」。並且「玉琢成器」一事也含有深刻的教育意義。又如

《說文》釋「金」字云:「金,五色金也,黃爲之長。久埋不生衣,百鍊不輕,從革不韋。」這一詮釋也反映了古代社會對黃金特殊偏愛的原因,在於它不會生鏽,不因錘鍊而減輕其質量,能隨匠人的精心設計而被打造成各式各樣精美的器物和飾品。因而引伸出「純淨」、「堅實」、「經得起考驗」等道德屬性,這其中便寓有深刻的文化意涵。又如《說文》釋「缶」字云:「缶,瓦器,所以盛酒漿。秦人鼓之以節歌。」釋「鐘」字云:「鐘,樂鐘也。秋分之音,萬物種成,故謂之鐘。」釋「琴」字云:「琴,禁也。」用「節歌」——奏樂節拍,豐富了「缶」的藝術功能;用節候——「秋分之音」,說明「鐘」的象徵意義;用節制——禁止欲念,強調「琴」所具陶冶心性的特質,這些都反映出古代社會在物質之上所寓託的文化意涵。又如《說文》釋「酒」字云:「酒,就也,所以就人性之善惡。一曰造也,吉凶之所造起也。古者儀狄作酒醪,禹嘗之而美,遂疏儀狄。」本當解釋「酒」的定義,卻轉而指出人們飲酒而產生的正負面作用,以及酒對社會所引發的吉凶現象。這也是反映了古代社會在物質之上所寓託的文化意涵。

許慎在《說文》中的另一特殊表現是對古人發明權和著作權的尊重,也就是當今全世界都在大力提倡的尊重別人的智慧財產權(intellectual property right)。許氏在詮釋文字時,只要涉及遠古所創造發明器物或作品時,必交代其來源,其中被他作爲主要採摘對象的是現在僅存輯佚本的戰國時所撰《世本》,尤其是《世本》中的〈作篇〉,《說文》

云：「作，起也。」所以，凡是稱「作」的，都是有關創造發明的直接記載。茲據《說文》條錄如下：

(1)禳。《說文》示部：「禳，磔禳祀，除癘殃也。古者燧人禜子所造，從示，襄聲。」(2)耒。《說文》耒部：「耒，手耕曲木也。從木推丰。古者垂作耒耜以振民也。」(3)笙。《說文》竹部：「笙，十三簧。象鳳之身也。笙，正月之音物生，故謂之笙。大者謂之巢，小者謂之和。從竹，生聲。古者隨作笙。」(4)簧。《說文》竹部：「簧，笙中簧也。從竹，黃聲。古者女媧作簧。」(5)簙。《說文》竹部：「簙，局戲也。六箸十二棊也。從竹，博聲。古者烏冑作簙。」(6)巫。《說文》巫部：「巫，祝也。女能事無形，以舞降神者也。象人兩袖舞形。與工同意。古者巫咸初作巫。」(7)井。《說文》井部：「井，八家一井，象構韓形。甃之象也。古者伯益初作井。」(8)匋。《說文》缶部：「匋，瓦器也。從缶，包省聲。古者昆吾初作匋。」(9)矢。《說文》矢部：「矢，弓弩矢也。從入象鏑括羽之形。古者夷牟初作矢。」(10)舂。《說文》臼部：「舂，搗粟也。從廾持杵臨臼上。午，杵省也。古者雝父初作舂。」(11)冕。《說文》冃部：「冕，大夫以上一冠也。邃延垂瑬紞纊。從冃，免聲。古者黃帝初作冕。」(12)网。《說文》网部：「网，庖犧所結繩，以田以漁。從冂，下象网交文。」(13)羅。《說文》网部：「羅，以絲罟鳥也。從网從維。古者芒氏初作羅。」(14)帚、秫酒。《說文》巾部：「帚，糞也。從又持巾掃冂內。古者少康初作箕帚、秫酒。少康，杜康也。葬長

垣。」⒂舟。《說文》舟部；「舟，船也。古者共鼓貨狄刳
木爲舟，剡木爲楫，以濟不通。」⒃磬。《說文》石部：
「磬，樂石也。從石殸。象縣虡之形。殳擊之也。古者毋句
氏作磬。」⒄磑。《說文》石部：「磑，䃺也。從石，豈
聲。古者公輸班作磑。」⒅煮鹽。《說文》鹽部：「鹽、鹹
也。從鹵，監聲。古者宿沙初作煮海鹽。」⒆琴。《說文》
琴部：「琴，禁也。神農所作。洞越。練朱五弦，周加二
弦。象形。」⒇瑟。《說文》琴部：「瑟，庖犧所作弦樂
也。從珡，必聲。」(21)弓。《說文》弓部：「弓，以近窮
遠。象形。古者揮作弓。周禮六弓，王弓弧弓以射甲革甚
質，夾弓庾弓以射干侯鳥獸，唐弓大弓以授學射者。」(22)
鐘。《說文》金部：「鐘，樂鐘也。秋分之音，萬物種成，
故謂之鐘。從金，童聲。古者垂作鐘。」(23)車。《說文》車
部：「車，輿輪之總名。夏后時奚仲所造。象形。」(24)酒。
《說文》酉部：「酒，就也，所以就人性之善惡。從水從
酉，酉亦聲。一曰造也。吉凶所造起也。古者儀狄作酒醪，
禹嘗之而美，遂疏儀狄。杜康作秫酒。」(25)醫。《說文》酉
部：「醫，治病工也。殹，惡姿也。醫之性然得酒而使。從
酉。王育說。一曰殹病聲，酒所以治病也。《周禮》有醫
酒。古者巫彭初作醫。」(26)八卦。〈說文解字敍〉：「古者
庖犧氏之王天下也，仰則觀象于天，俯則觀法于地。視鳥獸
之文與地之宜，近取諸身，遠取諸物，于是始作《易》八
卦，以垂憲象。」(27)書契（即文字）。〈說文解字敍〉：
「黃帝之史倉頡，見鳥獸蹄迒之跡，知分理之可相別異也，

初造書契。」⑱小篆。〈說文解字敍〉：「三曰篆書，即小篆，秦始皇帝使下杜人程邈所作也。」（參見王寧、謝棟元、劉方等著《說文解字與中國古代文化》）其中「矢」、「弓」、「舟」、「車」、「鐘」的創作發明人，《說文》所引雖然和先秦諸書的記載稍有出入，但無損於許氏對遠古器物創造發明者的尊重，這是治學的基本態度，是相當難能可貴的素養。

　　《說文》自刊行以後，歷代學者都奉爲學習文字、聲韻、訓詁的圭臬，無不勤加研習。南唐徐鉉，在宋雍熙年間重加刊定，並且增益未收的字作爲新坿字，世稱《大徐本》，其弟徐鍇著作《說文繫傳》，世稱《小徐本》。清代中葉，樸學興盛，研究《說文》的學者很多，其中以段玉裁的《說文解字注》、王筠的《說文釋例》、《說文句讀》、朱駿聲的《說文通訓定聲》、桂馥的《說文義證》等書，最負盛名。四者之中，又以段氏的《說文解字》一書，鑽研最深，心得獨多，創發甚宏，影響尤廣，貢獻至大。章太炎曾說，語言文字之學，「上以推校先典，下以宜民便俗。」段氏注《說文》，將許書9000多字加以董理，可謂推校先典，類皆精覈，名物訓詁，貫串古今，辯而不華，質而不野，最能宜民便俗。近人徐行達著《說文段注研究》一書，提出段注的貢獻有五，缺點有三。關於貢獻方面：第一是闡明《說文》的條例；第二是恢復《說文》的本來面目；第三是以《說文》貫通群書；第四是以《說文》校釋群書；第五是分定古韻爲十七部。關於缺點方面：第一是前後矛盾，且與他

本人也著作矛盾；第二是體例不夠嚴密；第三是空白點較多。因原文頗爲冗長，茲不引述。總體而言，《段注》一書，大醇小疵，瑕不掩瑜，它依然是自漢以來，研究《說文解字》最爲難能可貴的一部著作。

　　《說文解字・敘》這一篇，其主旨在敘述中國文字的發源及其流變，並說明撰述《說文解字》一書的緣由。是敘述中國文字學最早的經典文獻。

　　全篇共分八段：第一段敘述文字的發源及創造的原始。第二段敘述倉頡造字之後，由於社會的發展，文字逐漸增多，經歷五帝三王，字體更改不一。第三段敘述六書的名稱，詮釋其意涵及例證。並說明周朝的太史籀所著的大篆，已與古文有所差異。第四段敘述戰國時，各國文字形體，差異頗大。秦始皇採用李斯的建議，改以小篆爲通行字體，其後爲了簡便，又有隸書，古文因此而廢絕。當時的文字有八種形體。第五段敘述漢朝興起之後，開始作草書，並且用八種形體的文字以甄拔官吏。其後因古文、大篆不受重視和採行，故政府徵選能夠通曉古文、大篆的人，授以尊貴的職位。第六段敘述王莽所建立的新朝又改定古文，將秦朝的八體改變爲六書。第七段敘述《說文解字》一書所收的古文，乃是依據「壁中書」及《春秋左氏傳》、郡國山川的鼎彝文字三樣爲標準，淵源有自。然而世人卻狃習非訾，以俗體字解經，乖舛荒謬，卻執迷不悟，因此不得不撰作《說文解字》一書。第八段敘述《說文解字》一書所建立的體例。

　　此篇敘文文字古樸典雅，簡潔深切，具有東漢經典文字

的特色，對於中國文字的肇端，以及進而爲正式書契；文與字的區別，六書的條例；古文、大篆、小篆、隸書、草書等字體的演進過程；《說文解字》以小篆爲解說的依據，及全書共分 14 篇，540 部首，9353 文，重文 1163 個，解說共133441 字等事，均作了解明精要的說明。不但是研究文字學的綱領，也是研究中國經典載籍的入門指針。所以王筠評爲「發揮六書之指，使百世之下，猶可以窺見三古制作之意者，固若日月之麗天，江河之由地，其或文奧言微，亦必明者之有所述，師者之有所授，後受小生區聞陬見，不得而妄議已。」原文仿《史記》之例，置於全書之末。對文字之學探源竟委，體大思精，是最早闡述文字之學的經典文獻。

貳、〈說文解字敘〉原文

敘曰：古者庖犧氏之王天下也，仰則觀象於天，俯則觀法於地，視鳥獸之文與地之宜，近取諸身，遠取諸物，於是始作易八卦，目垂憲象。及神農氏結繩爲治，而統其事，庶業其繁，飾僞萌生。黃帝之史倉頡，見鳥獸蹏迒之迹，知分理之可相別異也，初造書契，百工目乂，萬品目察，蓋取諸夬。「夬，揚于王庭。」言文者，宣教明化於王者朝廷，「君子所目施祿及下，居德則忌」也。

倉頡之初作書，蓋依類象形，故謂之文；其後形聲相益，即謂之字。文者，物象之本；字者，言孳乳而寖多也。箸於竹帛謂之書；書者，如也。目迄五帝三王之世，改易殊體；封于泰山者七十有二代，靡有同焉。

　　《周禮》：八歲入小學，保氏教國子先目六書：一曰「指事」；指事者，視而可識，察而見意，二二是也。二曰「象形」；象形者，畫成其物，隨體詰詘，日月是也。三曰「形聲」；形聲者，目事爲名，取譬相成，江河是也。四曰「會意」；會意者，比類合誼，目見指撝，武信是也。五曰「轉注」；轉注者，建類一首，同意相受，考老是也。六曰「假借」；假借者，本無其字，依聲託事，令長是也。及宣王大史籀，著〈大篆〉十五篇，與古文或異。至孔子書六經，左丘明述《春秋傳》，皆目古文。厥意可得而說。

　　其後諸侯力政，不統於王，惡禮樂之害己，而皆去其典籍。分爲七國，田疇異晦，車涂異軌，律今異釁，衣冠異制，言語異聲，文字異形。秦始皇帝初兼天下，丞相李斯乃奏同之，罷其不與秦文合者。斯作〈倉頡篇〉，中車府令趙高作〈爰歷篇〉，大史令胡毋敬作〈博學篇〉，皆取史籀大篆。或頗省改，所謂小篆者也。是時秦燒滅經書，滌除舊典，大發吏卒，興戍役，官獄職務緐，初有隸書，以趣約易，而古文由此絕矣。自爾秦書有八體：一曰大篆；二曰小篆；三曰刻符；四曰蟲書；五曰摹印；六曰署書；七曰殳書；八曰隸書。

　　漢興，有艸書。尉律：學僮十七已上始試，諷籀書九千字，乃得爲史。又目八體試之，郡移大史并課，寂者目爲尚書史。書或不正，輒舉劾之。今雖有尉律，不課，小學不修，莫達其說久矣。孝宣皇帝時，召通〈倉頡〉讀者，張敞從受之。涼州刺史杜業，沛人爰禮，講學大夫秦近，亦能言

之。孝平皇帝時，徵禮等百餘人，令說文字未央廷中，目禮爲小學元士。黃門侍郎楊雄，采目作〈訓纂篇〉。凡〈倉頡〉已下十四篇，凡五千三百四十字。群書所載，略存之矣。

及亡新居攝，使大司空甄豐等校文書之部，自目爲應制作，頗改定古文。時有六書：一曰古文，孔子壁中書也；二曰奇字，即古文而異者也；三曰篆書，即小篆；四曰左書，即秦隸書，秦始皇帝使下社人程邈所作也；五曰繆篆，所目摹印也；六曰鳥蟲書，所目書幡信也。

壁中書者，魯恭王壞孔子宅，而得《禮記》、《尚書》、《春秋》、《論語》、《孝經》、又北平侯張蒼獻《春秋左氏傳》；郡國亦往往於山川得鼎彝，其銘即耑代之古文，皆自相佀，雖叵復見遠流，其詳可得略說也。而世人大共非訾，目爲好奇者也；故詭更正文，鄉壁虛造不可知之書，變亂常行，目燿於世。諸生競逐說字解經誼，稱秦之隸書爲倉頡時書，云：「父子相傳，可得改易！」乃猥曰：「馬頭人爲長；人持十爲斗；蟲者屈中也。」廷尉說律，至目字斷法。「『苛人受錢，』苛之字止句也。」若此者甚衆，皆不合孔氏古文，謬於史籀。俗儒啚夫，翫其所習，蔽所希聞，不見通學，未嘗覩字例之條，怪舊埶而善野言，目其所知爲祕妙，究洞聖人之微恉。又見倉頡篇中『幼子承詔』，」因曰：「古帝之所作也，其辭有神僊之術焉。」其迷誤不諭，豈不悖哉！

《書》曰：「予欲觀古人之象。」言必遵修舊文，而不

穿鑿。孔子曰：「吾猶及史之闕文，今亡矣夫！」蓋非其不
知而不問，人用己私，是非無正，巧說衺辭，使天下學者
疑。蓋文字者，經藝之本，王政之始，耑人所目垂後，後人
所目識古。故曰：「本立而道生。」「知天下之至嘖而不可
亂也。」今敘篆文，合目古籀；博采通人，至於小大，信而
有證，稽譔其說。將目理群類，解謬誤，曉學者，達神恉，
分別部居，不相襍廁也。萬物咸覩，靡不兼載，厥誼不昭，
爰明目諭。其偁《易》孟氏、《書》孔氏、《詩》毛氏、
《禮周官》、《春秋左氏》、《論語》、《孝經》，皆古文
也，其於所不知，蓋闕如也。

　　此十四篇，五百四十部也，九千三百五十三文，重一千
一百六十三，解說凡十三萬三千四百四十一字。其建首也，
立一爲耑。方目類聚，物目群分；同條牽屬，共理相貫，襍
而不越，據形系聯，引而申之。目究萬原；畢終於亥，知化
窮冥。

參、〈說文解字敘〉詮釋

㈠敘曰。

　　敘是次第的意思，見《說文》。如《尙書・皋陶謨》
「天敘有典」，《爾雅・釋詁》「舒、業、順、敘，緒
也。」古書或假「序」爲之。但是「序」的本義是「東西
牆」，見《說文》。經傳多假序爲敘，如《周禮》、《儀
禮》多以序作次第解釋。又《詩・周頌・閔予小子》「繼序
思不忘」，《毛傳》謂「序，緒也。」以「序」爲「緒」的

假借字。緒的本義是「絲耑」,見《說文》。段玉裁謂「耑者草木初生之題也,因爲凡首之稱。抽絲者得緒而可引。引申之,凡事皆有緒可續。」古代的著作如司馬遷《史記》、班固《漢書》、揚雄《法言》、《太玄》諸書,「敘」都置於全書之末,成爲體例,許愼著《說文解字》一書,其敘文乃仿傚《史記・自序》置於全書之末。後世則多置全書之首。就文字本義而言,緒者耑也,即開端之義,凡置於書首之言,當作「緒言」,或「弁言」爲宜。本篇爲許愼敘述撰寫《說文解字》一書的用意和經過。

㈡古者庖犧氏之王天下也。

　　庖犧氏即伏犧氏。「庖」、「伏」二字古音同。相傳是上古帝王。但是《周易・繫辭》「《易》之興也,其於中古乎?」虞翻注「興易者謂庖犧也;庖犧爲中古,則庖犧以前爲上古。」近人對於庖犧氏是否爲古代的帝王,則多持懷疑的態度。如聞一多說:「伏羲與女媧的名字,都是戰國時纔開始出現於記載中。伏羲見於《易・繫辭下傳》、《管子封禪篇》、《輕重戊篇》、《莊子・人間世篇》、《大宗師篇》、《胠篋篇》、《繕性篇》、《田子方篇》、《尸子・君治篇》、《荀子・成相篇》、《楚辭・大招》、《戰國策・趙策二》。」(《神話與詩・伏羲考》)

　　范文瀾說:「伏犧與太皞向來被當作同一個人的名號,事實上伏犧是指遠古開始有畜牧業的一個時代。」(《中國通史簡編》)向夏以爲司馬遷撰《史記》,始〈五帝本紀〉,不稱三皇。他對晚周諸子關於黃帝的傳說,還指「其

文不雅馴」，說「薦紳先生難言之矣」，當然不會相信傳說
中人首蛇身或龍身的伏羲爲歷史人物的。（《說文解字後講
疏》）

但是近代湖南省馬王堆出土的文物帛書中則有伏犧氏與
女媧氏交尾的圖像，未來或許會有更多的地下文物可資考
證。

㈢仰則觀象於天，俯則觀法於地。視鳥獸之文，與地之
宜，近取諸身，遠取諸物，於是始作易八卦，以垂憲
象。

象，天象，包含日月星辰的定位與運行，風雲雨露的變
化消長。法，法則，包含山川形勢的分布，原濕土壤的沃
瘠。諸，之於二字的合音。八卦，指乾（☰）爲天，坤（☷）
爲地，坎（☵）爲水，離（☲）火，震（☳）爲雷，兌（☱）
爲澤，艮（☶）爲山，巽（☴）爲風。垂，即垂示。憲象，
即法象、法度。《爾雅・釋詁》「憲，法也。」《周易》
「法象莫大乎天地。」全句的內涵，孔穎達以爲「仰則觀象
於天，俯則觀法於地者，言取象大也。觀鳥獸之文與地之宜
者，言取象細也。大之與細，則無所不包也。地之宜者，若
《周禮》五土動物植物，各有所宜是也。」「近取諸身者，
若耳目鼻口之類是也。遠取諸物者，若雷風山澤之類是也。
舉遠近則萬事在其中矣。」（《周易正義》）至於八卦的構
成時期，則郭沫若說：「八卦的卦形大部分是由既成的文字
誘導出來的。」又說：「殷周典籍以及古器物文字，如卜辭
與金文之類，絲毫也沒有表現著八卦的氣味。八卦的卦形最

好拿來做圖案，但是青銅器的圖象中儘管有不少神祕的花樣，而卻沒有一件是利用到八卦上來的。」他所作的結論是「總之，八卦是既成文字的誘導物，而其構成時期亦不得在春秋以前」。（《青銅時代・周易之制作時代》）

㈣及神農氏，結繩爲治而統其事，庶業其繇，飾僞萌生。

　　神農氏，漢趙岐《孟子》注：「神農，三皇之君，炎帝神農氏也。」結繩爲治，《周易・繫辭下・傳》云：「上古結繩而爲治，後世聖人易之以書契。」庶業，各種事業。其，同綦，猶極也。繇，爲繁的正字。飾僞，文飾而爲僞。萌生，如草木萌芽而滋生。庶業其繇，飾僞萌生，二句謂各種事業極端繁雜，人爲巧飾極端滋生。段玉裁注解上述二段文字說：「以上言庖犧作八卦，雖即文字之肇端，但八卦尚非文字。」

　　關於結繩記事和文字起源的關係，近代學者有頗多精闢的看法可資參考。如蔣善國說：「中國古時，實有結繩之法，顧其法不可詳考。所可見者，唯《周易正義》引鄭玄云：『事大，大結其繩；事小，小結其繩。』二語而已。而鄭氏之言，亦殆出於臆測，非有實跡可據。是當徵之於各野蠻民族，以明其概略。朱熹曰：『結繩，今溪洞諸蠻猶有此俗。』此宋時苗民之結繩也。嚴如煌《苗疆風俗考》云：『苗民不知文字，父子遞傳，以鼠牛虎馬記年月，暗與曆書合。有所控告，必倩人代書。性善記，懼有忘，則結於繩。』此近世苗民之結繩也。琉球初亦以結繩記事，若林勝邦《涉史餘錄》云：『琉球所行之結繩，分指示及會意兩

類。凡物品交換、租稅賦納，用以記數者，為指示類。使役
人夫、防護田園，用以示意者，則為會意類。其材料多用藤
蔓草莖或木葉等。今其民尚有用此法者。」……秘魯土人曾
用一種最完全之結繩方法，名為結子(Quipus)。凡人民之統
計，土地之界域，各種族及兵卒之標號，命令之宣布，刑法
之制定，以及死者之墓誌，莫不賴之。甚至由遠省來者，無
論觀風進貢或宣戰等，必須帶結子以為通告之符信。其法以
一主繩繫有定距離之各色繩子。於各小繩上，因事之種類，
而各異其結，且以各種顏色以代表等等事項。如紅色代表軍
事及兵卒，黃色指明黃金，白色表明銀及和睦，綠色象徵禾
穀等類。又單結表示十，雙結為二十，重結為百，二重結為
二百，餘類推。古秘魯各城市中皆有專門講解結子之官吏，
名為結子官。此種官吏對於講解之技藝極為嫻熟，唯須藉口
語之助，始能將意思達出。」（《中國文字之原始及其構
造》）

　　梁東漢說：「主張文字起源於結繩的人，其主要錯誤在
於把幫助記憶的工具同交際和交流思想的工具等同起來。文
字之所以異於結繩，就在於它以一個完整的符號體系表達有
聲語言，就在於它從全民語言的基礎上產生，因而具有全民
性和社會性。結繩則只能作為個人幫助記憶的工具，它本身
具備的條件從它一出現起就區別於文字，而且不可能發展為
文字。」（《漢字的結構及其流變》）

　　向夏說：「結繩僅有幫助記憶的作用，不能視為文字的
起源。因為結繩的記載，不具備和語言結合的條件，而文字

一出現它就是語言的書寫符號。由於《易繫辭下傳》、許愼《說文解字・敍》的影響，即有人認文字的前身就是結繩的說法，如朱宗萊的《文字學形義篇》說『文字之作，肇始結繩。』」

㈤黃帝之史倉頡，見鳥獸蹏迒之迹，知分理之可相別異也，初造書契。

　　倉頡，《帝王世紀》云：「黃帝史官倉頡。」衛恆《四體書勢》云：「昔在黃帝，創制造物，有沮誦、倉頡者，始作書契，以代結繩。蓋二人皆黃帝史也。諸書多言倉頡，少言沮誦者，文略也。」蹏迒，蹏同蹄。迒音杭，指獸迹。分理，即文理，指鳥跡獸蹄，印於泥上，有文理可辨。書契，書指文字，契謂刀刻，古無筆墨，故用刀刻文字。但是馬敍倫則以爲書契包括寫和刻兩件事。他說：「此言書契，猶今言寫刻。……蓋書契繼結繩而興，而書契復非一事，書謂寫物象於器，契謂刻木識數。」（《說文解字六書疏證》）

　　關於「倉頡作書」的說法，雖然載於《世本・作篇》和《韓非子・五蠹篇》，而《呂氏春秋・君守篇》等也有類似的記載。但是《荀子・解蔽篇》則說：「好書者眾矣，而倉頡獨傳者，壹也。」近代學者章太炎根據這種說法進一步闡論文字的起源，說：「倉頡以前，已有造書者，亦猶后稷以前，神農已務稼穡；后夔以前，伶倫已作律呂也。夫人具四肢，官骸常動，持莛畫地，便以縱橫成象，用爲符號，百姓與能，自不待倉頡也。一二三諸文，橫之縱之，本無定也。馬牛魚鳥諸形，勢則臥起飛伏，皆可象也；體則鱗羽毛鬣，

皆可增減也。字各異形，則不足以合契。倉頡者，蓋始整齊畫一，下筆不容增損，由是率爾箸形之符號，始爲約俗成之書契。」（《檢論・造字緣起說》）蔣善國說：「中國歷史上所謂造字的人，不過是某時代文字整理者或精於某種書法的人，沒有一個人是創造文字的人。我們可以肯定，由相傳最初創造文字的人倉頡，一直到漢末草聖張芝，都沒有創造過文字。」（《漢字形體學》）

㈥百工以乂，萬品以察，蓋取諸夬。夬，揚于王庭，言文者宣教明化於王者朝廷，君子所以施祿及下，居德則忌也。

乂，即「刈」的本字，治的意思。萬品以察，是說眾多的事物因此而彰明。夬，音ㄍㄨㄞˋ，明決的意思。「夬，揚于王庭，言文者宣教明化於王者朝廷。」是《周易・夬卦・象辭》的文字，是說文字能夠宣揚於王者朝廷，其功用至大。

君子所以施祿及下，居德則忌。語見《夬卦・象辭》。段玉裁說：「施祿及下，言能文者則加之以祿；居德則忌，言律己則貴德不貴文也。」王筠說：「桂氏曰：『則忌當爲明忌，王弼《易》作明忌。故說云：居德以明禁。』文字可以居德者，多識前言往行，以畜其德也；可以明忌者，令行禁止之意。居德所以修己，明禁所以新民。」全句是說在上位的君王用以施祿位給人民、存養個人的品德，申明國家的禁忌。

㈦倉頡之初作書，蓋依類象形，故謂之文；其後形聲相
益，即謂之字。

本書命名《說文解字》最早是許慎的兒子許沖上呈給漢
安帝的奏書中所提到的。段玉裁說：「既曰說文，又曰解字
者，古曰文，今曰字。言文字以晐古文、籀文、小篆三體。
言『說』、『解』，以全晐指事、象形、形聲、會意、轉
注、假借六書。每字先說解其義，次說解其形，次說解其
音。說，釋也。解，判也。」（《說文解字注》）

又說：「依類象形，謂指事象形二者也，指事亦所以象
形也。文者，遣畫也。逴造其畫，而物象在是，如見逫而知
其爲兔，見速而知其爲鹿。」（《爾雅・釋獸》：「兔，其
迹逫；鹿，其迹速。」）「形聲相益，謂形聲、會意二者
也。有形則必有聲，聲與形相軵爲形聲，形與形相軵爲會
意。其後，爲倉頡以後也。倉頡有指事、象形二者而已，其
後文與文相合，而爲形聲，爲會意，謂之字。」「析言之，
獨體曰文，合體曰字；統言之，則文字可互稱。左傳『止
戈』、『皿蟲』，皆曰文，是合體爲文也。許君某部言文若
干，謂篆文；言凡若干字，謂說解語。是則古篆通謂之文，
己語則謙言字也。」（《說文解字注》）馬敍倫說：「指
事、象形、會意三書，實皆屬於形系；形聲、轉注、假借三
書，則屬於聲系。形系者，即此所謂依類象形故謂之文；聲
系者，即此所謂形聲相益之字。（《說文解字六書疏證》）

馬敍倫分六書爲形系和聲系兩類，較段玉裁的說法更爲
清楚明確。

㈧文者，物象之本；字者，言孳乳而寖多也。箸於竹帛謂
　之書。書者，如也。

　　「文者，物象之本」各本沒有這六個字，是段玉裁據宣
公十五年《左傳正義》所引《說文・敘》所補。意謂文是用
來表現各種事物形象的原貌。孳乳，孳是汲汲而生，人和鳥
生子叫乳。寖，漸的意思。「字者，言孳乳而寖多」是說
「字是由文蕃衍滋生而逐漸多出來。」王筠說：「物象之本
者，物有本然之象，文如之也。字皆合體，合二體其常也；
從而益之，至合七而止，則其變也。《說文》九千餘字，合
象形、指事，僅三百八十餘字，會意則一千二百餘字，其餘
皆形聲矣。是孳乳者多也。」（《說文句讀》）

　　馬敘倫說：「其後因社會之進步，庶業其緐，飾偽萌
生，此圖畫性之文，不足於用。於是復有聖者，因襲形系之
文，而創為聲系之字，則形聲之書興焉。其法以此形為主義
者，則以彼形為聲；復可以此形聲之字為主義者，而以彼形
聲之字為聲。然後相生而無窮矣，故謂之字。」（《說文解
字六書疏證》）

　　《說文》一書共收小篆9353個，其中形聲字有9697個，
占全部字數的82%，由此可證「字者，言孳乳而寖多也」一
語確實如此。

　　「箸於竹帛謂之書」，是說文字箸錄在竹簡或縑帛上面
就叫做書。段玉裁說：「箸於竹帛，附著而著明之於竹帛
也。古者大事書之於冊，小事簡牘。《聘禮》記曰：『百名
以上書於冊，不及百名書於方。』古用竹木不用帛。用帛蓋

起秦時，秦時官獄職務緐，初有隸書，以趣約易。始皇至以衡石量書決事，此非以縑素代竹木不可。許於此兼言帛者，蓋隱括秦以後言之。」（《說文解字注》）

書者，如也。段玉裁說：「謂如其事物之狀。說文聿部曰：『書者，者（古箸字）也。』謂昭明其事。此云『如也』，謂每一字皆如其物狀。」

向夏認爲「書者如也，非謂如其物狀。所謂『箸於竹帛』，則不限於象形一書，應該是依照約定俗成的書寫形式的意思。」（《說文解文敘講疏》）向氏說法較爲恰切。

⑼以迄五帝、三王之世，改易殊體，封于泰山者，七十有二代，靡有同焉。

段玉裁說：「黃帝爲五帝之首。自黃帝而帝顓頊高陽、帝嚳高辛、帝堯、帝舜爲五帝。夏禹、商湯、周文武爲三王。其間文字之體，更改非一，不可枚舉。傳於世者，概謂之倉頡古文，不皆倉頡所作也。」（《說文解字注》）范文瀾說：「黃帝族散佈在中國西北部，仰韶文化所在地，當是黃帝族的文化遺址。仰韶文化在當時是較高的文化。」「堯、舜、禹時期，存在著以黃帝族爲主，以炎帝族、夷族爲輔的部落大聯盟。禹武力最大，壓迫苗族退向長江流域，黃炎族佔有了中原地區（主要是黃河中游兩岸），從這裏孕育了後來發展起來的偉大燦爛的華夏文化。」（《中國通史簡編》）

《史記‧封禪書》說：「古者，封泰山禪梁父者七十二家，而夷吾所記者，十有二焉。」相傳古代受命帝王，即位

之後，都要舉行封泰山禪梁父的典禮，並且刻石記載其事，由於時代的關係，刻石上的文字，字體時有改易而不一致。

㈩《周禮》：八歲入小學，保氏教國子先以六書。

　　《周禮》一名《周官》，是記載周代官制的典冊。《周禮》一書並沒有「八歲入小學」的記載，《大戴禮・保傅篇》則有「古者年八歲，出就外舍，學小藝焉，履小節焉。束髮而就大學，學大藝焉，履大節焉。」許慎是將《大戴禮・保傅篇》的文字併入《周禮・保氏篇》一起說。《周禮・地官・保氏》說：「保氏掌諫王惡，而養國子以道，乃教之六藝：一曰五禮、二曰六樂、三曰五射、四曰五馭、五曰六書、六曰九數。」《周禮・師氏》鄭玄注：「國子，公卿大夫之子。」

　　「六書」一名，最早見於《周禮》，但是沒有列出分項的名稱，列出分項的名稱，最早見於劉歆《七略》（其書久佚，經班固採入《漢書・藝文志》），次為鄭眾《周禮・保氏》注（見鄭玄《周禮》注所引），次為許慎《說文解字敘》。三家六書的分項名稱與次序，都不相同。茲條列如下：

班固——	象形	象事	象意	象聲	轉注	假借
鄭眾——	象形	會意	轉注	處事	假借	諧聲
許慎——	指事	象形	形聲	會意	轉注	假借

　　梁東漢說：「三家都認為六書是造字之本，但排列的次序不一致，可能反映了他們對文字的發展的看法。」（《漢字的結構及其流變》）就漢字的起源和發展而言，六書的分

項名稱，以許慎所舉出的比較恰當；六書的次第，以班固所舉出的比較合理。

　　段玉裁說：「六書者，文字聲音義理之總匯也。有指事、象形、形聲、會意，而字形盡於此矣；字各有音，而聲音盡於此矣；有轉注、假借，而字義盡於此矣。異字同義曰轉注，異義同字曰假借。有轉注，而百字可一義也；有假借，而一字可數義也。……戴先生曰：指事、象形、形聲、會意四者，字之體也；轉注、假借二者，字之用也。」（.《說文解字注》）

　　段玉裁依據他的老師戴震的說法，將六書區分為四體二用，對後世有關漢字的研究，影響極大。但是近代學者如楊樹達、先師魯實先等人則不以為然。因為《漢書・藝文志》明確的說六書是「造字之本也」，並沒有提到六書和用字的關係，勉強分為四體二用，看似有創意，在學理上則不見得能成立。先師魯實先教授提出「四體六法」的理論，以為六書都是造字之法，但是造出來的形構則有象形、指事、會意、形聲四體。詳見其所著《轉注釋義》及《假借遡原》二書，下文將再提出。

㈦一曰指事。指事者，視而可識，察而見意，二二是也。

　　《說文》將「指事」一項列為六書之首，就文字的起源和發展而言，不盡恰當，所以金鉞說：「六書次第，古今論者數十家，紛岐不一。然證之近日環海各國之文字，無不以象形字為最古，是以象形居六書之首，當無疑義。」（《說文約言》）

　　馬敘倫也認爲「指事」應當產生於「象形」之後，他說：「形系之文，本是圖畫，圖畫必先象物爲形，此理可斷。……許次以指事居先，清人依違各半。然此上文言『倉頡之初作書，蓋依類象形』，夫類爲物類，日月山川牛羊屮木之區以別者是也。依物之類而各象其形，故此下文曰『象形者，畫成其物，隨體詰詘，日月是也』。是則形爲首創，許固自言。況象形指事同謂之文。指事與象形異者，象形之文，當其造成，即如物體，⊙☽☆☆ 是也。指事者，先有象形之文，復以符號式之物加於其體，以所加者在物之適當處而見意，二二甘刃是也。先有一（地之初文），一（天之本字），口刀之文，而以符號式之一筆，各加於其體。箸一於一（地之初文）之上，明有物在地之上也；箸一於一（天之本字）之下，明有物在天之下也。箸一於口中，明口中有所含也（甘爲含之初文）。箸一於刀口，明刀口即刀之鍔也。然則安得使指事躐等而居於象形之上乎！又此言『指事者，視而可識，察而見意』，視而可識者，非一一刀口乎？察而見意者，須審別其中何以復箸符號式之一筆也。是亦可證指事必生於象形之後矣。」（《說文解字六書疏證》）

　　以「視而可識，察而見意」作爲「指事」的定義和界說，其意含頗爲模糊不清，誠如王筠說：「視而可識則近於象形，察而見意則近於會意。」（《說文釋例》）所以歷來對這一個界說，意見頗爲紛歧。「指事」的精確意含是「造字者以其主觀臆構所以示虛象之文。」也就是造字者對於無形可象的事物，憑個人主觀的構想造出來表示該事物的造字

法。可區分爲獨體指事、合體指事、變體指事三類。所謂
「獨體指事」，即以主觀臆構虛象所作之文，自具其獨立音
義，不附從他體而構成者。如 八 二 一 凶 等。所謂「合體指
事」，即於一獨立之文，如獨體象形、獨體指事之上，復加
以無獨立音義而取象於抽象之筆畫而構成者，如 夕 杢 夾 屰
等。所謂「變體指事」，即由獨體指事而變，或反或倒，或
改變其筆畫而構成者。如 屎 皀 𠃊 二 等。參見拙作〈中國文
字構造研究〉一文。

（圭）二曰象形。**象形者，畫成其物，隨體詰詘，日月是也。**

　　段玉裁說：「詰詘，猶今言屈曲也。（謂就物之形體而
曲肖之也。）『日』下曰：『實也，太陽之精；象形。』
『月』下曰：『闕也。太陰之精；象形。』此復舉以明之，
物莫大乎日月也。有獨體之象形，有合體之象形。獨體如
日、月、水、火是也。合體者，从某而又象其形，如
『眉』」从目而以 ノ 象其形，『箕』从竹而以 甘 象其形，
『衰』从衣而以 伀 象其形，「畮」从田而以 罍 象耕田溝詰屈
之形，是也。獨體之象形，則成字，可讀；駙於从某者，不
成字，不可讀。此等字半會意半象形，一字中兼有二者。會
意則兩體皆成字，故與此別。」（《說文解字注》）

　　象形文字，簡單言之，即據客觀實象所作之文。如：

　　象形文字可分為四類：一為「獨體象形」，即據客觀實象所作之文，自具獨立之音義，不附從他體以構之者。如車弟豆冊等。二為「合體象形」，即於一獨立之文外，復益以無獨立音義而取象於實象之形體而成文者。如 等。三為「省體象形」，即由獨體象形而省減其筆畫以成文者。如 等。四為「變體象形」，即由獨體象形而變，或反或倒，或改易其筆畫而成之者。如 等。參見拙作〈中國文字構造研究〉一文。

㈢**三曰形聲。形聲者，以事為名，取譬相成，江河是也。**

　　段玉裁說：「劉歆、班固謂之象聲。形聲即象聲也。其字半主義，半主聲。半主義者，取其義而形之；半主聲者，取其聲而形之。不言義者，不待言也。得其聲之近似，故曰象聲，曰形聲，鄭眾《周禮保氏注》作諧聲，諧，詥也，非

其義。『事』兼指事之事，象形之物；言物亦事也。『名』即『古曰名，今曰字』之名；『譬』者，諭也；諭者，告也。『以事爲名』，謂半義也；『取譬相成』，謂半聲也。『江河』之字，以水爲名，譬其聲如『工可』，因取『工可』成其名。其別於指事、象形者，指事象形獨體，形聲合體。其別於會意者，會意合體主義，形聲合體主聲。聲或在左，或在右，或在上，或在下，或在中，或在外。」（《說文解字注》）

　　《周禮保氏賈公彥疏》云：「書有六體，形聲實多。若江河之類，是左形右聲；鳩鴿之類，是右形左聲；草藻之類，是上形下聲；婆娑之類，是上聲下形；圃國之類，是外形內聲；闈闇衡銜之類，是外聲內形。此形聲之等有六也。」

　　形聲字乃由形符與聲符結合而成字。約可分爲五類：一爲「一形一聲」，即由一形符與一聲符結合而成者。如櫢茶隫晱等。二爲「多形」，即由二個以上之形符與一聲符結合而成者。如賓藕碧褮等。三爲「多聲」，即在一形聲字中，聲符不止一個者。如檜禋龏。四爲「省聲」，即在一形聲字中，其聲符省去一部份筆畫者。如珊璞禮竁等。五爲「省形」，即在一形聲字中，其形符省去一部份筆畫者。如絅宷等。至於依字形結構排列而分類，也可分爲六類：如

　　⑴右形左聲：雞鴨鵝鴉，到削劊剽。
　　⑵左形右聲：鯉鰱鰻鯽，指按扶持。
　　⑶上形下聲：草芥蓏蔗，竿筥笙笠。

⑷下形上聲：鴛鴦鷺絲，駕賸怒怨。

⑸外形內聲：園圃裏裹，匪匱街衢。

⑹內形外聲：問聞辯瓣，鳳輿衡悶。

參見拙作〈中國文字結構研究〉一文。

㈣四曰會意。會意者，比類合誼，以見指撝，武信是也。

比，駢連；類，指象形、指事一類獨體的文；合，會合；誼，義，指文字之義；見，音現，呈現；撝，即揮字，指撝，義為指向。全文謂連合六書中象形、指事之類的文字，會合其字義，造出新字，以呈現字對之所在。如會合止與戈二文而成「武」字，會合人與言二文而成「信」字。主要可區分為異文會意、同文會意、會意兼象形等。所謂「異文會意」，即連合二個或二個以上六書中象形、指事等不同形體文字之義，以呈現其命意之所在而構成者。如等。所謂「同文會意」，即連合二個或二個以上六書中象形、指事等相同形體文字之義，以呈現其命意之所在而構成者。如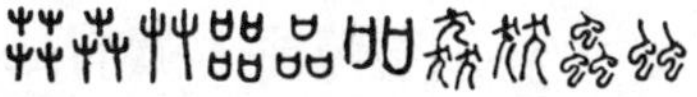等。所謂「會意兼象形」，即於一會意字中復加以表示具體實象之筆畫而構成者。如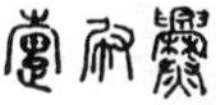等。參見拙作〈會意字釋義〉一文。

㈤五曰轉注。轉注者，建類一首，同意相受，考老是也。

六書中的轉注，自許慎之後，各家說法極多，且說法多不同。丁福葆所編《說文解字詁林》叢書的〈六書總論〉一篇，所收轉注之說即有六十七種之多。其中有部首說、互訓說、主形說、主音說、主義說等。如戴震說：「轉注之云，古人以其語言立為名類，通以今人語言，猶曰互訓云爾。轉

相爲注，互相爲訓，古今語也。《說文》於考字訓之曰老也，於老字訓之曰考也，是以敘中論轉注舉之。《爾雅・擇詁》，有多至四十字共一義，其六書轉注之法歟？別俗異言，古雅殊語，轉注而可知，故曰建類一首，同意相受。」（〈答江愼修論小學書〉）段玉裁說：「轉注猶言互訓也。注者，灌也。數字展轉互相爲訓，如諸水相爲灌注，交輸互受也。轉注者，所以用指事、象形、形聲、會意四種文字也。數字同義，則用此字可，用彼字亦可。」（《說文解字注》）近人梁東漢說：「所謂建類一首，是指的同一個部首，聲音又相近；同音相受是指的意義相同可以互相注釋。例如：考和老就是一對轉注字，考可以解釋做老，老也可以解釋作考。……轉注字必須具備同部首、聲音相同或相近、意義相同這三個條件，缺少一個條件就不行。」（〈漢字的結構及其流變〉）先師魯實先教授著有《轉注釋義》一書，對轉注字產生的原因、轉注字構成的條件、轉注字的類別，詮釋的最爲明白。他說：「夫文字必須轉注，厥有二端：其一爲應語言變遷，其二爲避形義殽混。其避形義殽混者，或增益形文，或增益聲文。……亦有本字借爲它義，歷年彌永，借義專行，因復造一字，俾異借義者。」「文字因轉注而日繁，非唯適應語言，且以釐別形義，斯乃造字之法，不可偏廢，此固先民有意爲之者也。以文字因轉注而滋多，遂有初爲一文，其後歧爲數字者。」「轉注，亦繁於東周，此考之彝銘，徵之典冊，可以審辨其原流與遷化者矣。」（《假借遡原》）轉注字構成的條件和類別，魯先生說：

「建類一首者，謂造聲韻同類之字，出於一文。所謂聲韻同類者，厥有三端：其一聲韻皆同，其二聲同，其三韻同。聲韻皆同者，唯限於義轉之字用之。其聲同或韻同者，則唯音轉之字用之。同意相受者，謂此聲韻同類之字，皆承一文之義而孳乳也。轉謂轉移，注謂注釋，故有因義轉而注者；有因音轉而注者，此所以名之曰轉注也。其因義轉而注者，乃以初文借為它義，或引伸與比擬而為它名，復造一字，俾與初義相合，此之謂義轉。其因音轉而注者，乃以語音有變遷，復造一字，俾與語言相合，此之謂音轉。蓋自轉注肇興，即有此二類。上溯殷墟卜辭，固已二類兼晐，下至漢魏以降，亦未逾二類軌範。」（《轉注釋義》）

　　由此可知，轉注的產生，乃是由於初文被假借為它義，或因引伸、比擬而作為它名，因此必須再造一字，使與初義相合。另一原因為語言有變遷，於是再造一字，使與語言相合。所以轉注是造字之法，而非用字之法。綜合「建類一首，同義相受」，和「轉注」一名的意涵，可知轉注字必須具備三個條件：其一是初文與再造之字有雙聲、疊韻、或聲母、韻母均同之關係。其二為初文與再造之字有意義相同之關係。其三為初文與再造之字有因轉移而注釋之關係。三者皆備纔構成轉注之條件而成為轉注之關係。

　　轉注可分為二類，一類為「義轉」，一類為「音轉」。義轉又分為「存初義與「明義訓」二項；「音轉」又分為「雙聲」與「疊韻」二項。凡義轉之字，必以同音為主，其或僅為雙聲，或僅為疊韻者，乃因其再造之轉注字，距離初

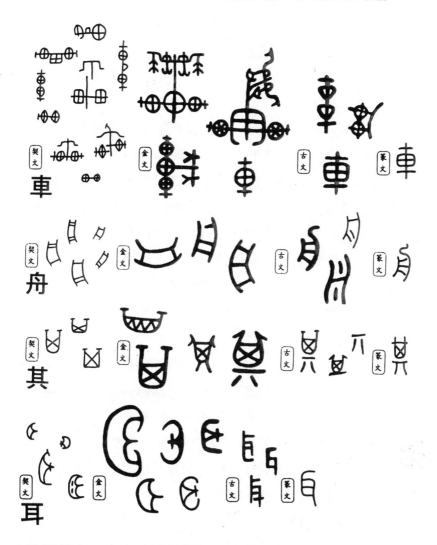

文時間較久，字音改變的緣故。音轉之字，乃因文字是用以記錄語言，而語言有古今之異和方域之殊。根據中夏雅言所造的文字，雖然地域不同，古今異代，但其語言大抵出自同一源頭，故語音相近。其間若有改變，則必韻變而保存其

聲；或聲變而保存其韻。前者稱爲「雙聲轉注」，後者稱爲「疊韻轉注」。茲舉例說明如下：

1. 義轉

(1)存初義之轉注：

如「聿」字之初義爲「所以書也」（見《說文》），即「筆」字之初文，其後借爲發語詞，如《詩・大雅・文王》「聿修厥德」，於是再造「筆」字以保存「聿」字之初義。「其」字之初義爲「所以簸者也」（見《說文》），即「箕」字之初文，其後借爲語尾詞，如《詩・魏風・園有桃》「子曰何其」，於是再造「箕」字以保存「其」字之初義。「豈」字之初義爲「還師振旅樂」（見《說文》），亦即「樂」之義，亦即「愷」字之初文，其後借爲反語詞，如《詩・衛風・竹竿》「豈不爾思」，於是再造「愷」字以保存「豈」字之初義。「亦」字之初義爲「臂下」（見《說文》），即「掖」字之初文，其後借爲語詞，如《論語・學而》「有朋自遠方來，不亦樂乎？」於是再造「掖」字以保存「亦」字之初義。「西」字之初義爲「鳥在巢上」（見《說文》），即「棲」字之初文，其後借爲方位之名，於是再造「棲」字保存「西」字之初義。

(2)明義訓之轉注：

此類義轉之字乃因一字或兼二義與三義者，則易其形聲，別構一字，以明義旨。如《說文》云：「嘽，喘息也，一曰喜也。」因「嘽」字之別義爲「喜」，乃「台」字之轉注字，而「嘽」字兼有二義，於是再造「喘」字以明「嘽」

字本初之義旨,《說文》:「喘,疾息也。」又如《說文》「遯,遷也,一曰逃也。」因「遯」字兼有二義,於是再造「遯」字以明「遷」字本初之義旨,《說文》:「遯,逃也。」又如《說文》云「違,遠也,一曰塞也。」因「違」字兼有二義,於是再造「趌」字以明「違」字本初之義旨,《說文》:「趌,遠也。」又如《說文》云:「歇,息也,一曰气越泄。」因「歇」字兼有二義,於是再造「愒」字以明「歇」字本初之義旨,《說文》:「愒,息也。」又如《說文》云:「惕,放也,一曰平也。」因「惕」字兼有二義,於是再造「慄」字以明「惕」字本初之義旨,《說文》:「慄,放也。」

　　以上二項為義轉之轉注字,下述音轉之音注字:

2.音轉

　　(1)雙聲轉注:

　　《說文》:「牴,解也。」、「觸,牴也。」牴屬端紐,觸屬透紐,牴、觸二字雙聲,此為雙聲轉注。又如《說文》:「迅,疾也。」、「速,疾也。」迅、速二字同屬心紐。《說文》:「肆,習也。」、「習,數飛也。」習屬邪紐,肆屬喻紐,古音同屬定紐。《說文》:「貿,易財也。」、「買,市也。」貿、買二字同屬明紐。《說文》:「年,穀熟也。」、「稔,穀熟也。」二字古音同屬定紐。

　　(2)疊韻轉注:

　　《說文》:「芋,大葉實根駭人,故謂之芋也。」、「莒,齊謂芋為莒。」芋、莒二字同屬段氏第五部。《說

文》：「牢，閑也。」、「牿，牛馬牢也。」牢、牿二字同屬段氏第三部。《說文》：「甘，美也。」、「甜，美也。」甘、甜二字同屬段氏第七部。《說文》：「來，周所受瑞麥來麰也。」、「麥，芒穀。」來、麥二字同屬段氏第一部。《說文》：「突，犬從穴中暫出也。」、「猝，犬從草逐人也。」突、猝二字同屬段氏第十五部。

㈥六曰假借。假借者，本無其字，依聲託事，令長是也。

　　段玉裁說：「假借者，古文初作，而文不備，乃以同聲為同義。」「託者，寄也。謂依傍同聲而寄於此，則凡事物之無字者，皆得有所寄而有字。」（《說文解字注》）唐蘭說：「假借，照理說是很容易講明白的，許叔重所謂『本無其字，依聲託事』，解釋得很好。可惜他把例舉錯了。他所舉令、長二字，只是意義的引伸，決不是聲音的假借。像『隹』字為鳥形的借為發語詞，『其』字為箕形的借為代名詞，這纔是真正的假借。」（《中國文字學》）先師魯實先說：「《說文》之敘假借曰『本無其字，依聲託事，令長是也』。據義求之，若蓋為覆苫、則為等畫、焉為鳥名、雖為蟲名、亦為臂下、也為女陰，而經傳并假為語詞。夫為丈夫、女為婦人、而義為須，汝義為水、爾為靡麗之名，若為順服之義，而經傳皆假為儞人之詞。如此之類，覈之聲韻，非它字之假借，求之義訓，非本義之引伸，斯正本無其字，依聲託事之例，是乃用字假借。其於造字假借，亦有此例，是許氏所釋假借，義失明闡。」（《假借溯原》）魯先生並舉出許慎釋令、長、朋、來、韋、勿、能、西等並為無本字

之假借，而許氏皆誤以假借爲引伸。綜合前人及魯先生的說法，假借可分爲二大類，一類爲用字假借，即訓詁學上之假借；一類爲造字假借，即文字學上之假借。用字假借又分爲二項，一爲無本字之用字假借，一爲有本字之造字假借。造字假借亦分爲二項，一爲無本字之造字假借，一爲有本字之造字假借。茲分述如下：

1.用字假借，即「四體二用」所指的假借，亦即戴震所謂「用字之法」，段玉裁所謂「包訓詁之全」的假借。

(1)無本字之用字假借

如《說文》：「每，草盛上出。」古籍中則假借「每」爲「常」、「凡」。《說文》：「昔，乾肉也。」古籍中則假借「昔」爲「古」、「昨日」、「數日之間」。《說文》：「頃，頭不正也。」古籍中則假借「頃」爲「少頃」、「頃畝」。《說文》：「豫，象之大者。」古籍中則假借「豫」爲「豫備」、「豫樂」。《說文》：「幾，危也。」古籍中則假借「幾」爲「庶幾」、「幾何」。

(2)有本字之用字假借

此指借一同音的字以代替原來的字，近人習稱「同音通假」。如《說文》：「佚，佚民也。」、「逸，兔失也。」古籍中以二字同音，故隱佚之佚，假借逸字爲之。《說文》：「攩，朋群也。」、「黨，不鮮也。」古籍中以二字同音，故朋群之攩，假借黨字爲之。《說文》：「挽，解挽也。」、「脫，消肉臞也。」古籍中以二字同音，故解挽之挽，假借脫字爲之。《說文》：「勢，健也。」、「豪，豪

豕，𧰲如筆管者。」古籍中以二字同音，故勢健之勢，假借豪字爲之。《說文》「敓，強取也。」、「奪，手持隹失之也。」古籍中以二字同音，故強取之敓，假借奪字爲之。

　　2.造字假借爲文字學上的假借，亦即《漢書‧藝文志》所言「造字之本」的假借。易言之，即運用「用字假借」之原理而造字。

　　⑴無本字之造字假借

　　此類造字之法，如《說文》：「馷，馬八歲也。从馬八，八亦聲。」假借本義爲「分別相背」之八以爲數目之八，再與馬字結合而造出「馷」字，此即無本字之造字假借。又如《說文》：「皚，霜雪之白也。从白豈聲。」假借本義爲「將指」之白以爲白色之白，再與豈字結合而造出「皚」字。《說文》：「稘，復其時也。从禾其聲。」假借本義爲簸箕之其以爲時間之其，再與禾字結合而造出「稘」字。《說文》：「勑，勞也。从力來聲。」假借本義爲「瑞麥」之來以爲往來之來，再與力字結合而造出「勑」字。《說文》：「韝，臂衣也。从韋冓聲。」假借本義爲「相違」之韋以爲皮革之韋，再與冓字結合而造出「韝」字。以上均爲無本字之造字假借。

　　⑵有本字之造字假借

　　此類造字之法爲利用有本字之造字假，即「同音通假」之法而造字。如《說文》：「鞅，頸韄也。从革央聲。」此爲假借與「亢」（人頸也）同音之「央」（中也），與「革」結合而造出「鞅」字。又如《說文》：「麩，小麥屑

皮也。从麥夫聲。」此為假借與「膚」（皮也）同音之「夫」（丈夫也），與「麥」結合而造出「麩」字。《說文》：「歍，心有所惡若吐也。从欠烏聲。」此為假借與「惡」（過也）同音之「烏」（孝鳥也），與「欠」結合而造出「歍」字。《說文》「醨，薄酒也。从酉离聲。」此為假借與「劣」（弱也）同音之离（山神也），與「酉」結合而造出「醨」字。《說文》「頒，大頭也。从頁分聲。」此為假借與「君」（尊也）同音之「分」（別也），與「頁」結合而造出「頒」字。假借之說，參見拙作〈中國文字構造「假借綜論」〉一文。

㈦**及宣王太史籀，箸《大篆》十五篇，與古文或異。**

　　周宣王靜在位四十六年，時為公元前827年至公元前782年。徐鍇《說文繫傳》本「或異」上有「或同」二字。段玉裁說：「太史，官名。籀，人名也。省言之，曰史籀。」（《說文解字注》）《漢書藝文志》：「〈史籀篇〉者，周時史官教學童書也。與孔子壁中古文異體。」《漢志》六藝略小學類著錄「史籀十五篇」，班固自注「周宣王太史作《大篆》十五篇，建武時（公元25年至56年）亡六篇矣」。顧實說：「〈史籀〉文字傳自西周，實西周古文；孔壁古文寫於東周，實東周古文。」（《漢書藝文志講疏》）

　　桂馥說：「〈大篆〉十五篇，斷六百字為一篇，共得九千字。」（《說文解字義證》）因為秦焚古文，而〈史籀〉為其所用，故不謂之古文，而稱為「大篆」。

㈥至孔子書《六經》，左丘明述《春秋傳》，皆以古文，厥意可得而說。

　　段玉裁說：「古文、大篆二者錯見，此云皆以古文，兼大篆言之。《六經》、《左傳》不必有古文而無籀文也。下文云『取史籀大篆或頗省改』，兼古文言之，不必所省改皆大篆而無古文也。秦書八體：一曰大篆，二曰小篆，不言古文，知古文已包於大篆中也。王莽改定古文有六書：一曰古文，二曰奇字即古文而異者，三曰篆書即小篆。不言大篆，知古文、奇字二者內已包大篆也。《呂氏春秋》云『倉頡造大篆』，是古文亦可稱大篆之證。」（《說文解字注》）王筠說：「厥意，指字義而言。孔子、左氏既用古文，字義自然可說。」（《說文句讀》）

㈦其後諸侯力政，不統於王，惡禮樂之害己，而皆去其典籍。分爲七國，田疇異晦，車涂異軌，律令異灋，衣冠異制，言語異聲，文字異形。

　　其後，指孔子歿後。力政，宋郭忠恕《汗簡》作「力征」，是說諸侯用武力互相征伐，不受周天子所統治。「惡禮樂之害己，而皆去其典籍。」是說春秋戰國時代，由於封建諸侯割據稱雄，厭惡周朝的禮樂制度妨害其征伐擴張，將原有的典籍加以破壞。《孟子・萬章・下》：「北宮錡問曰：『周室班爵祿也如之何？』孟子曰：『其詳不可得聞也。諸侯惡其害己也，而皆去其籍。』」《漢書藝文志》：「禮經三百，威儀三千，及周之衰，諸侯將踰法度，惡其害己，惛滅去其籍。」七國：指韓、趙、魏、燕、齊、楚、

秦。田疇異晦，晦，畮的本字。《禮記・王制》：「古者以周尺八尺為步，今以周尺六尺四寸為步；古者百畮，當今東田百六十田畮三十步。」鄭注：「禮制，周猶以十寸為尺，蓋六國時多變亂法度。或言周尺八寸，則步更為八八六十四寸。以此計之，古者百畮，當今百五十六畮二十五步。」車涂異軌，涂，同塗；軌，車之轍。周制轍長八尺。經涂七軌，環涂五軌，野涂三軌。七國時，則廣狹任意為之，車不能同軌；秦且廢涂而為阡陌。律令異灋，如商鞅定變法之令。衣冠異制，如趙武靈王之效胡服。言語異聲，文字異形，段注：「謂大行人屬瞽史喻書名聽聲音之制廢，而各用其方俗語言，各用其私意省改之文字也。言語異聲，則音韻歧；文字異形，則體制惑。車同軌、書同文之盛，於是乎變矣。」

㈩秦始皇帝初兼天下，丞相李斯乃奏同之，罷其不與秦文合者。

　　段玉裁謂「以秦文同天下之文。秦文，即下文小篆也。《本紀》曰二十六年書同文字。」這一段話即是在說明「罷其不與秦文合者」。郭沫若認為「中國幅員廣闊，文字流傳到各地，在長遠的期間發生了區域性的差別。秦始皇帝的『書同文字』，是廢除了大量區域性的異體字，使文字更進一步整齊簡易化。」（《奴隸制時代・古代文字之辯證的發展》）王世民認為「春秋戰國時代，由於整個社會政治經濟的急劇變化，特別是封建諸侯的長期割據稱雄局面，使文字也出現相當大的差異，往往同一個字的寫法，各國之間很不

相同，有著濃厚的地方色彩。同時，又產生了大量的俗體字和簡體字。因此，所謂『六國文字』是相當難認的。」又說：「文字的岐異，不利於經濟文化的交流，更妨礙了政令的貫徹。秦始皇統一六國以後，立即『書同文字』。……秦始皇統一文字，主要是『罷其不與秦文合者』，『取史籀大篆，或頗省改』。這就是以秦國文字爲基礎，整理爲所謂小篆，作爲法定的官方文字，廢除那些地方性的異體字。」（一九七三年《考古》第六期：〈秦始皇統一中國的歷史作用〉）更精確的說，就是秦統一天下以後，淘汰了與秦國不同的文字，選擇與秦始皇時通行的文字相同的作爲標準文字。

㈒斯作〈倉頡篇〉，中車府令趙高作〈爰歷篇〉，太史令胡毋敬作〈博學篇〉，皆取史籀〈大篆〉或頗省改，所謂小篆者也。

中車府令是主管乘輿路車的官名。太史令是掌管天時星歷的官名。《漢書藝文志》：「〈倉頡〉七章者，秦丞相李斯所作也。〈爰歷〉六章者，車府令趙高所作也。〈博學〉七章者，太史令胡毋敬所作也。文字多取〈史籀篇〉，而篆體頗復異，所謂秦篆是也。」

段玉裁說：「省者，減其繁重；改者，改其怪奇。云取史籀〈大篆〉或頗省改者，言史籀〈大篆〉則古文在其中。大篆既或改古文，小篆復或改古文大篆。或之云者，不盡省改也。」「太史籀作者〈大篆〉，則謂李斯等作者小篆以別之。小篆，〈藝文志〉作秦篆。凡許書中云篆書者，小篆

也。云籀文者，大篆也。」（《說文解字注》）

㈒是時秦燒滅經書，滌除舊典，大發吏卒興戍役，官獄職務緐，初有隸書，以趣約易，而古文由此絕矣。

　　《漢書‧藝文志》：「是時始造隸書矣，起於獄官多事，苟趣簡易，施之於徒隸也。」

　　隸書的產生，有人以爲是秦朝因爲官司刑獄的需要而造的，主持其事的是程邈。但是有人以爲隸書和小篆都是由大篆演變而成，在秦始皇以前已經存在，程邈只是作整理而已。（見蔣喜國《漢字形體學》）有人以爲隸書「出自諸隸人之手，猶今日官府文書皆由書記作之也，故號曰隸書，而其實乃篆文之艸者耳。在當時只以獄成事繁，不暇皆作篆文，故以比較簡易之書法作之。惟篆艸自古即有」（馬敍倫《說文解字六書疏證》）

㈓自爾秦書有八體：一曰大篆，二曰小篆，三曰刻符，四曰蟲書，五曰摹印，六曰署書，七曰殳書，八曰隸書。

　　關於大篆，段玉裁說：「不言古文者，古文在大篆中也。上云『古文由此絕』，何也？古文大篆雖不行，而其體固在，刻符蟲書等，未嘗不用之也。」（《說文解字注》）

　　康蘭則以爲大篆只是秦、漢間人就他們所看見的較古的秦系文字，並不包括一切的古文字。關於小篆的名稱，馬敍倫則以爲「大小篆之分，秦時宜無有也。且〈史籀篇〉本不名大篆，李斯所定，《漢書‧藝文志》稱爲秦篆，亦無小篆之名。」（《說文解字六書疏證》）關於「刻符」，是指符傳鍥刻的文字。馬敍倫說：「今尚未見秦符，不審其體。」

（《說文解字六書疏證》）唐蘭說：「我們要懂得什麼是刻符，應該注意這一個刻字。……秦兵器很多是刻銘的，也應屬於這一類。六國末年的兵器，又都銷毀，一般人只在若干符傳上還看見鍥刻的文字，所以就叫做刻符。」（《中國文字學》）

　　蟲書即鳥蟲書，是一種裝飾性的文字，戰國的兵器上常有。一說書寫在幡信上面。幡是旌旗之類；信是符節之類，古時用幡或信傳令，幡信上常書寫鳥蟲書。摹印即新莽時的「繆篆」，馬敘倫說：「繆之言絞也。蔡公戈……蓋即繆篆之體。」（《說文解字六書疏證》）。署書，古時一切封檢籤榜題字均稱署；另一說指題宮闕或官署門上的文字。殳書，段玉裁以為是題署於兵器上的文字，唐蘭則以為秦代一些觚形的權上較為方整的書法，像「枸邑權」上的文字，就是殳書。至於隸書，前面已經敘述。

㈤漢興有艸書。

　　艸書，不知始自何人。或謂春秋時已有之，故《論語‧憲問》有「為命裨諶草創之」之語。或謂漢元帝時史游作〈急就章〉，乃集艸書之大成。後漢時杜度工草書，章帝好之，命上章表皆作草書，謂之「章草」。字體雖草，但仍各各分清。至於各字相連綿者，謂之「今草」，也稱「狂草」。

㈥《尉律》：學僮十七已上，始試。諷籀書九千字，乃得為吏。

　　《尉律》，指漢朝廷尉治獄決事所依據的律令。《漢書

藝文志》說：「漢興，蕭何草律，亦著其法，曰：大史試學童，能諷書九千字以上，乃得爲史。」故「吏」字當作「史」字，諷，背誦；籀有抽繹的意思。史，記事者。全段是說學童年十七以上，始准參加考試，必須能背誦《尉律》之文，又能就《尉律》的文字推演發揮，且繕寫到九千字之多，纔能成爲郡縣掌書者。

㈥又以八體試之，郡移大史并課，最者以爲尚書史，書或不正，輒舉劾之。

　　段玉裁說：「大史者，大史令也。并課者，合而試之也。上文『試以諷籀書九千字』，謂試其記誦文理；試以八體，謂試其字迹。縣移之郡，郡移之大史，大史合試此二者。最讀爲殿最之最，取其最者，用爲尚書令史也。」（《說文解字注》）所謂尚書史，即是主書的尚書令史。顧實說：「諷書九千字者，周制也；試以八體者，秦制也。」（《漢書藝文志講疏》）宋王觀國說：「吏者，百官上書也；民者，萬民上書也。吏民上書，字或不正，則令史舉劾。」舉劾，謂檢舉糾而正之。以上言漢初尉律之法如此。

㈦今雖有《尉律》，不課，小學不修，莫達其說久矣。

　　段玉裁說：「（莫達其說久矣），莫解六書之說也。玉裁按：漢之取人，蕭何初制，用律及八體書，迄乎孝武，依丞相御史言，用通一藝以上補卒史，乃後吏多文學之士。合《說文》、《藝文志》及《儒林傳》參觀可見，蓋始用律，後用經，而文學由之盛。始試八體，後不試，第聽閭里書師習之，而小學衰矣。」（《說文解字注》）

㈥孝宣皇帝時，召通〈倉頡〉讀者，張敞從受之。

　　《漢書・藝文志》：「〈倉頡〉多古字，俗師失其讀。宣帝時，徵齊人能正其讀者，張敞從受之。傳至外孫之子杜林，爲作訓詁。」

　　段玉裁說：「正讀者，正其音讀。」（《說文解字注》）

㈦涼州刺史杜業、沛人爰禮、講學大夫秦近，亦能言之。

　　段玉裁說：「杜業在哀帝時，爰禮、秦近皆在平帝及亡新時。」（《說文解字注》）

㈧孝平皇帝時，徵禮等百餘人，令說文字未央廷中。以禮爲小學元士。黃門侍郎楊雄，采以作〈訓纂篇〉。

　　《漢書藝文志》：「至元始中，徵天下通小學者以百數，令各記字於庭中。楊雄取其有用者，以作〈訓纂篇〉，順續〈倉頡〉。」

㈨凡「倉頡」已下十四篇，凡五千三百四十字。群書所載，略存之矣。

　　段玉裁說：「〈倉頡〉已下十四篇，謂自〈倉頡〉至於〈訓纂〉，共十有四篇，篇之都數也；五千三百四十字，字之都數也。」（《說文解字注》）〈倉頡〉以下十四篇，篇名無從考索。

㈩及亡新居攝，使大司空甄豐等，校文書之部，自以爲應制作，頗改定古文。

　　王莽篡漢，改國號曰新，爲劉秀所滅，故曰亡新。攝，攝位。平帝崩，莽立孺子嬰，稱居攝元年，效周公攝政的故

事。《漢書‧王莽傳》：「莽奏起明堂、辟雍、靈臺，制度甚盛，立樂經，自言盡力制體作樂事。」頗，閒或之詞，意謂於古文閒或有所改定。

　　段玉裁說：「頗者，閒見之詞。於古文閒有改定，如疊字下『亡新以爲疊從三日，大盛，改从三田』，是其一也。」《說文解字》晶部：「疊，楊雄說，以爲古理官決罪，三日得其宜，乃行之，从晶宜。亡新以从三日，大盛，改爲三田。」（《說文解字注》）

㊷時有六書：一曰古文，孔子壁中書也。

　　《漢書‧劉歆傳》載〈移讓太常博士書〉，說：「及魯恭王壞孔子宅，欲以爲宮，而得古文於壞壁之中。《逸禮》有三十九篇，《書》十六篇。」班固撰《漢書》，採入〈藝文志〉、〈景十三王傳〉。《後漢書‧盧植傳》：「古文科斗。」注：「古文，謂孔子壁中書也。形似科斗，因以爲名。」科斗今作蝌蚪。

㊸二曰奇字，即古文而異者也。

　　段玉裁說：「儿下云『古文奇字人也』，无下云『奇字無也』，許書二見。蓋其所記古文中時有之，不獨此二字矣。〈楊雄傳〉云：『劉歆之子棻，嘗從雄學奇字。』按不言大篆者，大篆即包於古文、奇字二者中矣。」（《說文解字注》）

㊹三曰篆書，即小篆。

　　此下原有「秦始皇帝使下杜人程邈所作也」十三字，據段注及桂馥《說文義證》移在下文「四曰左書，即秦隸書」

句下。

㈦四曰左書，即秦隸書，秦始皇帝使下杜人程邈所作也。

　　「左」即今之「佐」字。左書，謂其法便捷，可以佐助篆所不逮。上文云：「初有隸書以趣約易。」不言誰作，故此補之曰：「秦始皇帝使下杜人程邈所作也。」邈，《說文》無此字，古祇作藐。

㈧五曰繆篆，所以摹印也。

　　摹，規度之意。繆篆，謂其文屈曲纏繞，用以規度印章的大小，文字的多少而刻。《漢書藝文志》顏師古注：繆篆，謂其文屈曲纏繞，所以摹印也。」

㈨六曰鳥蟲書，所以書幡信也。

　　段玉裁說：「書幡，謂書旗幟；書信，謂書符卩（節）。上文四曰蟲書，此曰鳥蟲書，謂其或像鳥，或像蟲。」（《說文解字注》）

㈩壁中書者，魯恭王壞孔子宅，而得《禮記》、《尚書》、《春秋》、《論語》、《孝經》。

　　此六部經典皆是古文經。

㈠又北平侯張蒼獻《春秋左氏傳》。

　　《漢書‧劉歆傳》載〈移讓太常博士書〉：「《春秋左氏傳》，邱明所修。皆古文舊說，多至二十餘通。」段注：「孝惠三年，乃除挾書之律，張蒼當於三年後獻之。然則漢之獻書，張蒼最先，漢之得書，首《春秋左傳》。」

㈡郡國亦往往於山川得鼎彝，其銘即前代之古文，皆自相

似。

　　段玉裁說：「郡國所得秦以上鼎彝，其銘即三代古文……凡若此者，亦皆壁中經之類也。皆自相似者，謂其字皆古文，彼此多相類。」（《說文解字注》）

㈣雖叵復見遠流，其詳可得略說也。

　　段玉裁說：「雖不可再見古昔原流之詳，而其詳亦可得略說之。就恭王所得、北平所獻，以及郡國所得鼎彝，古文略具於是。」（《說文解字注》）

㈤而世人大共非訾，以為好奇者也。故詭更正文，鄉壁虛
　　造不可知之書，變亂常行，以耀於世。

　　段玉裁說：「此謂世人不信壁中書為古文，非毀之。謂好奇者改易正字，向孔氏之壁，憑空造此不可知之書，指為古文，變亂常行以耀於世也。正文、常行，世人謂秦隸書也。」（《說文解字注》）

㈥諸生競逐說字解經誼。

　　誼，即義，意義。《漢書‧藝文志》：「後世經傳既已乖離，博學者又不想多聞闕疑之義，而務碎義逃難，便辭巧說，破壞形體，說五字之文，至於二三萬言。後進彌以馳逐。」

㈦乃猥曰：馬頭人為長，人持十為斗，虫者屈中也。

　　猥，曲的意思，猥曰，即曲解的說。「馬頭人為長」，謂「長」字，其形體上半為「馬」頭，下半為「人」字。今《玉篇》卷二十九，長字有古文「兲」，或即是漢代俗所說的字形。段玉裁說：「謂『馬』上加『人』便是長字，會

意。曾不知古文小篆長字，其形見於九篇，明辨晢也。今馬頭人之字罕見，蓋漢字之尤俗者。」（《說文解字注》）

　　馬敍倫說：「洪頤煊曰，隸書作 ，豈非馬頭人乎。」（《說文解字六書疏證》）

　　「人持十為斗」，謂「斗」字是由「人」和「十」結構而成，錯誤。斗字小篆作，《說文解字》：「，十升也。象形，有柄。」故斗為象形字，非「从人十」會意。段玉裁說：「今所見漢隸字，斗作，與升字、什字相混。正所謂人持十也。」（《說文解字注》）王筠說：「漢光〈和斛銘〉斗字作、二形，即同此說。」（《說文句讀》）「虫者屈中也」謂「虫」字是由「中」字末端彎曲而形成。如《春秋考異祿》「虫之為言屈中也。」其說謬誤。虫字小篆作，音ㄏㄨㄟˋ，是象形字，隸書省為虫，時人不察，誤以為乃中字豎筆彎曲成。段玉裁說：「蟲从三虫，而往往假虫為蟲。許多云蟲省聲是也。但虫、蟲見十三篇，本象形字，所謂隨體詰詘，隸字祇令筆劃有橫直可書，本非从中而屈其下也。」（《說文解字注》）

㘝廷尉說律，至以字斷法：苛人受錢，苛之字，止句也。

　　「廷尉說律，至以字斷法」，謂廷尉解說律令條文不以字義而以字形。「苛人受錢，苛之字，止句也。」段玉裁引《通典》陳群《魏律令·序》說：「漢令乙有『所苛人受錢』，謂有治人之責者，而受人錢。苛，从艸可聲，假為訶字，並非从止句也。而隸書之尤俗者，乃訛為『苟』。說律者曰：此字从止句，句讀同『鉤』，謂止之而鉤取其錢。其

說無稽，於字意、律意皆大失。」（《說文解字注》）

㈡若此者甚衆，皆不合孔氏古文，謬於史籀。

　　許慎所處時代，緯書盛行，緯書所說大多牽強附會，不可採信，對文字解釋，尤多謬誤。王筠說：「《春秋元命包》『乙力于土爲地，刑之字刀守井也』，穿鑿之詞，不可勝計。」（《說文句讀》）

㈢俗儒啚夫，翫其所習，蔽所希聞，不見通學，未嘗覩字例之條。

　　啚夫，鄉野田夫，指見識狹窄的人。翫，安，習慣之意。字例之條，段玉裁謂「指事、象形、形聲、會意、轉注、假借六書也。」《漢書・藝文志》：「安其所習，毀所不見，終以自蔽，此學者之大患也。」

㈣怪舊埶而善野言，以其所知爲祕妙，究洞聖人之微恉。

　　埶，即藝字。舊藝，指古文經傳。野言，指漢代的俗說，向夏以爲大抵指末世口說流行的今文學，如《公羊》、《穀梁》等。劉向說：「信口說而背傳記，是末師而非往古。」

㈤又見《倉頡篇》中「幼子承詔」，因曰：「古帝之所作也，其辭有神儒之術焉」。其迷誤不諭，豈不悖哉。

　　段玉裁說：「幼子承詔，蓋《倉頡篇》中之一句也。《倉頡篇》例四字爲句。」「幼子承詔，蓋指胡亥即位事。俗儒啚夫既謂隸書即倉頡時書，因謂李斯等所作《倉頡篇》爲黃帝之所作，以黃帝、倉頡君臣同時也。其云幼子承詔者，謂黃帝乘龍上天，而少子嗣位爲帝也。無稽之談，漢人

乃至於此哉。」（《說文解字注》）

㈣《書》曰：「予欲觀古人之象。」言必遵修舊文而不穿
　鑿。孔子曰：「吾猶及史之闕文，今亡矣夫。」

　　《書》曰，指《尚書・皋陶謨》：「予欲觀古人之象，
日月星辰山龍華蟲作會，宗彝藻火粉米黼黻絺繡，以五采彰
施于五色作服，汝明。」象，即畫象。向夏謂「象，就是描
繪出來的形象。文字起源是象形字，所謂隨體詰詘，也就是
去描畫事物的形象。」（《說文解字敘講疏》）穿鑿，謂凡
義理之不可通，卻任意牽合，以為可通。《後漢書・徐昉
傳》：「今不依章句，妄生穿鑿。」引孔子話見《論語・衛
靈公》篇，注云：「古之良史，於書字有疑則闕之，以待知
者。」

㈤蓋非其不知而不問，人用己私，是非無正，巧說袤辭，
　使天下學者疑。

　　「是非無正」的非，是表示傷痛之詞《釋名・釋言
語》：「非，排也。人所惡排去也。」《漢書・藝文志》：
「古制，書必同文，不知則闕，問諸故老。至於衰世，是非
無正，人用其私。故孔子曰：『吾猶及史之闕文也；今亡矣
夫！』蓋傷其寖不正。」

　　「巧說袤辭，使天下學者疑」，是說巧言邪說，使天下
研究學問的人感到迷惑。杜馥引《申鑒・時事篇》云：「秦
之滅學也，書藏於屋壁，義絕於朝野。逮至漢興，收摭散
滯，固已無全學矣。文有摩滅，言有楚夏，出有先後，或學
者先意有所借定，後進相放，彌以滋蔓。故一源十流，天水

違行，而訟者紛如也。」

㈢故曰「本立而道生」，「知天下之至賾而不可亂
　也。」，今敘篆文，合以古籀。

　　「本立而道生」一語本《論語・學而篇》，原文爲「君
子務本，本立而道生；孝弟也者，其爲仁之本也。」意謂孝
弟之德建立，則仁道自此而生。此處之本則指上文「文字
者，經藝之本，王政之始」而言。「知天下之至賾而不可亂
也」，語本《周易・繫辭上》，賾，音ㄗㄜˊ，通賾，幽深
難見。謂天下至賾變動的理論，說之使用，不可錯亂。「今
敘篆文，合以古籀」，段玉裁說：「篆文謂小篆也，古籀謂
古文籀文也。許重復古，而其體例不先古文籀文者，欲人由
近古以考古也。小篆因古籀而不變者多，故先篆文，正所以
說古籀也。……其有小篆已改古籀，古籀異於小篆者，則古
籀駙小篆之後，曰古文作某、籀文作某，此全書之通例
也。」（《說文解字注》）

　　如果是部首的字爲古籀，則先古籀而後小篆。如一篇上
上部：「二，高也。此古文上，指事也。……⊥篆文上。」
因爲上部所屬「帝」「旁」「二」三字都是从古文「二」，
所以先古文而後小篆。段玉裁說：「《說文》一書，以小篆
爲質，必先舉小篆，後言古文作某。此獨先舉古文，後言小
篆作某，變例也。以其屬皆从古文上，不从小篆上，故出變
例，而別白言之。

㈣博采通人，至於小大，信而有證，稽譔其說。

　　段玉裁說：「許君博采通人，載孔子說、楚莊王說、韓

非說、司馬相如說、淮南王說、董仲舒說、劉歆說、楊雄說、爰禮說、尹彤說、逯安說、王育說、莊都說、歐陽喬說、黃顥說、譚長說、周成說、官溥說、張徹說、甯嚴說、桑欽說、杜林說、衞宏說、徐巡說、班固說、傅毅說，皆所謂通人也。而賈侍中逵則許所從受古學者，故不書其名，必云『賈侍中說』。」（《說文解字注》）向夏謂段氏所列通人凡二十七人，尚漏列京房、劉向、宋弘、張林、周盛等五人。本書所引通人，有姓氏者凡三十二家。另有見於十篇上犬部㹌字下引「復說」，名上脫其姓。又七篇下市部字下，徐鉉本有「司農曰裳纁色」，官名之上脫其姓。又十篇下心部㣺字下「博士說」，亦無姓氏。（《說文解字・敍講疏》）近人馬宗霍著有〈說文解字引通人考〉一文，對《說文》中之通人，考證頗詳細。稽譔其說，謂稽考詮釋，或以說形，或以說音，或以說義，三者之說皆必取諸通人也。稽，留而考之。譔，專教也，詮釋也。

㊷分別部居，不相襍廁。

　　分別部居，不相雜廁，謂合所有之字分別其部為五百四十，每部各建一首，而同首者則曰凡某之屬皆从某，於是形立而音義易明，不致襍亂無章。此二語，本見《急就篇》。顏注：「前後之次以類相從，種別區分，不相閒錯也。」「廁」下原有「也」字，此皆韻文，不當有，據鈕樹玉《段注訂》刪。徐鍇說：「分部相從，自慎為始也。」（《說文繫傳》）段玉裁說：「分別部居不相襍廁，謂分別為五百四十部也。」「凡字必有所屬之首，五百四十字，可以說攝天

下古今之字。此前古未有之書，許君之所獨刱。若網在綱，如裘挈領，討源以納流，執要以說詳。與〈史籀篇〉、〈倉頡篇〉、〈凡將篇〉亂襍無章之體例，不可以道里計。顏黃門曰：『其書隱括有條例，剖析窮根原。不信其說，則冥冥不知一點一畫，有何意焉。』此最為知許者矣。蓋舉一形，以統衆形，所謂隱括有條例也；就形以說音義，所謂剖析窮根原也。」（《說文解字注》）周祖謨說：「在《說文》以前從秦代起就有了『雜字』書，最知名的是《倉頡篇》……這種『雜字』書即便都保存下來，除了可以考見漢代的詞彙以外，在文字學史上並沒有什麼價值。許慎的《說文》則不然了。他看出這樣的字書是沒有什麼用處的，他根據當時對於文字的構造和意義聲音的關係的理解，即『六書』的分類來分析篆文，把所有的字按照形體的構造來加以區分，凡形旁相同的就類聚在一起，以共同的形旁作部首，其他同從一個形旁所構成的字都系屬其下。許多部首又按照篆書形體的相近與否來編排先後的次序。這樣就把極其紛繁的成千上萬的漢字都編排在一起了。這種辦法是前所未有的，是許慎的創見。」（《問學集·許慎及其說文解字》）

㈤厥誼不昭，爰明以諭。

　　諭，告曉也，有譬喻的意思。這是說訓詁不明，俟經傳以譬曉之。或引本字以明正義，或引異文以證假借。段玉裁說：「誼，兼字義、字形、字音而言。昭，明也。諭，告也。許君之書，主就形而為之說解，其篆文則形也。其說解，則先釋其義，若元下云『始也』、丕下云『大也』是

也。次釋其形，若元下云『从一从兀』、丕下云『从一从
不』是也。次說其音，若『兀』爲聲、『不』爲聲，及凡
『讀若某』皆是也。必先說義者，有義而後有形也。音後於
形者，審形乃可知音，即形即音也。令三者以完一篆。說其
義，而轉注、假借明矣；說其形，而指事、象形、形聲、會
意明矣；說其音，而形聲、假借愈明矣。一字必兼三者，三
者必互相求；萬字皆兼三者，萬字必以三者彼此遰遣互
求。」（《說文解字注》）

㈦其稱《易》孟氏、《書》孔氏、《詩》毛氏、《禮周
　官》、《春秋左氏》、《論語》、《孝經》，皆古文
　也。於其所不知，蓋闕如也。

　　　稱，舉的意思。孟，孟喜，漢初人。舉孟喜所研究的
易。孔，孔安國，孔子十一世孫，漢武帝時，官諫議大夫。
安國既得孔壁中《古文尙書》，因作《傳》。毛，毛亨，著
《毛詩故訓傳》。《禮周官》，即《周禮》，不言誰氏，學
無所主。《春秋左氏》，即張蒼所獻古文。《論語》、《孝
經》出自孔壁，亦皆爲古文。「蓋闕如也」此用《論語・子
路篇》語。闕如，即闕疑，「如」字無義。闕者不妄稱引，
不言所不知之意。許全書中多著闕字，有形、音、義全闕
者，有三者闕其二，闕其一者。

㈧其建首也，立一爲耑。方以類聚，物以群分。

　　　「立一爲耑」，謂始於一部。耑，物初生之題也。引申
爲凡始之稱。「方目類聚，物目群分」，段注：「類聚，謂
同部也。群分，謂異部也。」類聚謂將部首相同之字匯合爲

一部，群分謂將九千三百五十三字歸納爲五百四十部。

王筠則以爲「類聚，謂以義相次也；如自人以下六十二部皆言人，自豕以下二十部皆言獸，是也。群分，謂以形相次也；如耳臣以下七部皆謂人，而不與人部類列；燕尾似魚尾，即在魚部後，不與隹鳥相次是也。」（《說文句讀》）

㈤同條牽屬，共理相貫。

屬，連的意思。貫，本作毌，穿的意思。同條共理，是說五百四十部相聯綴。此承類聚而言。

㈥襍而不越，據形系聯。

越，蹌的意思。系，縣的意思。聯，連的意思。是說五百四十部的次第，大略以形相連次，使人記憶而容易檢尋。如八篇起人部，則全篇三十六部皆由人而及之是也。雖然或有以義相次者，但十之一而已。部首以形爲次，是因六書始於象形的緣故；每部中以義爲次，是因六書歸於轉注的緣故。此承群分而言。

㈦引而申之，以究萬原。

是說由一形引之至五百四十形，那麼凡是天地、鬼神、山川、草木、鳥獸、蟲魚、雜物、奇怪、王制、禮儀，世間人事沒有不包括在內。

㈧畢終於亥，知化窮冥。

五百四十部首，始於一，是受漢代陰陽五行家言「萬物生於一，終於亥」的說法所影響。徐鍇說：「亥則物之該盡，故曰窮冥也。」段注：「畢，猶盡也。終，古作冬，冬者四時盡也。引伸爲凡盡之稱，後人假終字爲之。知化窮

冥，即《易》之知化窮神也。」

　　「始一終亥」的含義爲「始一」是說《說文》全書字詞的排列從「一」的部首開始，「終亥」是說《說文》全書以「亥」的部首爲終結。《說文》「一」的本義是指「惟初大始，道立于一，造分天地，化成萬物」，這個訓釋凝聚了上古時代華夏民族對于宙的初始時期，自然與大道的完整形態及其化生天地與萬物的變化趨向的認識。而《說文》「亥」的本意是指「荄也」，「荄」是指「草根」（一下·艸），象徵「亥而生子，復從一起」，即「周而復始，生生不窮」之意。考察《說文》540 個部首「始一終亥」的排列及其於近萬個字詞的統攝，可知「始一終亥」原則的含義是指全面而深刻地展示和闡釋自然、人事、觀念中 540 個類別的融匯以及自然、人事、觀念分合生滅、循環無端的歷程與規律。

　　「以究萬原」、「知化窮冥」是貫徹「始一終亥」原則的目的，其含義上文已引《段注》之說，說明「以究萬原」是指窮盡與畢舉「天地鬼神、山川草木、鳥獸昆蟲、雜物奇怪、王制禮儀、世間人事」的類別與變化；關於「知化窮冥」，《段注》云：「知化窮冥，即《易》之知化窮神也。」《易》之「知化窮神」，在《易》中的表述是：「窮神知化，德之盛也。」〈繫辭下〉「知變化之道者，其知神之所爲乎！」〈繫辭上〉「成變化而行鬼神也。」〈繫辭上〉《易》的表述告訴我們，所謂「知化窮神」，是說「眞正認知了變化之道，亦即窮究了天地萬物變易的神妙。」（參閱宋永培著《說文與上古漢語詞義研究》）

四、〈說文解字敘〉語譯

古代庖犧氏統治天下的時候，仰首觀測天象，俯首審察地形，細看鳥獸羽毛的文采和地面所生長的草木，近取譬於人身，遠取象於萬物，於是創作《易經》八卦，用以垂示法象。到了神農氏治國，用結繩紀事的方法，統理國家的事情，各種事業極端繁雜，人為巧飾萌芽滋生。黃帝的史官倉頡，看見鳥爪獸蹄印在泥地上的痕跡，知道有紋理可以辨別，因此創造文字，百官執事因而得以不亂，事物名稱因而獲致彰明，這大概取法於夬卦。「夬、揚于王庭」，這句話的意思是在闡釋：文字這種東西能宣明教化於王者的朝廷，是「在上位的君王用來施給臣下或人民祿位、修養個人道德、申明國家禁忌」等事情的。

倉頡開始造字的時候，大約是依照物類與事類的形象把它畫成的，所以稱做「文」，其後形與形、形與聲相結合，就叫做「字」。「文」，是在呈現事物形象的本原；「字」，是由「文」蕃衍滋生而逐漸多出來的。著錄在竹簡布帛上的叫做「書」；「書」，就是「如」，即如其事物之狀的意思。往下一直到五帝三王的時代，其間文字的形體更改不一；光是在泰山上行封禪禮的帝王就有七十二代，而他們的刻石文字卻沒有一代是相同的。

《周禮》記載：學童八歲進入小學就讀，保氏教國子識字，首先採用「六書」：第一種叫「指事」；所謂指事，就是一看便可認識，仔細再分辨即可見出它的意思，譬如上和

下兩字便是。第二種叫「象形」；所謂象形，就是隨著形體
的彎彎曲曲，畫成那個物體，譬如日和月兩字便是。第三種
叫「形聲」；所謂形聲，就是用一個可以代表某事物形體的
「文」做形符，再用一個聲音相同的「文」做聲符來和它配
合，譬如江與河兩字便是。第四種叫「會意」；所謂會意，
就是合併兩個以上獨體的「文」，會合它們的意義，以表現
造字者旨趣意向的所在，譬如武與信兩字便是。第五種叫
「轉注」；所謂轉注，是指分立某些意義相似的字而用一字
做它們的標目，這些字意旨相同，可以互相注釋，譬如考與
老兩字便是。第六種叫「假借」；所謂假借，就是本來沒有
某一個字，借用聲音相近的字來代替它，譬如令與長兩字便
是。到了周宣王太史籀，著〈大篆〉十五篇，其字體與古文
有些相異。及至孔子書寫六經，左丘明撰述《春秋傳》，都
用古文。但不論大篆或古文，文字的本義都可從它的形體上
解釋得出來。

　　後來，諸侯以武力相征伐，不受周天子的管轄，憎惡禮
樂對自己不利，因此都去除他們的典籍。分為七國，各國田
疇的畝數、車塗的軌轍、律令的法典、衣冠的制度、言語的
聲音、文字的形體，大都不一致。秦始皇帝兼併天下的初
期，丞相李斯便奏請統一它們，廢棄那些不和秦國文字相合
的字體。李斯作〈倉頡篇〉，中車府令趙高作〈爰歷篇〉，
太史令胡毋作〈博學篇〉，都是採取周宣王太史籀的〈大
篆〉，對有些筆畫加以省略或改易，這就是所謂的小篆。這
時秦國燒滅經書，蕩除舊有典章，大規模地發動士吏徒卒，

興辦戍邊傜役，官司刑獄的職務極為繁多，小篆使用不便利，於是才有隸書，以求趨向簡便，而古文便由此斷絕了。從此秦國的文字有八體：一為大篆；二為小篆；三為刻符；四為蟲書；五為摹印；六為署書；七為殳書；八為隸書。

　　漢朝興起，有草體字。廷尉所遵守的律令規定：學童十七歲以上才准許應考，能背誦尉律的文字並繕寫到九千字之多，才可當郡縣的書記官。又用秦書八體來考試他們，及格後便由郡移到太史，太史再合試一次，考得最好的就錄用為尚書令史。字體要是寫得不正，便加以檢舉糾正。現在雖然還有廷尉律令，但已不再舉行考試，文字學也沒人修習，不能懂得六書的義例已經很久了。孝宣皇帝的時候，召請通曉〈倉頡篇〉文字的人，派遣張敞跟從他學習。涼州刺史杜業、沛人爰禮、講學大夫秦近，也能說解〈倉頡篇〉的文字。孝平皇帝的時候，徵召爰禮等一百餘人，請他們在未央宮裏說解文字，而以爰禮為講解文字學的首席學者。黃門侍郎楊雄，採錄了他們研究的心得編著〈訓纂篇〉，自〈倉頡篇〉以下十四篇，共五千三百四十字。各本書所載的文字，大略都保存在這裏面了。

　　到了王莽居位攝政，派遣大司空甄豐等校理文書部門的典籍，自以為應當有所制作。間或改定古文。這時有六種字體：一為古文；指孔子「壁中書」上所書寫的蝌蚪文字。二為奇字：就是古文的異體字。三為篆書：即小篆。四為左書；即秦代隸書，是秦始皇帝叫下杜人程邈所作的。五為繆篆；是用來摹刻印璽的。六為鳥蟲書；是用來書寫旌旗與符

節的。

　　所謂「壁中書」，是指魯恭王拆毀孔子的舊有宅第，在
牆壁中所獲得的《禮記》、《尚書》、《春秋》、《論
語》、《孝經》等經典；又北平侯張蒼獻出《春秋左氏
傳》；各地方的郡國也往往在山川發現鼎器和彝器，那些器
皿上面所鏤刻的銘文，即是前代的古文，它們的字體彼此多
相類似，雖然再也不能看出古代文字的源流，但是字體構造
的詳細情狀仍然可大略解說得出來。然而社會上一般人卻極
力地加以詆誹，以為是好新奇的人故意耍弄的把戲；因此才
改變正體文字，憑空捏造一些別人看不懂的文字，指稱為古
文來變亂通行的字體，而向世人炫耀。學者們爭著用秦隸來
分析文字的構造、解釋經書的義理，並且稱秦代的隸書為倉
頡時候的文字，說：「這是歷代父子承傳下來的，怎麼可以
隨便改變呀！」於是他們歪曲地說：「『長』字上半為馬
頭、下半為人字；『斗』字象一個人握持十的形狀；『虫』
字是由中字把筆畫彎曲一下所構成的。」司法官解釋律令，
也弄到用隸書字形來判斷法律條文的意思。譬如律令中有一
句「苛人受錢」，本意是說「有治人之責者而受人錢」，
「苛」為「訶」的假借字，隸書寫作「苛」，於是解釋律令
的人便說：「苛字从止句。」意思就變成「止之而鈎取其
錢」了。像這種情形的很多，都不合於孔子的古文，也和史
籀的大篆相乖違。淺學的俗儒田夫，沈溺於他們所熟誦的那
點小知識，被自己的孤陋寡聞所蒙蔽，沒有見過通人的學
問，也未曾看到六書的義例，把古文當作怪誕，將俗說看成

至理，以自己所知道的爲精確細密，可以貫通聖人的微妙意旨。又看見〈蒼頡篇〉中「幼子承詔」四個字，便誤會地說：「這是古代黃帝乘龍上天時所作的啊！那句話裏含有神仙之術在內。」他們那種執迷不悟的樣子，豈不是太乖謬了嗎！

　　《書經》上說：「我想察看古人一切制作的模樣。」這話的意思是說一定要遵循舊有的遺規，而不穿鑿附會，孔子也說：「我尚且來得及看見史書上的缺文，但是現在卻沒有了！」言下之意大概是在譏諷那些人自己不知道而又不去請教別人，各人私心自用，是非沒有標準；巧言邪說，使天下讀書人迷惑。說到文字這種東西，乃是經典六藝的根本、王朝政治的基礎，前人用它來把經驗留給後代，後人靠著它來了解古代的狀況。所以說：「文字奠定了，然後經典王政才產生。」「從文字可以明瞭天下最幽深的事理而不會錯亂。」現在我敘列小篆，同時附上古文與籀文；廣博地採取通儒的說法，不論小大，力求確實而有根據，稽考詮釋每一字形、字音、字義的意思。將用它來統理各種物類，解除乖謬錯誤，曉喻讀書學者，洞悉神妙的意旨。分別每一個字的部首與位置，不相間錯雜亂。只要天下萬物能見得到的，沒有一樣不加以記載。某字意義要是不太清楚，就引經傳來作說明。所稱引的經傳有：《易》孟氏、《書》孔氏、《詩》毛氏、《禮周官》、《春秋左氏》、《論語》、《孝經》，都是古文經籍。對於我所不瞭解的，就把它空下來，不妄加稱引解說。

　　這十四篇，分五百四十部，共九千三百五十三字，包含古文和籀文的「重文」有一千一百六十三字，解釋和說明的部份共十三萬三千四百四十一字。所建立的部首，以「一」作為開端。將部首相同的字匯為一部，將所有的文字歸納為五百四十部。部和部之間相互關連，次第以字形的相近為主，同一部之間的字，以字義的相關次第，從一個形體推引到五百四十個形體，世界萬物都包含在裡面；最終的部首是「亥」，以知化窮神。

參考資料

(1)《說文解字注》　段玉裁著

(2)《說文繫傳》　徐　鍇著

(3)《說文釋例》　王　筠著

(4)《說文句讀》　王　筠著

(5)《說文通訓定聲》　朱駿聲著

(6)《說文義證》　桂　馥著

(7)《說文解字詁林》　丁福葆著

(8)《說文解字敘講疏》　向　夏著

(9)《說文解字六書疏證》　馬敘倫著

(10)《說文約言》　金　鉞著

(11)《漢字形體學》　蔣善國著

(12)《漢字的結構及其流變》　梁東漢著

(13)《中國文字之原始及其構造》　蔣善國著

(14)《文字學形義篇》　朱宗萊著

⒂《說文解字注箋》　徐　灝著

⒃《古代字體論稿》　啓　功著

⒄《漢語史稿》　王　力著

⒅《漢書藝文志講疏》　顧　實著

⒆《說文解字引群書考》　馬宗霍著

⒇《問學集‧許慎及其說文解字》　周祖謨著

(21)《中國文字學》　唐　蘭著　樂天書局

(22)《古文字學導論》　唐　蘭著　洪氏出版社

(23)《中國文字研究》　王文耀著　廣西教育出版社

(24)《漢字哲學初探》　李敏生著　社會科學文獻出版社

(25)《漢字說略》　詹鄞鑫著　洪葉出版社

(26)《漢字漢語漢文化論集》　龔嘉鎮著　巴蜀書社

(27)《說文與上古漢語詞義研究》　宋永培著　巴蜀書社

(28)《說文解字與中國古代文化》　謝棟元著　遼寧人民出版社

(29)《說文與中國古代科技》　王　平著　廣西教育出版社

(30)《說文解字的文化說解》　臧克和著　湖北人民出版社

(31)《漢字形體源流》　王宏源著　華語教學出版社

(32)《說文解字導讀》　蘇寶榮著　陝西人民出版社

(33)《說文解字與漢字學》　王　寧著　河南人民出版社

(34)《許慎與說文研究》　董希謙著　河南大學出版社

(35)《文字形義學概論》　高　亨著　齊魯書社

(36)《說文漢字體系與中國上古史》　宋永培著　廣西教育出版社

(37)《說文解字導讀辭典》　潘天烈著　四川辭書出版社

(38)《古文字學》　姜亮夫著　浙江人民出版社

(39)《古文字類編》　高　明著　中華書局

(40)《古文字形發微》　康　殷著　北京出版社

(41)《說文解字通論》　陸宗達著　北京出版社

(42)《說文稽古篇》　程樹德著　商務印書館

(43)《文字聲韻訓詁筆記》　黃　侃著　上海古籍出版社

(44)《文字學概要》　裘錫圭著　商務印書館

(45)《說文解字研究法》　馬敘倫著　中國書店

(46)《漢字與華夏文化》　劉志誠著　巴蜀書社

(47)《轉注釋義》　魯實先著　洪氏出版社

(48)《假借溯原》　魯實先著　文史哲出版社

(49)《文字析義》　魯實先著　黎明文化公司

(50)《說文段注研究》　徐行達著　巴蜀書社

(51)《當代中國文字學》　張玉金著　廣東教育出版社

(52)《漢字文化引論》　蘇新春著　廣東教育出版社

(53)《古文字研究簡論》　林　澐著　古林大學出版社

(54)《中國文字學概要》　張世祿著　文通書局

(55)《文字問題》　李　榮著　商務印書館

(56)《漢字文化漫筆》　曹先擢著　語文出版社

(57)《漢語詞義學》　蘇新春著　廣東教育出版社

(58)《中國的語言和文字》　高本漢著　牛津大學出版社

(59)《漢語文字學史》　黃寬德著　安徽教育出版社

(60)《漢字的文化史》　藤枝晃著　知識出版社

⑹《文字的產生和發展》　（俄）伊斯特林著　　北京大學
　出版社

⑹《漢字學》　王鳳陽著　吉林文史出版社

⑹《大字學》　楊五銘著　湖南人民出版社

⑹《中國文化語言學》　申小龍著　吉林教育出版社

⑹《漢字古今談》　陳偉湛著　語文出版社

⑹《世界字母簡史》　周有光著　上海教育出版社

⑹《甲骨文文字學》　李　圃著　上海教育出版社

⑹《建國以來甲骨文研究》　王宇信著　中國社會科學出版
　社

⑹《甲骨文編》　社科院考古研究所　中華書局

⑺《金文編》　容　庚著　科學出版社